W0255027

# Liderança com Synercube

Anatoly Zankovsky · Christiane von der Heiden

# Liderança com Synercube

## Uma cultura de liderança dinâmica voltada para a excelência

Anatoly Zankovsky
Academy of Sciences Psychology,
Moscow, Russia

Christiane von der Heiden
Synercube GmbH,
Leverkusen, Germany

Translation from the German language edition: Leadership mit Synercube. Eine dynamische Führungskultur für Spitzenleistungen. © Springer-Verlag Berlin Heidelberg 2015

ISBN 978-3-662-55605-4 ISBN 978-3-662-55606-1 (eBook)
https://doi.org/10.1007/978-3-662-55606-1



Printed on acid-free paper

This Springer imprint is published by Springer Nature
The registered company is Springer-Verlag GmbH, DE
The registered company address is: Heidelberger Platz 3, 14197 Berlin, Germany

# Prefácio

Quando em julho de 2013 um Boeing de uma companhia aérea asiática caiu ao se aproximar para aterrisagem em São Francisco, os especialistas rapidamente chegaram a uma conclusão mútua: a principal causa do desastre foi a cultura de comunicação e liderança dentro da cabine de comando. A análise das gravações da caixa preta deixou claro que, enquanto a equipe de pilotos estava bem consciente do perigo iminente, a situação não foi resolvida usando métodos de gerenciamento de equipe que envolvessem a utilização completa e otimizada dos recursos humanos disponíveis. Em vez disso, o comandante optou por aplicar um estilo de liderança unilateral – com base no princípio da ordem e obediência – em outras palavras, a comunicação "de cima para baixo", um comportamento de liderança que é prática comum em muitos países asiáticos.

O acidente em São Francisco confirma as descobertas de um estudo realizado pelo fabricante de aeronaves Boeing no que se refere às estatísticas de acidentes aéreos: os países onde prevalece um estilo de liderança mais autoritário estão muito acima da média.

Essas descobertas indicam que, mesmo no mundo altamente técnico da aviação, os fatores culturais desempenham um papel evidente. Estudos notáveis (GLOBE, HOFSTEDE, THOMAS, TROMPENAARS) revelaram quão diversamente o fator cultural afeta o comportamento humano. Isso explica por que os estudos culturais estão se tornando cada vez mais significativos na ciência do comportamento.

ZANKOVSKY tem parte do crédito por transformar o fenômeno da cultura num campo de estudos fértil para a teoria da liderança.

Na sua qualidade de professor de psicologia social na renomada Academia Russa de Ciências em Moscou e através de várias visitas de pesquisa à Alemanha e ao Japão, ZANKOVSKY dedicou décadas de seu tempo à teoria e à prática do comportamento de liderança. Ele também tem ampla experiência em treinamentos de liderança em contexto internacional.

A teoria da liderança desenvolvida por ZANKOVSKY baseia-se na abordagem de dinâmica de grupo concebida por BLAKE/MOUTON, que desenvolveu um modelo gerencial bidimensional em meados do século passado. Este modelo envolve "preocupação com resultados" e "preocupação com pessoas" como principais dimensões de liderança, com suas respectivas características representadas num modelo comportamental.

Sua extensa pesquisa empírica levou ZANKOVSKY a estender esse modelo comportamental bidimensional para incluir a dimensão de "preocupação com a cultura", transformando portanto esse modelo gerencial de dois eixos em um 'cubo sinérgico' (synercube).

A liderança é tridimensional. Esta é a essência do novo modelo de liderança, que permite que diversos processos de liderança se tornem mais tangíveis do que nunca.

Além disso, ampliar as dimensões de liderança para incluir o fator cultura abriu o caminho para novas abordagens ao analisar e descrever o comportamento de liderança em um contexto intercultural. Assim, a teoria da liderança desenvolvida por ZANKOVSKY também representa uma abordagem de amplo alcance para a Gestão Intercultural, campo que está ganhando importância dada a crescente interconectividade das economias internacionais de hoje.

O synercube é o núcleo de um sistema de treinamento abrangente, no qual a orientação para resultados e pessoas, assim como para valores e cultura são transmitidos como características centrais de liderança.

Não é por acaso que a psicologia da liderança é considerada uma das áreas mais complexas da psicologia social moderna. Com sua abordagem tridimensional, ZANKOVSKY contribuiu imensamente para o desenvolvimento da teoria da liderança e, portanto, merece nossa gratidão e reconhecimento.

Osnabrueck (Alemanha), 16 de outubro de 2014
Hans-Wolf Sievert

# Conteúdo

# Liderança em um mundo em constante mudança 1

## 1.1 Liderança: retrospecto, situação atual e perspectivas

Nos dias atuais, a questão da liderança é um assunto popular, não só na vida organizacional moderna, mas na mente social em geral. O vírus da liderança se alastrou por todos os continentes, penetrando em todas as esferas da vida: educação, esporte, ciência, arte e até mesmo nas relações familiares. As empresas e as corporações estão se esforçando para serem líderes no mercado, os partidos políticos apostam em novos líderes carismáticos, os chefes de Estados democráticos e ditadores duros são igualmente ávidos por serem chamados de "líderes", como jornalistas apressados geralmente os nomeiam. Países e nações inteiras teriam prazer em se autoproclamarem os líderes do planeta.

A liderança é estudada por muitas ciências sociais, todas procurando a sua própria maneira de compreendê-la. Tradicionalmente, o líder deve ser um membro do grupo, que é o primeiro a enfrentar uma tarefa coletiva, assumindo a organização da atividade em grupo. Além disso, líderes apresentam um maior nível de comprometimento, envolvimento e impacto sobre a tomada de decisões. Os outros membros reconhecem o líder, ou seja, criam as relações que pressupõem o seu papel como seguidores do líder.

A primeira vez em que o problema da liderança nas organizações surgiu foi em 1920-30. Uma atitude mais profissional entre os gestores surgiu como pré-requisito alinhado às necessidades dos negócios. Sem subestimar a contribuição de outras ciências, devemos salientar o papel decisivo da psicologia no atendimento às demandas dos círculos de negócios e lançamento dos primeiros estudos sobre liderança. Começando com obras de K. Lewin e Lippitt (1938), as pesquisas psicológicas de liderança ganharam o status de reconhecida área de investigação científica. Naquela época foram realizados os primeiros estudos de laboratório e de campo, as primeiras teorias foram criadas, as primeiras monografias publicadas e os primeiros programas de treinamento desenvolvidos. (Winkler 2010; Zankovsky 2000; Kouzes and Posner 2010).

Do ponto de vista da gestão e administração prática, a abordagem comportamental da liderança foi a que provou ser a mais bem sucedida. Dentro desta abordagem os fatores


A. Zankovsky, C. von der Heiden, *Liderança com Synercube*
https://doi.org/10.1007/978-3-662-55606-1_1

básicos responsáveis pelo comportamento de liderança eficiente foram salientados (Misumi 1984; Blake e Mouton 1985; Hersey e Blanchard 1982). Tudo isso permitiu a criação de tecnologias comportamentais práticas de formação e desenvolvimento de competências de liderança eficientes, que durante os anos 1950-90 ajudaram a aumentar a eficiência profissional e o nível de conhecimento entre os gestores em organizações de diferentes tipos e padrões.

Ao reconhecer as realizações científicas e práticas evidentes, devemos salientar que hoje muitas organizações enfrentam uma grave escassez de líderes em todos os níveis de gestão.

A pesquisa no Google por "falta de líderes" apresenta nada menos do que 200 milhões de links! A estatística mostra que hoje o tempo no cargo de gestores seniores nas corporações é de 2,5–4 anos em média, o que é duas vezes menor do que há algumas décadas. Nos últimos anos, o número de CEOs demitidos cresceu quatro vezes. Além disso, a principal razão para a demissão hoje são os baixos níveis de competências de liderança e não o baixo desempenho financeiro, como costumava ser. Na presença de desemprego, algumas organizações têm perto de 25% dos seus cargos de gestão em nível médio vagos, porque não existem candidatos qualificados! Muitas empresas estão se preocupando com a falta de profissionais, a qual eles associam com uma crise de liderança.

Não é de admirar o que o famoso guru da administração Warren Bennis (1989) teve a dizer, perplexo: "Para onde é que foram todos os líderes? Por que não temos verdadeiros líderes hoje. Todos os grandes líderes que me vêm à mente... viveram no passado, todos saíram de cena... Então, para onde eles foram? Perderam-se entre as linhas de produção de suas fábricas, juntando-se ao pano de fundo da produção. Eles desapareceram em uma órbita distante em busca de ganhos imediatos. Em vez de inspirar as pessoas, eles só são capazes de intimidá-las com os graves problemas e a necessidade de lidar com a realidade de hoje.

Precisamos urgentemente de líderes agora. Precisamos porque a qualidade dos próprios gestores piorou. Precisamos porque os desafios que enfrentamos são muito graves, como nunca antes. E da mesma forma que um homem não pode viver e agir sem uma mente, nenhuma sociedade pode funcionar sem líderes, os seus centros de pensamento."

Mas por que a escassez de líderes é tão palpável agora no século XXI?

A principal razão está provavelmente associada às mudanças radicais que ocorreram nas duas últimas décadas. De fato essas mudanças em diversas esferas da vida são tão multiformes e dinâmicas, que o passado parece tranquilo e de ritmo lento.

Bill Gates (2008) uma vez observou que as fases anteriores de desenvolvimento econômico eram marcadas por longos períodos de estabilidade com breves faíscas de mudanças revolucionárias. Os evolucionistas chamam isso de equilíbrios pontuados. A informação digital de hoje dá forma a um ambiente de negócios específico, em constante mudança, que os evolucionistas poderiam ter chamado de caos pontuado – o estado de turbilhão permanente com quebras esporádicas. O ritmo da mudança é preocupantemente rápido.

Algumas dessas mudanças afetam diretamente os princípios básicos da atividade organizacional e do sistema de requisitos tradicionalmente especificado para os líderes. Vamos citar as centrais:

1. Mudança do ambiente em que a organização opera. A globalização transformou o mundo de novo, alterando as instituições internacionais, públicas e sociais e a filosofia empresarial.
2. Mudança das próprias organizações. O alto nível de indefinição e instabilidade nas organizações as força a agir de forma rápida e flexível. As organizações se tornam mais virtuais, alterando o conteúdo e a forma das funções administrativas e de gestão (por exemplo, a função do controle e da supervisão).
3. Mudanças na natureza do trabalho. O trabalho tornou-se mais complexo e baseado no conhecimento, enquanto os membros do processo de trabalho tornam-se cada vez mais interdependentes.
4. Pessoal multicultural. A diversidade cultural e de crenças exige habilidades de comunicação adicionais, bem como tolerância e civilidade.
5. Pluralismo de opiniões e consciência individualizada. Os funcionários da organização tendem a descartar a obediência inquestionável e a lealdade cega; a diversidade de pontos de vista requer novas abordagens para lidar com o pessoal.
6. Nova ideia de liderança nas ciências sociais modernas. Há uma mudança evidente dos modelos comportamentais (como um líder deve se comportar?) para um paradigma de personalidade (por que um líder se comporta desta forma em particular?). Novas teorias da liderança surgiram: a liderança transformacional, liderança carismática, liderança autêntica, liderança simbólica, teoria de troca líder-membro. A ideia do líder destrutivo ("tóxico") foi desenvolvida (Schumacher 2014).
7. Mudança no papel do líder dentro da organização. A liderança não é mais percebida como um processo de grupo, mas como um fator determinante no funcionamento da organização no geral, ou seja, a liderança se tornou organizacional. A responsabilidade e o risco assumidos pelo líder redobraram consideravelmente.

Como se sabe, mudanças dramáticas fazem com que as pessoas se sintam vulneráveis e indignas, estupefatas, perplexas e frustradas. Não é fácil manter a calma em uma situação como essa e muitos líderes não conseguem passar no teste.

Como alguém pode se tornar e permanecer um líder num mundo em constante mudança? Como um modelo de liderança eficiente pode ser alterado? Onde novos líderes podem encontrar recursos para serem capazes de atender às novas demandas? Que estilos de liderança e habilidades serão altamente desejados?

É de importância vital encontrar respostas abrangentes para todas estas questões, na medida em que os modelos de liderança que eram altamente eficientes durante o período de "equilíbrio pontuado" não funcionam mais. O novo tempo obrigatoriamente exige novas abordagens.

## 1.2 Como o mundo está mudando, e quanto a mim?

Falar das mudanças rápidas é tão popular e difundido hoje em dia que se pode pensar que estamos lidando com algo novo e pouco explorado, especialmente no contexto de organizações e liderança. No entanto, o olhar mais atento revela claramente o fato de que as mudanças são intrínsecas às nossas vidas. A semente produz primeiro brotos verdes, em seguida vêm os caules, folhas e flores para suportar, finalmente, uma fruta madura. Vemos a natureza sempre em mudança da vida vegetativa.

O corpo da criança e seu sistema de psique estão se formando; a educação e a experiência mudam constantemente seus conhecimentos, habilidades, comportamentos e personalidade no geral (por vezes de forma irreconhecível). O mesmo é relevante para um grupo social ou organização: o seu funcionamento é uma constante mudança de estruturas, processos, metas, etc. Mesmo as rochas, que podem parecer mortas, inevitavelmente mudam sua forma. Em outras palavras, a vida em todas as suas formas é uma série de mudanças incessantes que começam desde a primeira célula.

O ritmo surpreendente do progresso de hoje não significa que as tendências e as leis descritas pelos pensadores e estudiosos há muito tempo já não sejam relevantes.

Cerca de 2.500 anos atrás Heráclito de Éfeso (520–460 A.C.) famosamente observou que "tudo flui". Sócrates (470–399 A.C.), um dos maiores sábios da Antiguidade, foi o primeiro a reconhecer os opostos e os conflitos como fontes de todas as mudanças. Concentrando-se em contradições tanto no pensamento quanto na fala, ele introduziu o termo "dialética", percebendo-a como uma arte de disputa e argumento que pode levar à verdade (ao revelar e analisar as contradições).

O grande pensador alemão Georg Hegel (1770–1831) também contribuiu para a compreensão teórica da base fundamental das mudanças. Em sua famosa dialética, o conceito de contradição é considerado como o "motor", um impulso imanente de cada processo de mudança e desenvolvimento. A contradição serve como uma unidade de mutuamente exclusivos e, ao mesmo tempo, opostos interligados.

O mundo objetivo e a consciência estão se desenvolvendo através de uma bifurcação do primeiro em aspectos opostos mutuamente excludentes ou tendências. Suas inter-relações, ou seja, a luta e a resolução, delineiam cada sistema como algo inteiro, qualitativamente definido. Por outro lado, esta tensão é um impulso imanente que desencadeia mudanças, o desenvolvimento, a transformação, a aquisição de uma nova qualidade. O progresso da ciência provou o valor heurístico das ideias de Hegel: a visão científica do mundo moderno é totalmente dialética. Na verdade todos e cada um dos sistemas são considerados tanto como uma unidade concreta quanto como uma entidade de imanente divisão. A evolução da ciência fez da contradição um princípio básico de investigação científica, enquanto a divergência nos processos naturais e sociais é considerada a sua qualidade intrínseca e essencial.

Assim, podemos dizer que a aceleração das mudanças e do desenvolvimento de hoje em todas as esferas da atividade humana é resultado da diversidade e agravamento sem precedentes das contradições que a humanidade enfrenta na realidade. Apenas o pensamento dialético, a abordagem dialética dos fenômenos naturais, da vida social e do trabalho de consciência pode revelar as tendências reais e motivações condutoras do seu desenvolvimento.

## 1.3 Mudanças de liderança e organizacionais

As mudanças organizacionais se transformaram em objeto de investigação científica há mais de 50 anos, atraindo a atenção de especialistas. O domínio separado da gestão – o desenvolvimento organizacional (DO) – foi diferenciado.

Como salientado, todos os tipos de mudança vêm de tendências opostas que estão presentes em todos os processos, fenômenos, eventos, humanos ou de qualquer outro ser. Todo sistema consiste de subsistemas ou componentes que estão em desenvolvimento de modo não uniforme, isto é, a interação entre os subsistemas pode variar consideravelmente. A unidade e luta entre esses opostos prevê o desenvolvimento imanente de qualquer sistema organizacional. Podemos destacar três subsistemas de determinação de eficiência na atividade das organizações:

1. liderança sênior / proprietários;
2. funcionários / colaboradores;
3. ambiente (econômico, social, político), em que a organização atua.

A interação dos subsistemas acima mencionados determina as principais tarefas de gerenciamento que podem garantir a sobrevivência, integração e desenvolvimento da organização. Essas tarefas são:

1. otimização dos processos e estruturas internas; e
2. adaptação da organização ao meio ambiente.

Como tal, a primeira tarefa pode ser reduzida à solução ótima de todos os problemas internos da organização, enquanto a segunda lida com desafios extraorganizacionais. A primeira tarefa é primária, na medida em que a adaptação ao meio ambiente é possível, contanto que todos os conflitos intraorganizacionais sejam resolvidos e a organização esteja funcionando como uma entidade completa e estável. A possibilidade de enfrentar desafios ambientais depende da forma como os líderes lidam com a primeira tarefa.

A interação desses subsistemas cria conflitos e contradições, os quais por fim especificam a direção das novas mudanças e do desenvolvimento. Cada elemento espera obter um determinado lucro da gestão organizacional, sem mencionar que nenhum deles acredita que o cumprimento das metas organizacionais pode ser prejudicial. Portanto, os objetivos destes elementos podem ser totalmente ou parcialmente congruentes, ou ainda absolutamente incongruentes.

É possível para o líder organizacional definir e escolher as metas que irão satisfazer todos mais ou menos associados à organização?

Considerando, por exemplo, as expectativas do proprietário, os membros da equipe, os ecologistas e os poderes públicos. O proprietário está interessado no lucro máximo, provavelmente através da redução de gastos não produção (ecologia, pessoal) e otimização da tributação. Os membros da equipe têm interesse em salários mais altos, proteção social, condições de trabalho favoráveis e oportunidades de educação e ascensão profissional. Reduzir os gastos com estas questões vai parecer inaceitável para a maioria deles. A agenda dos ecologistas é a proteção ambiental, portanto eles nunca vão aceitar os cortes em questões ecológicas. Por outro lado, as autoridades públicas consideram as organizações como grandes contribuintes.

Dado que a eficácia da organização no contexto da globalização se torna dependente de vários fatores não comerciais ou de recursos externos, podemos dizer que a organização moderna está se transformando no palco de interações e conflitos dos numerosos fatores organizacionais e extraorganizacionais que são vitais para a sobrevivência e o desenvolvimento da organização.

Consequentemente, a competência-chave do líder moderno será a forma dialética de pensar e agir, ou seja, a capacidade de identificar as contradições internas básicas e, ao resolvê-las adequadamente, garantir as mudanças organizacionais necessárias. Se um líder não conseguir fazer isso, as mudanças virão inesperadamente na forma de crises e conflitos destrutivos.

Assim, o primeiro princípio da liderança e administração de mudanças eficiente é a descoberta de contradições básicas e a compreensão da dialética da vida organizacional.

## 1.4 A organização como uma contradição contínua

Como regra, as contradições dentro da vida organizacional são negligenciadas pela administração até que se transformem num conflito destrutivo que reflete na intensificação das contradições. Só então os gestores começam a procurar a causa dos conflitos, percebendo que foram precedidos por uma longa e complexa história de contradições implícitas e explícitas que tinham sido negligenciadas. Se não chegou a um conflito aberto, considera-se que está tudo bem, enquanto tensões menores são consideradas como um grau aceitável de um mal necessário e inevitável. É por isso que não é surpresa o fato de que a maioria dos gerentes acredita que não existem quaisquer contradições ou conflitos graves em suas organizações.

No entanto, se é desejado evitar contradições destrutivas e tácitas e mudanças não controladas, é preciso lembrar que cada organização é um sistema de contradições e conflitos contínuos. Há contradições entre:

- o objetivo comum da organização e os objetivos individuais dos funcionários;
- elogiar o progresso individual e o trabalho coletivo;
- delegação e deveres; entre cultura organizacional e mudanças organizacionais;
- organizações formais e informais;

- uma abordagem orientada para resultado e para pessoas;
- o lucro máximo e os imperativos éticos... E assim por diante.

Como já mencionado, a principal tarefa para a organização é a otimização de seus processos e estruturas internas. Nesse sentido, cada organização é um sistema de contradições e conflitos internos que devem ser resolvidos a fim de garantir a sua sobrevivência e desenvolvimento. Na base do sistema de conflitos organizacionais encontra-se a interação de dois subsistemas principais: o proprietário / liderança sênior e o pessoal / funcionários. Assim, a organização acaba por ser um processo contraditório de interação desses subsistemas, ambos tendo objetivos, interesses e demandas diferentes e às vezes opostos.

Em termos psicológicos essa contradição se manifesta em duas tendências opostas: centrífuga e centrípeta. A primeira empurra um membro da equipe (um indivíduo) na direção da organização (por exemplo, o subsistema da liderança sênior / proprietários), no sentido da cooperação e da busca de objetivos e interesses comuns. Dentro desta tendência a organização torna-se para o indivíduo uma ferramenta para atender as demandas: ser parte da organização permite que se obtenham não só os meios para sobrevivência, mas também a oportunidade para o bem-estar e o desenvolvimento. A segunda tendência exerce força para uma fuga individual da pressão organizacional, enquanto a necessidade de submeter os interesses individuais às demandas da organização inevitavelmente leva ao sentimento de resistência e à falta de vontade de cooperar com os outros em nome de objetivos organizacionais alheios.

Esta contradição é dialeticamente inerente a qualquer organização, constantemente subvertendo sua totalidade. A organização pode sobreviver como um organismo somente se forças centrípetas forem consistentemente dominantes sobre as centrífugas, se o impulso na direção da unidade for mais forte do que o impulso na direção da desintegração.

## 1.5 O poder como processo organizacional básico da resolução de conflitos e contradições

O que, então, pode facilitar a sobrevivência e desenvolvimento da organização, colocando a integração acima da desintegração e a cooperação acima da competição?

Um dos atributos de cada organização é a presença de um objetivo comum, que está na base de todas as características estruturais e funcionais. No entanto, como já mencionado, os objetivos dos dois subsistemas básicos – o proprietário/liderança sênior e o funcionários/colaboradores – podem ser totalmente ou parcialmente congruentes, ou absolutamente incongruentes.

Como, então, pode ser articulado um objetivo comum, que orientará todos os funcionários? Normalmente é um dos objetivos dos gerentes seniores ou proprietários – um objetivo individual de um determinado grupo de formuladores de políticas da organização. Mas como um objetivo individual pode tornar-se comum? Como ele pode garantir a orientação constante dos funcionários em determinada direção, mesmo que seja apenas parcialmente congruente ou incongruente com seus próprios objetivos e interesses?

Há experiências zoopsicológicas famosas que fazem um macaco faminto chegar a uma banana, fixada no teto. Para obter o fruto proibido, o macaco tem que usar caixas que os pesquisadores colocaram na gaiola com antecedência. Ao colocar as caixas em contato umas com as outras, o macaco pode alcançar sua meta. Cada macaco separadamente consegue fazer isso de forma rápida. No entanto, quando existe um grupo de animais frente a essa tarefa, eles se focam apenas em esforços individuais, não considerando os outros indivíduos como parceiros. Uma "cooperação" como essa sempre leva a confrontos e lutas por caixas. Às vezes, quando a construção necessária finalmente acontece, um dos macacos decide usar a caixa na parte mais inferior, que dá sustentação, e a retira... Tudo isso resulta numa falha em atingir a meta, enquanto todos os macacos continuam com fome, ficam cansados e frustrados.

Este é um bom exemplo de um certo tipo de "organização", em que as metas individuais de todos os membros concordam com o objetivo comum, mas ainda assim o objetivo não pode ser alcançado. E que tipo de atividade organizacional poderíamos esperar no caso de objetivos e interesses individuais que são apenas parcialmente congruentes ou absolutamente incongruentes com o objetivo comum!

O objetivo comum da organização deve ser um que conte com alguma força ou processo que possa garantir sua supremacia sobre todos os empreendimentos individuais e, assim, dar lugar às tendências centrípetas. Se um processo como esse não estiver presente, até mesmo a meta mais inteligente e prolífica não terá chance de se sobrepor acima de todo o grupo de planos medíocres. E o oposto é verdadeiro: o esquema mais estranho pode bater um plano brilhante, se o primeiro é baseado em algum processo que garanta a sua prioridade. Também é digno de nota que um objetivo individual pode tornar-se comum somente se a sua prioridade sobre os outros for relativamente estável.

Assim, a primeira condição *sine qua non* da existência e desenvolvimento da organização não é apenas a presença de um objetivo comum abstrato, mas uma certa força que pode superar tendências centrífugas e conceder à meta individual o status de meta comum.

O melhor exemplo de uma força como essa é o poder organizacional – um processo que garante prioridade estável do objetivo comum sobre os interesses individuais dos funcionários, usando uma ampla gama de instrumentos organizacionais e pessoais (Zankovsky 2000).

A evolução de formas organizacionais – desde a mais primitiva até modelos modernos – pode ser considerada como o desenvolvimento do poder e da sofisticação dos meios que garantem a prioridade do objetivo comum sobre os individuais. Vale também salientar que dezenas de milhares de anos atrás a humanidade vivia em comunidades tribais e, então, a criação da primeira forma de organização, o Estado, foi um movimento extremamente difícil e decisivo. Evidências em série sugerem que isso aconteceu muito mais tarde do que os historiadores costumavam acreditar. Ainda hoje o fenômeno da primavera árabe nos faz perceber como é tênue a linha entre a organização (o Estado) e o caos intergrupal.

Ao longo da história da humanidade o principal meio para assegurar a prioridade de um determinado objetivo foi a violência, com base no poder da força e das armas.

Hoje, na era da democracia, da liberdade pessoal e da tolerância, pode-se pensar que o próprio poder é um anacronismo desnecessário e a organização pode funcionar de acordo com novos princípios, que oferecem a todos a oportunidade de participar da articulação do objetivo organizacional comum e da escolha de sua área de atividade.

O poder organizacional é um processo organizaciogênico (criador de organização), de forma que podemos postular o fato da existência de uma organização como estável e orientada para objetivos apenas se houver um processo como esse, que confirma a prioridade de um determinado objetivo sobre os planos e interesses deste ou daquele funcionário. Se não houver tal processo ou se este for muito fraco, então a existência da organização como comunidade total com único propósito torna-se inevitavelmente desafiada.

Hoje o poder organizacional parece mais atraente: ele dá mais liberdade individual e tem uma variedade de meios para impactar uma pessoa sem o uso da violência direta. Ainda assim, sua essência é a mesma – garantir a prioridade estável do objetivo de alguém em detrimento do de outrem por todos os meios disponíveis (incluindo violência).

O processo de poder organizacional é um atributo de qualquer tipo de organização, independentemente do seu objetivo comum ou características pessoais de seu agente. Sendo um instrumento para mudar metas e comportamentos dos membros da organização, ou seja, sendo um instrumento de impacto psicológico, o poder organizacional é incorporado em um sistema de meios que podem exercer o poder de maneira impessoal na forma de interconexões funcionais formais, deveres e instruções profissionais, normas e regras. Na verdade, este sistema pode funcionar sem um agente do poder organizacional, se a subordinação das metas individuais para um objetivo comum for clara e inequívoca.

O processo de poder organizacional é uma parte integrante da organização de qualquer nível: quer se trate de um estado, de um grande grupo industrial, uma divisão do exército, um fundo social ou uma pequena empresa. A noção de que o uso correto do poder só pode ser de forma autoritária parece produto de ideologia ou ignorância. O processo do poder organizacional é igualmente necessário em organizações autoritárias e democráticas, se determinados resultados precisam ser obtidos e determinados objetivos alcançados.

Para resolver o conflito entre objetivos individuais e comuns, a organização moderna usa seis tipos de poder (French and Raven 1959; Raven 1965, 1992):

1. *O poder da estimulação.* As pessoas estão prontas para mudar seu comportamento, se souberem que isso vai ajudá-las a satisfazer as suas exigências, ganhar mais, obter promoções, desfrutar de reconhecimento, ganhar prêmios e presentes. É por isso que aquele que controla a distribuição de benefícios e privilégios tem o poder real e pode ter um impacto sobre o comportamento daqueles que enxergam valor em estímulos como esses.
2. *O poder da força (a violência).* Este tipo de poder é baseado no medo. Um indivíduo se adequa por medo de consequências negativas que podem resultar da desobediência. Este poder é mantido por ameaças de violência física, dor, privação de liberdade e satis-

fação das necessidades básicas e até mesmo a morte. No nível organizacional um gerente pode usar o poder da violência com uma observação, uma reprimenda, uma multa, com a transferência de um membro da equipe para um trabalho de baixa remuneração e muito operacional ou até mesmo com a demissão.

3. *O poder da posição.* A posição formal de um gerente lhe dá a oportunidade de ter um impacto sobre o comportamento de seus subordinados, pressupondo o seu dever de obedecerem e serem conduzidos. Este tipo de poder é garantido por todo o sistema de regulações legais, normas tradicionais e instruções organizacionais. *É por isso que é normalmente chamado de legítimo.*
4. *O poder da informação.* Todo mundo precisa constantemente de informações organizacionais importantes. Um gerente controla amplamente os canais de comunicação. Assim, através do controle dos fluxos de informação em seu departamento, ele pode influenciar seus subordinados. As necessidades humanas, motivações, valores e atitudes, bem como a tomada de decisão, dependem em grande parte da comunicação intraorganizacional e do apoio informativo. Assim, aqueles que controlam o acesso à informação e são capazes de usá-la corretamente, tem o poder real.
5. *O poder do especialista.* Um membro da equipe com bons conhecimentos e competências profissionais também ganha poder: ele faz as máquinas funcionarem, software e hardware, ele está ciente de todas as regras legais, ele controla a condição dos outros trabalhadores. Além disso, quanto mais especializada é a atividade da organização, mais ela se torna dependente de especialistas.
6. *O poder do carisma.* O desejo de ser como um outro indivíduo, de imitar o seu comportamento, de pensar como ele, compartilhar seus objetivos e valores – tudo o que dá a um indivíduo que é referência (aquele que gosta de ser visto como exemplo) uma oportunidade real de mudar atitudes, crenças e padrões comportamentais de outras pessoas. Se um gerente tem esse tipo de poder de referência, seus subordinados vão perceber seus objetivos como seus próprios.

Ao mesmo tempo, o fato de que o poder tenha sido formado não é garantia de que a organização seja eficiente, socialmente orientada, democrática e humanista. Na virada do século 20, um político europeu disse que até mesmo um cozinheiro pode governar o país. Infelizmente, temos que concordar: qualquer pessoa pode gerenciar uma organização (ou um estado), se não levarmos em consideração a eficácia ou a moralidade da gestão. Seja um cozinheiro, um sargento, Barack Obama ou Vladimir Putin – só se pode fazer isso na presença do poder organizacional.

Sendo uma ferramenta para assegurar a prioridade de uma meta sobre as outras, o poder pode ser utilizado para alcançar qualquer objetivo possível com certos recursos disponíveis. É por isso que os capítulos seguintes do livro focarão a direção e a substância dos objetivos que estão subjacentes ao funcionamento da organização.

## 1.6 Liderança como uma forma ideal de superação das contradições organizacionais básicas com a ajuda de recursos do poder pessoal

Olhar para a liderança como parte do sistema do poder organizacional pode nos ajudar a compreender este fenômeno a partir de novas perspectivas. Tanto o poder quanto a liderança compartilham seus objetivos – alterar as metas e modelos comportamentais de outros membros da organização. Embora a liderança não seja explicitamente repressiva, ela tem uma certa capacidade de pressão social.

Ao confrontar o problema ou a necessidade de usar o poder, o gestor enfrenta um dilema: como se pode forçar ou inspirar um subordinado a obedecer, que tipo de poder usar. Os tipos de poder acima considerados podem ser qualificados como organizacional (o poder da força, estimulação e posição), pessoal (especialista e poder de referência) ou organizacional-pessoal (poder informacional).

Uma categorização como essa constitui uma nova forma de olhar para as diferenças entre o chefe-gerente e o líder. A posição estrutural dentro da organização dá ao chefe-gerente acesso a todos os seis tipos de poder. A posição de chefe automaticamente permite que ele use os poderes de força, estimulação e posicionamento. Idealmente, o chefe-gerente pode ter três outros poderes – informacional, referencial e de especialista. No entanto, a organização não pode conceder automaticamente ao gerente poderes pessoais. Características carismáticas e competências profissionais só podem ser desenvolvidas pelo próprio indivíduo. A qualidade organizacional-pessoal do poder da informação é pré-condicionada pelo fato de que informação sem a experiência necessária não pode ser usada de forma eficiente. Ou vice-versa, habilidades comunicativas e profissionais, sem o pleno acesso à informação, não concedem a um gerente este tipo de poder. É claro que tendo olho rápido, boa memória e poderoso pensamento analítico um gerente pode prever a necessidade de decisões organizacionais importantes por si mesmo, mas essa exceção só prova a regra geral. De qualquer forma, somente possuindo três tipos de poder o chefe-gerente poderá ser um líder.

O renomado psicólogo Douglas McGregor (2005) considerava a liderança como a melhor forma possível de poder. Identificando-se com seu gerente-líder, que está fazendo o seu melhor para alcançar o objetivo, um membro da equipe transfere essa identificação para o objetivo, percebendo-o como pessoalmente significativo. Neste contexto, o gerente está sendo considerado não como um indivíduo, mas como um portador de objetivo, sua personificação. Enquanto o gerente estiver buscando seu objetivo, seu esforço vai inspirar seu subordinado. Mas se o gerente se tornar menos orientado para o objetivo, a identificação do subordinado irá desaparecer, ou seja, o gestor deixará de ser um líder. É por isso que McGregor afirma, da mesma forma que a gravitação não pode ser atribuída ao objeto, a liderança não pode ser considerada exclusivamente como característica pessoal do gestor.

Idealmente, o líder deve ter conhecimento, experiência e habilidades que irão ajudá-lo, independentemente de sua posição, a influenciar pensamentos e ações dos funcionários, levando-os para o objetivo comum.

## 1.7 Da dialética do conflito para a dialética da cooperação e competição

No nível comportamental a abordagem dialética se manifesta em uma capacidade de revelar e superar as contradições presentes em um conflito.

Gerentes unilateralmente tendem a acreditar que todos os conflitos podem ter somente implicações negativas. De fato é o aspecto negativo (destrutivo) que, inicialmente, revela o conflito, fazendo com que nos concentremos em tensões e contradições. Então nós começamos a perceber que não há nada de novo sobre estas contradições. E nós precisamos de conhecimento, experiência, atenção e trabalho mental árduo para enxergar e entender que os conflitos estiveram, estão e estarão presentes!

Este aspecto do conflito é geralmente visto como destrutivo, pois pode levar a discordância e inconsistência. Além disso, o conflito destrutivo é visto como algo independente das suas razões. Em vez disso, é especificado pela atitude emocional e discussões pessoais, multilateralização e intensificação de atitudes negativas (expansão do conflito).

No entanto, para perceber a importância de mudanças e desenvolvimento, todos os membros da organização devem receber impulsos, estímulos, mensagens interiores e exteriores. Se tudo não estiver funcionando da melhor forma possível, mas de forma constante e uniforme, a maioria dos membros da equipe vai aceitavelmente preferir não mudar nada. O chamado aspecto destrutivo do conflito neste contexto pode ser um tipo de holofote, exibindo as contradições implicitamente presentes e – por outro lado – ele pode identificar as áreas de crescimento e desenvolvimento potencial que são as mais afetadas pelo conflito. A abordagem dialética nos permite considerar o aspecto destrutivo do conflito também como um alerta, que pode desencadear um processo de resolução funcional das contradições e permitir uma compreensão mais profunda do problema.

O próprio fato de reconhecer o problema e todas as diferenças existentes contribui para o desenvolvimento de interação cooperativa dentro do conflito, tornando assim possível a resolução ideal.

Como Dahrendorf (1992) apontou, a regulação adequada da força criativa do conflito promove a evolução das estruturas sociais. Os conflitos podem finalmente resultar na gestão mais completa da tomada de decisão, ajuda na percepção de problemas negligenciados, motivação do exame mais detalhado de toda a gama de pontos de vista e incentivo para aceitar a crítica construtiva.

Levando-se em conta todas as vantagens do conflito construtivo, devemos ter em mente o fato de que seu aspecto destrutivo (alarmante) inicialmente atraiu nossa atenção e deu impulso à busca de novas soluções. Assim, ambos os lados do conflito devem ser considerados em sua referência um ao outro, ou seja, dialeticamente.

A questão vai parecer mais vital e vívida se olharmos estes dois aspectos do conflito como o padrão de cada interação contraditória, que está sempre associada à cooperação e... competição. Em outras palavras, o aspecto construtivo do conflito implica em cooperação e o destrutivo (alarmante) implica em competição.

No entanto, neste ponto nos deparamos com um paradoxo: ao tentar resolver o conflito, contamos com o aspecto construtivo, ou seja, a capacidade de cooperar (com isso negando o aspecto destrutivo). E ao mesmo tempo a teoria e a prática da gestão moderna proclamam a competição como a principal fonte de desenvolvimento.

Nós temos até um ramo especial da teoria da economia chamado de estudos da competição, que explora como a competição é organizada. Um dos fundadores deste ramo, Michael Porter da Universidade de Harvard (1990; 1998), disse que o sucesso no mercado depende da aquisição de uma vantagem competitiva. A teoria econômica moderna, apesar da diversidade de perspectivas, ainda é em grande parte baseada na noção de competição, considerando-a como a única forma válida de interação econômica.

A ideia dominante de que a competição é um mecanismo básico de mudança está geneticamente ligada à teoria da evolução de Darwin, que define a competição como efeito natural da luta por recursos limitados. No entanto, a aplicação do evolucionismo à vida social suscitou críticas razoáveis no tempo de Darwin (Darwin 1975; Denton 1986; Erwin 2000; Lewin 1980).

A falta de força física, presas, garras, asas, pele grossa e pernas rápidas tornou a sobrevivência humana bastante problemática: muitos outros animais são mais bem adaptados para a seleção natural. Ao mesmo tempo, o período prolongado de crescimento de um filhote humano diminuiu as chances para a procriação. Parece que os seres humanos conseguiram sobreviver com o auxílio de formas de cooperação e formas de comportamento de grupo.

Cooperação, ou interação cooperativa, implica em esforços coordenados (organização, combinação, sumarização) de um grupo de indivíduos. Psicólogos têm diferentes maneiras de descrever cooperação e competição, usando termos como parceria e rivalidade, acordo e conflito, associação e dissociação etc.

Deutsch (1994) vê a dimensão teleológica como principal diferença entre competição e cooperação. No contexto social de cooperação, o indivíduo pode alcançar a meta somente quando outros membros do grupo tiverem conseguido fazer o mesmo (abordagem ganha/ganha). Assim, a cooperação conduz ao seguinte:

- todos os esforços individuais dependem da atividade dos outros;
- cada indivíduo obtém reforço do seu papel específico dentro da estrutura de cooperação;
- a confiança coletiva na realização do objetivo se fortalece. No contexto da competição, a meta alcançada por um exclui essa possibilidade para os outros (abordagem perde/ganha).

Levando em consideração tudo que foi descrito acima, pode-se pensar que consideramos os estudos sobre competição inúteis e afirmar que só a cooperação pode ser considerada fonte de mudança potencial. Contudo, ambas as tendências opostas têm seus prós e contras. Se a competição é dominante, a constante rivalidade pode levar a discordâncias e desligamento; se a cooperação é dominante, o esforço para concordar de qualquer forma pode resultar em concessões irracionais e estagnação. Somente a mudança de uma para a outra e a negação mútua podem impulsionar o aspecto cooperativo da competição e o aspecto competitivo da cooperação permitindo, assim, mudanças e desenvolvimento.

Quando analisamos mudanças mútuas de conflitos destrutivos para construtivos, de competição para cooperação no contexto das interações organizacionais, devemos prestar atenção no **problema do direcionamento da atividade organizacional.** Nós todos observamos resolução eficiente de conflitos, desenvolvimento dinâmico e alta produtividade de certos departamentos e organizações, tendo objetivos egoístas, antissociais e até mesmo criminosos (o fato pode se tornar claro somente depois). Não é surpresa que, há décadas, a comunidade empresarial tem se preocupado com as normas éticas no comércio.

Conflitos construtivos e destrutivos, cooperação e competição e a abordagem dialética em geral são apenas formas de descrever padrões comportamentais e psicológicos, enquanto o direcionamento em ambos os casos é designado pelo quadro mais amplo de atividade, pelo ambiente de negócios global e a cultura corporativa, que inclui a cooperação e a competição. É por isso que, quando se analisa conflitos e interações, é preciso considerá-los não só no contexto da tecnologia comportamental, mas também à luz de determinado modelo ideal. Um modelo como esse pressupõe o objetivo que, se alcançado, pode harmonizar e aprimorar todos os subsistemas de interações organizacionais. Aprofundaremos o assunto nos capítulos seguintes.

## 1.8 A educação através da superação de conflitos (diagógica)

O papel-chave das contradições como força motriz das mudanças atesta o fato de que no mundo moderno, em constante evolução, as contradições e seu processo de resolução se tornarão uma questão importante na educação dos novos tipos de líderes. Ao revelar e resolver contradições organizacionais, um gerente pode controlar mudanças organizacionais, assim como desempenhar suas principais funções de forma eficiente. O trabalho do gerente pode ser reduzido ao processo de tomada de decisão: aquele que não toma qualquer decisão, não pode ser chamado de gerente. Como regra geral, a necessidade de tomar decisões não desperta no trabalho normal, de rotina, mas nas situações em que tarefas complexas e ambivalentes estão presentes. E a decisão é sempre um processo de escolha de um ideal entre várias alternativas, o que implica na resolução de um conflito interno.

Assim, no contexto moderno uma habilidade fundamental é a capacidade de revelar e resolver as contradições intra e extraorganizacionais. Além disso, essa habilidade torna-se questão tanto de instrução como de método. O termo diagógica se refere ao método de ensino da resolução de conflitos.

A tarefa de revelar e resolver contradições é difícil. Muitos tipos de atividade intelectual e modelos de comportamento na organização são determinados por suas regras, tecnologias, normas e tradições que não necessariamente prevêem quaisquer formas de lidar com o conflito, mas podem ser consideradas como modos formais de resolução de contradições. Os membros da equipe não devem e não precisam refletir sobre quando devem vir para o trabalho ou como apresentar as contas (por exemplo, Relatório Financeiro Anual).

Na educação as coisas acontecem de forma semelhante. Se um treinador atribui uma tarefa e descreve a forma certa de cumpri-la, seu trabalho não pode ser considerado uma solução diagógica. Os alunos podem participar de pesquisas científicas reunindo materiais, mas se eles não resolverem adequadamente os problemas científicos, revelando as interconexões e contradições do fenômeno em estudo, esse tipo de educação de nenhuma forma é diferente da tradicional. A verdadeira diagógica está associada a uma oportunidade do indivíduo independente (ou grupo) buscar a solução e resolução de contradições. A educação pode ser chamada de diagógica somente se for destinada a ensinar um aluno a resolver contradições dentro de um determinado problema teórico ou técnico (prático), gerando e destacando o conflito.

Tentativas de utilizar novos conhecimentos e mudanças individuais, inevitavelmente, são pouco notáveis dentro de um ambiente confortável e habitual. Você não pode mudar o comportamento de uma criança sem alterar os modelos de relacionamento dentro da família; da mesma forma, na organização, pode-se mudar os padrões comportamentais dos funcionários apenas se todo o sistema de relações for alterado. A própria organização age como unidade de mudança e desenvolvimento. Os princípios da educação diagógica são baseados na sinergogia de R. Blake e J. Mouton (1962) e, ao mesmo tempo, a expandem. Significa o ambiente educacional em que a cooperação e a resolução de conflitos construtiva induzem a mudanças e aprendizagem mútua.

O modelo tradicional de educação instrucional (familiar a todos, desde a tenra infância) implica na figura autoritária e poderosa do professor, passando o seu conhecimento para seus alunos de cima para baixo. Além disso, o modelo tradicional inevitavelmente provoca dependência do aluno e do professor e toda a responsabilidade recai sobre o professor. Como pode, então, ser criada uma atitude motivacional sólida e renovada para a mudança e desenvolvimento individual? O que pode incentivar os membros da equipe a lutarem por mudanças e desenvolvimento?

A energia necessária para que as mudanças aconteçam está contida na interação e no grupo em geral. Já no final da década de 40 a terapia de grupo entre os militares provou ser muito mais eficiente do que a individual (Bion 1946). Foi descoberto que o grupo contém recursos terapêuticos poderosos. Mudanças positivas também foram impulsionadas por um maior grau de envolvimento pessoal.

A investigação de processos de grupo também mostra que, quando um professor ou treinador usa o modelo tradicional de ensino, os alunos (consciente ou instintivamente) desenvolvem um dos quatro modelos básicos de atitude em relação a ele:

- dependência – eles se sentem dependentes, tentando ganhar sua confiança;
- confronto – eles rejeitam a figura de poder, considerando o professor como seu rival;
- evitação – eles tentam se isolar, considerando a figura de poder como perigosa ou inútil;
- sindicalização – eles tentam se unir em grupos para lidar cooperativamente com todas as dificuldades e desafios.

Na verdade não se está apenas tentando (conscientemente ou não) escolher o modelo comportamental, mas decidir sobre uma estratégia para resolução de um conflito. Em outras palavras, a interação do grupo no geral e a educação do grupo em particular, são inevitavelmente atualizadas através de contínua resolução de conflitos explícitos e internos. Como regra geral, entre estas estratégias não será encontrada a cooperação, que na verdade é a única que permite definir a atividade de grupo eficiente e superar o mecanismo de "perde/ganha".

Pesquisas mostram que quando o professor ou um treinador limita propositadamente seu impacto sobre o grupo, ele causa "tensão grupal inconsciente" (Bion 1961), pois se torna impossível utilizar modelos e soluções tradicionais. Tudo isso desencadeia o processo de busca de novas perspectivas e estratégias e o grupo começa a explorar novos padrões comportamentais. Este momento é marcado pela primeira verdadeira mudança na atividade, tanto individual quanto grupal.

Quando a responsabilidade está sendo transferida para o próprio grupo, um novo modelo de atividade de grupo "aqui-e-agora" está se formando. Neste momento cada grupo começa a se abrir, revelando um potencial progressivo anteriormente oculto que pode ser vivenciado por todos os membros do grupo. Este potencial implica na capacidade de cada membro do grupo de mudar em longo prazo.

Também se deve notar que as pessoas, no geral, são cegas e indulgentes quanto a seus próprios comportamentos, mesmo que interfiram em seu trabalho e carreira. Ao resolver conflitos internos entre si e os outros, entre si mesmo e as condições externas, mais uma vez são usadas as estratégias acima enumeradas: dependência/concessão, confronto, evitação e a busca de aliados. Cada um deles assume a forma de uma certa defesa psicológica que impede o indivíduo de considerar a si mesmo e seu comportamento de forma imparcial. Estes obstáculos constituem impedimentos graves para a educação e desenvolvimento, assumindo uma das formas de autoilusão – de negar os fatos e filtrar as informações até a racionalização e autoindulgência.

Além disso, se alguma informação baseada em fatos vem de um professor ou de um determinado membro da equipe/gerente, o indivíduo tende a rejeitá-la ou, pelo menos, simplificá-la. Se o feedback vem do grupo, o indivíduo o leva a sério, sentindo forte apoio e potencial para mudanças e melhorias. O que vemos agora são grandes oportunidades para o uso do grupo e da organização em geral como uma unidade fundamental para a profunda e permanente mudança de cada membro da equipe.

Mas como pode um processo de treinamento realmente ser criado sem o seu principal elemento estrutural – uma díade professor/aluno? Como podemos superar o fenômeno do enfraquecimento da motivação (que se manifesta principalmente na falha em transportar competências e conhecimentos adquiridos para o ambiente organizacional real)?

O ponto chave é remover uma figura de poder do processo de educação em grupo. Não importa o quanto um professor seja prescritivo, ele sempre é percebido como a figura de poder, ainda mais poderoso do que a dura alta gerência, cuja influência está sempre implícita. É necessário criar condições educacionais que permitirão que os próprios grupos administrem o processo de aprendizagem. Além disso, o grupo necessita de condições especiais que o ajudarão a perceber todos os modelos tácitos e ocultos de comportamento (também os tornando tópicos para discussão).

O comportamento de grupo é expresso em modelos estáveis, consistentes, mas como regra geral as pessoas não têm um entendimento comum deles, por isso ele tem que ser articulado dentro de um determinado referencial. Para não reinventar a roda, devemos ter uma teoria geral, para que a discussão em grupo seja focada em determinados padrões de comportamento. Uma teoria como essa pode acelerar o processo de educação, enfatizando apenas questões relevantes e dando uma interpretação neutra. Também pode ajudar a dinâmica de grupo a adquirir a estrutura necessária sem o envolvimento da figura de poder do professor. Assim, uma teoria pode ser usada como uma ferramenta de formação estrutural no ambiente educacional.

Dessa forma, a teoria está constantemente incluída no processo de desenvolvimento organizacional, com a figura do treinador sendo eficientemente excluída e as condições necessárias para a educação em grupo formadas (tais condições compreendem o pensamento dialético e a resolução de conflitos construtiva, ou seja, diagógica). Os elementos e instruções mais importantes da diagógica são:

1. Estudos preparatórios da teoria (treinamento inicial), a fim de desenvolver uma compreensão compartilhada de pontos de vista inicialmente pouco elaborados sobre o comportamento e para se preparar para coaching com um colega.
2. Reflexões regulares sobre a qualidade da atividade do grupo, com base em critérios definidos preliminarmente para avaliação comum do progresso.
3. Uma atmosfera de competição intergrupo construtiva no âmbito dos objetivos organizacionais comuns.
4. Condições para articular e esclarecer os valores e atitudes individuais.

Assim, a diagógica destina-se a: elaboração de uma teoria comum, com a exclusão da influência do treinador; criação (por meio de cooperação mútua e resolução construtiva de conflitos) de um ambiente educacional que permite que indivíduos e grupos dominem um conjunto abrangente de atitudes e orientações pessoais, integrados na cultura corporativa da empresa. Uma atmosfera educacional única de competição e cooperação que permita o aprimoramento da atividade intelectual e do comportamento do gerente, para adquirir um estilo apropriado de liderança e para elaborar uma forma específica de pensar, geralmente citada como científica, crítica ou dialética.

## Lista de referências do capítulo 1

### Artigos de revistas científicas publicados primeiro online com DOI

Winkler I (2010) Contemporary Leadership Theories, Contributions to Management Sciences, DOI 10.1007/978-3-2158-1, Springer, Berlin, Heidelberg

## Literatura

Bennis W (1989) Why leaders can't lead. Jossey-Bass, San Francisco

Bion W (1961) Experiences in Groups – and other papers. Tavistock, London

Blake R, Mouton J (1962) The Intergroup Dynamics of Win/Lose Conflict and Problem-Solving Collaboration in Union-Management Relations. In: Sherif M (Ed.) Intergroup Relations and Leadership. Wiley, New York, p. 94–140

Blake R, Mouton J (1985) The Managerial Grid III: The Key to Leadership Excellence (3. Aufl.). Gulf Publishing Company, Houston, Texas

Dahrendorf R (1992) Der moderne soziale Konflikt. Essay zur Politik der Freiheit. DVA, Stuttgart, p. 392, 394

Darwin C (1975) On the Origin of Species: A Facsimile of the First Edition. Harvard UP, Cambridge

Denton M (1986) Evolution: A Theory in Crisis. Adler and Adler, Bethesda

French J, Raven B (1959) The Bases of Social Power. In: Cartwright D (Ed) Studies in Social Power: Ann Arbor, University of Michigan, Institute for Social Research, p. 150–167

Gates B (2008) Business at the Speed of Thought (2. Ed.). Penguin, London

Kouzes J, Posner, B (2010) The Truth about Leadership. Jossey-Bass, San Francisco

McGregor D (2005) The Human Side of Enterprise. McGraw-Hill, New York

Misumi J (1984) The behavioral science of leadership (aus dem Japanischen). Yuchikaku, Tokio

Porter M (1990) The Competitive Advantage of Nations. Free Press, New York

Porter M (1998) On Competition. Harvard Business School, Boston

Raven B (1965) Social influence and power. In: Steiner I und Fishbein M (Ed) Current studies in social psychology. Holt, Rinehait, Winston, New York

Zankovsky A (2000) Organizational Psychology. Flinta, Moscow

## Revistas

Bion W (1946) Leaderless group project, Bulletin of the Menninger Clinic, 10:77–81

Deutsch M (1994): Constructive Conflict Resolution: Principles, Training and Research. J Social Issues Vol. 50 **1**, p. 13–32

Erwin D (2000): Macroevolution is More Than Repeated Rounds of Microevolution. Evolution & Development. **2**, p. 78–84

Hersey P, Blanchard K (1982): Leadership style: Attitudes and behaviors. Train Dev J **36:**50–52

Lewin R (1980): Evolutionary Theory Under Fire. Science. **210**, p. 883

Lewin K, Lippitt R (1938) An Experimental Approach to the Study of Autocracy and Democracy: A Preliminary Note. Sociometry 1:292–380

Raven B (1992): Power/interaction model of interpersonal influence. In: French J und Raven B thirty years later. Journal of Social Behavior and Personality, Vol.7, **2**, p. 217–244

## Teses de Mestrado

Schumacher S (2014) Leadership dimensions: an empirical integration. Master Thesis, University Osnabrueck

# Synercube – uma base científica para a formação da relação organizacional eficaz

2

## 2.1 A organização como um sistema aberto

Em termos da abordagem de sistemas, qualquer organização é um conjunto de elementos e suas interconexões, que funcionam como um todo integral (Katz e Kahn 1966). A fim de manter esta totalidade, as organizações precisam de recursos (informação, energia, fundos, pessoal, materiais, equipamentos, etc.) que podem vir de fora e constituem uma condição *sine qua non* da atividade da organização. Enquanto funciona, a organização transforma recursos em *resultados* (produtos, bens, serviços, informações, etc.) que são trazidos de volta para o ambiente exterior, retornando um lucro. Por sua vez, o lucro permite obter novos recursos e retomar o ciclo de transformação. Assim, cada organização é um sistema aberto que está constantemente em interação com o ambiente externo (Fig. 2.1).

Como organismos biológicos, as organizações crescem e sobrevivem devido à correlação favorável entre os recursos utilizados e os resultados obtidos. Para se sustentar no longo prazo, a organização deve ter produção pelo menos equivalente às despesas de entrada de recursos, processo de transformação e funcionamento normal. Se os resultados de saída não permitem reproduzir os recursos e esforços despendidos, a organização perde a sua sustentabilidade. Assim, *a eficácia do processo de transformação* funciona como uma condição decisiva para a sobrevivência da organização.

A história dos negócios mostra como até mesmo grandes organizações que possuem grande quantidade de recursos deixaram de existir por causa de processos de transformação ineficientes e inevitável falta de resultados significativos. E vice-versa, empresas de sucesso podem conseguir bons resultados mesmo na presença de escassez de recursos, quando sua transformação funciona de forma eficaz.

A razão para paradoxos como esse reside na complexidade do processo de transformação que abrange uma variedade de fatores organizacionais, técnicos e humanos. Durante muito tempo os problemas foram vistos como resultado do nível tecnológico insuficiente (portanto a solução foi associada exclusivamente com o progresso tecnológico). No entan-


A. Zankovsky, C. von der Heiden, *Liderança com Synercube*
https://doi.org/10.1007/978-3-662-55606-1_2

**Fig. 2.1** A organização como um sistema aberto

to, descobriu-se que os problemas do processo de transformação resultam principalmente de dificuldades de interação organizacional dos membros da equipe.

À primeira vista a gestão de esforços conjuntos e interação frutífera parecem uma tarefa fácil: deve-se fornecer a cada membro da equipe informações sobre o que fazer e como, criar condições de trabalho favoráveis e razoáveis, suprir a todos com equipamentos e ferramentas, prever os projetos educacionais necessários... – e você tem todos os pré-requisitos necessários para o trabalho em equipe eficaz. Isso era uma visão popular e os gestores focavam os recursos, resultados e aspectos tecnológicos do processo de transformação. No entanto, a negligência do trabalho conjunto e da cooperação combinados com a pouca consciência dos mecanismos internos de interação organizacional utilizados levaram a falhas graves, independentemente do tamanho, tipo ou especialização da organização.

## 2.2 Paradoxos e mistérios do trabalho em equipe

A maioria das tarefas que as pessoas enfrentam só pode ser realizada através de esforços conjuntos. Trabalhando em conjunto um grupo de pessoas pode alcançar resultados que não poderiam nunca, mesmo com esforços sobre-humanos, serem alcançados por um indivíduo sozinho. Seja ele o mais talentoso, trabalhador, inteligente e forte, suas capacidades potenciais para alcançar resultados proeminentes são limitadas.

Contemplar as pirâmides egípcias ou a Grande Muralha da China é impressionante, observar como na ausência de tecnologias e máquinas enormes estruturas como essas foram construídas apenas organizando e unindo os esforços de muitas pessoas. A multiplicação do esforço físico de um único ser humano por mil resulta num esforço de poder colossal capaz de criar montanhas feitas pelo homem.

Nem o progresso social, nem o tecnológico mudaram essas regras. E agora, ao tentar cumprir seus propósitos, um gestor pensa em como unir e coordenar os esforços dos membros do seu grupo de trabalho, seja de um departamento ou organização. No ambiente organizacional existe (há tempos) uma opinião estabelecida de que um grupo de trabalho (o simples fato da presença dos companheiros de trabalho) tem um efeito benéfico na produtividade do indivíduo. A fim de demonstrar um incremento assim, uma metáfora aritmética simples é usada: $1 + 1 > 2$ ou $2 + 2 > 4$. Mas podemos considerar esta visão otimista razoável?

Os resultados da investigação científica não nos dariam a prova do incremento coletivo dessa forma. Já no final do século XIX, o professor francês M. Ringelmann mostrou o lapso dramático na produtividade de um indivíduo que começa a trabalhar em um grupo (Ringelmann 1913; Moede 1927).

Ao comparar os resultados da atividade individual e em grupo dentro do experimento da elevação de carga com polia, Ringelmann esperava que o esforço do grupo fosse pelo menos igual à soma dos esforços individuais. Em outras palavras, dois homens juntos teriam que mostrar resultado semelhante à soma de seus esforços separados. No entanto, o estudo mostrou dependência quase linear entre o número de homens no grupo (de 2 a 8) e a produtividade individual média. Assim, em um grupo com 2 membros, cada um perdia 7% da eficiência individual; em um grupo com 3 membros, 15% e num grupo de 8 membros, 51%. No último caso, cada um perdeu mais do que metade do potencial individual. (Steiner 1972; Ingham et al. 1974; Kravitz e Martin 1986).

As pesquisas atuais mostram perdas menores, mas ainda confirmam a generalidade do efeito de Ringelmann: quando se trabalha em grupo, perde-se parte da produtividade individual. Assim, estamos diante de um fenômeno psicológico misterioso, que pode complicar a atividade organizacional toda vez que a interação dos indivíduos for necessária.

Este fato é geralmente interpretado em termos de fatores motivacionais: dentro de um grupo, um indivíduo fica menos motivado a fazer maiores esforços, pois ele sabe que sua contribuição vai se dissolver nos resultados coletivos. Émile Durkheim notou que o grupo não pensa, sente e age como a soma de comportamentos dos seus membros. Partindo do indivíduo, não se pode compreender os processos decorrentes dentro de um grupo (Durkheim 1924, 1950).

O grupo se forma, desenvolve e age de acordo com suas próprias leis específicas que não podem ser deduzidas a partir da psicologia do indivíduo particular.

A psicologia agora tem um corpo de dados científicos sobre o comportamento do grupo. Esses dados, além de serem capazes de explicar o efeito de Ringelmann, também podem nos ajudar a encontrar meios de aprimoramento radical do trabalho em equipe.

As metas da atividade em grupo, os modos como ele se forma e os requisitos formais para a sua estrutura e funcionamento são definidos, como regra geral, por um sistema organizacional maior. Ao mesmo tempo, os fenômenos e processos do grupo têm regularidades e particularidades próprias. Embora a maioria dos grupos esteja em estado de constante mudança, uma série de etapas consequentes podem ser demarcadas (Fig. 2.2).

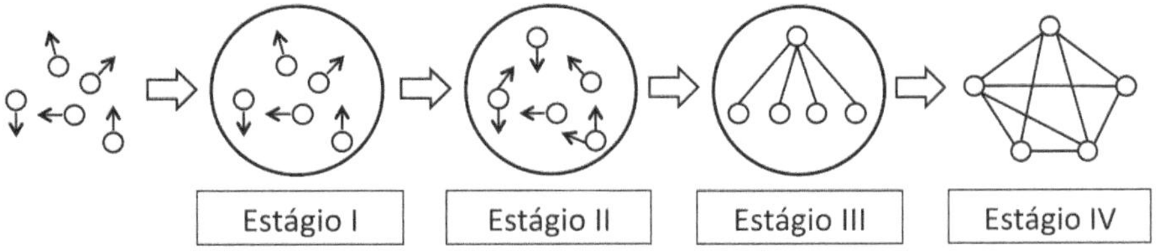


**Fig. 2.2** Etapas da formação do grupo

A primeira fase é a formação do grupo, ou uma associação formal de indivíduos. As pessoas, que se conheceram há algum tempo, encontram-se unidas em um grupo formal. No início, eles se comportam com cautela, observando atentamente cada passo de seus novos parceiros. O estágio é caracterizado pela indeterminação dos objetivos do grupo, estrutura e liderança. Os membros do grupo estão testando as águas, tentando definir seu papel e escolher o padrão comportamental adequado para a situação. A atividade de grupo em si não é o foco da atenção. Se algum trabalho está sendo feito, é baseado principalmente no desempenho individual. Esta etapa chega ao fim quando os indivíduos começam a perceber-se como membros do grupo.

A fase de tempestade é uma forma de conflito intragrupal. Os indivíduos aceitam o grupo como um fato, mas resistem ao controle exercido sobre eles enquanto membros. Diferentes formas de atividade estão começando a ser esclarecidas e resolvidas. Como regra geral, as decisões são tomadas pela maioria (enquanto interesses dos subgrupos menores são ignorados). Além disso, a necessidade de escolher um líder provoca outro conflito. Com esta etapa concluída, o grupo assume uma hierarquia relativamente estável de liderança interna.

A terceira é uma fase de normalização, ou seja, estabelecer estreita relação, normas e valores comuns. Nesta fase a consolidação do grupo está em curso. O grupo começa a funcionar exatamente como um grupo. Cada membro tem a impressão precisa dos outros, de suas habilidades e características pessoais; o papel e a função de cada membro tornam-se estabelecidos: todos sabem o seu papel e percebem a responsabilidade associada a ele. O grupo desenvolve uma forte autoidentificação (identificação intragrupo) e espírito de equipe. A fase termina com a formação de uma estrutura clara. Cada membro do grupo agora sabe o que os outros esperam dele em termos de comportamento nesta ou naquela situação. Aqueles que não estão satisfeitos com seus papeis têm que aceitá-los e aderir às regras e requisitos comuns. A atmosfera em geral se torna positiva, a tensão de fases iniciais diminui e o objetivo comum finalmente se move para o primeiro plano.

A última é a fase da performance. A equipe está formada como entidade psicológica; a nova estrutura está se tornando, em última análise, funcional e aceita por todos os membros. Todos são diligentes, estão cheios de energia e orientados para o objetivo comum – procuram o autoaperfeiçoamento e estão dispostos a trabalhar para o benefício da equipe. Todas as tarefas estão sendo realizadas com responsabilidade comum. A energia do grupo muda da interação para o desempenho em equipe. O pico desta etapa é um estado de sinergia da equipe[1], quando os membros tendem a nivelar as diferenças da atividade e reconhecer o valor de cada um como parte do todo integral.

A atmosfera dentro do grupo torna-se confortável e amigável, todos os membros sentem-se seguros e orgulhosos de fazer parte da equipe. Uma integração mais profunda ocorre: além dos valores da equipe, valores adequados relacionados à atividade estão se tornando

1 O termo é um dos elementos do nome da teoria, que é a *teoria de Synercube: syner* – sinergia, que implica a sinergia do grupo acima descrita; *cubo* é uma figura tridimensional, representando uma descrição de três fatores da liderança organizacional.

comuns para todos. O trabalho de equipe em si torna-se tão significativo que começa a constituir uma base para a existência do grupo. Só que agora o grupo pode ser chamado de equipe, que pode funcionar de forma eficaz e permitir que cada um dos seus membros satisfaça uma ampla gama de necessidades, incluindo a autoestima e autorrealização.

Os limites entre as fases não são tão claros e distintos. Além disso, quando enfrentam novas contradições e problemas, surge o perigo de regressão para a fase de conflito intragrupal. E se o grupo ficar preso na fase de tempestade pode ainda ser cindido em várias partes. Neste caso, o desejo de cooperar entre os membros da equipe diminui dramaticamente, dando espaço a "panelas", tendo pouco a ver com os objetivos comuns do grupo. Esses subgrupos começam a competir e lutar pela liderança, enquanto a eficácia do grupo começa a declinar. Se o grupo não consegue superar esses processos de desintegração, o conflito destrutivo contínuo ou até mesmo uma completa desintegração parece inevitável. Se o grupo e seus líderes conseguem superar a crise, o grupo retoma o progresso construtivo.

Na vida real é difícil observar os estágios descritos acima em sua forma pura (possível apenas em contextos especiais ou críticos). Normalmente, ocorrem dois ou mais processos paralelos ou mesmo de sentidos opostos. É por isso que todas as etapas devem ser consideradas como um quadro geral que tem como objetivo enfatizar a dinâmica e revelar os problemas.

Mais uma vez: para se tornar eficiente, um grupo deve passar por certas fases, cada uma delas apresentando contradições e problemas específicos. Todos eles devem ser superados no caminho do grupo em direção à sinergia.

É importante ressaltar que os gestores têm encarado a organização como um conjunto de indivíduos e a interação do grupo como uma soma mecânica de esforços individuais. Não foi antes de 1930-40 que a ideia da diferente qualidade do trabalho individual e em grupo veio à tona. Uma das maiores contribuições foram os famosos experimentos de Hawthorne, realizados em 1920-30 em Chicago e liderados por George Elton Mayo (1933) (Roethlisberger e Dickson 1939).

Inicialmente os experimentos foram destinados a definir o impacto das condições físicas no desempenho do trabalho. Verificou-se que o seu impacto tinha sido bastante superestimado. Por outro lado, alguns fatores que haviam sido negligenciados acabaram por se mostrar cruciais.

Dentro de um dos experimentos o desempenho de dois grupos colaboradoras foi comparado. Um estava trabalhando normalmente, enquanto o outro estava sob a supervisão constante de pesquisadores, que estavam registrando o progresso, erros, condições de trabalho e tudo o que estava acontecendo. Ao longo de dois anos e seis meses, enquanto o experimento foi conduzido, o desempenho do trabalho do segundo grupo aumentou constantemente! O clima moral também foi bom. O número de ausências devidas a doenças foi três vezes menor do que a média nas organizações.

As condições de trabalho eram idênticas nos dois grupos, de modo que o progresso só poderia ter sido explicado por uma maior atenção e cuidado da administração. As mulheres também relataram que a participação no experimento foi interessante para elas, que elas começaram a considerar o seu trabalho sob uma nova luz, como algo importante, significativo. O simples fato dos seus gestores decidirem realizar um estudo como esse foi percebido pelas trabalhadoras com entusiasmo, como uma demonstração de interesse em seu trabalho.

Estes experimentos mostraram de forma importante que a eficiência do desempenho do trabalho dependia de motivos, capacidades e competências individuais de uma forma menor. Em alguns grupos, um plano abrangente de recompensa financeira foi testado. Esperava-se que o desempenho de um trabalhador aumentasse se fosse conectado diretamente com ganhos financeiros. Descobriu-se que os trabalhadores aumentaram a produtividade como grupo e não individualmente. Sua produtividade dependia do padrão do grupo, não do padrão imposto pelo gestor, mas o estabelecido independentemente dentro do grupo. Os trabalhadores até mesmo reportavam incorretamente para aproximar os números do desempenho real dos planejados. Em outras palavras, o grupo tinha seus próprios padrões de desempenho.

O grupo estava formando uma ideia coletiva de produtividade razoável: trabalhar não muito e não tão pouco. Esta norma tácita de grupo em grande parte determinava o desempenho individual de cada um de seus membros. Estando apreensivos sobre aumentos de padrão e cortes de pessoal, o grupo estabeleceu seu padrão. Para isso, foram usados métodos como: zombaria, apelidos, sarcasmo, desprezo e até mesmo agressão física mesmo contra os infratores.

Os experimentos de Hawthorne contribuíram muito para o estudo do comportamento de grupo: eles mostraram que a eficiência organizacional pode ser aumentada somente quando os gestores estão conscientes dos processos de grupo. Além disso, foi demonstrado que os cuidados e atenção com as emoções das pessoas impactam o desempenho mais do que qualquer tipo de estímulo financeiro. Estes experimentos foram os primeiros a revelar as contradições entre os objetivos organizacionais formais e informais, estabelecidos pelo próprio grupo.

A partir de então a administração começou a estudar a gestão de todos os tipos de processos de grupo e a procurar formas e métodos para aprimorar a interação do grupo e o trabalho em equipe.

## 2.3 Mecanismos de interação organizacional

A interação organizacional, como já salientado, é um elemento vital do processo de transformação. Para focar exclusivamente nesta interação, vamos simplificar o modelo de organização como um sistema aberto, reduzindo o processo de transformação à interação organizacional – ver Fig. 2.3.

Este modelo de interação organizacional inclui três elementos: $R$ – Recursos, $I$ – Interações e $R_e$ – Resultados.

*Recursos* constituem o ponto básico de uma interação. Este elemento abrange finanças, informação, energia, materiais, equipamentos e recursos humanos sob a forma de qualida-

**Fig. 2.3** Modelo de interação organizacional

des pessoais dos trabalhadores, sua educação, habilidades, conhecimentos, experiência, entusiasmo e devoção.

*Interações* incluem todos os tipos de comportamento, ações ou relações de indivíduos do grupo que podem afetar o processo de transformação, ou seja, o uso e a transformação de recursos para atingir objetivos organizacionais. Isto também inclui a forma como as pessoas interagem, sua capacidade de trabalhar em grupo e transformar os recursos (R) em resultados superiores ($R_e$). A esfera de interações está associada com a FORMA COMO as pessoas trabalham, não com O QUE elas fazem.

*Resultados* são os produtos da atividade – produtos, serviços, informação, conhecimento ou ideias criativas. Eles podem mostrar se os recursos (R) foram utilizados de forma adequada e se as interações (I) foram eficazes.

Vamos nos concentrar na zona de interação (ZONA I). A qualidade da ZONA I determina a eficiência da transformação de $R \rightarrow R_e$.

Quando a ZONA I é organizada de forma inadequada, a maioria dos recursos é desperdiçada ou usada de forma ineficiente. Conflitos não resolvidos impedem as pessoas de prestarem atenção em seus obstáculos pessoais e compreenderem o problema atual. Se os funcionários estiverem com medo da atitude negativa dos seus colegas ou gerentes, os recursos serão utilizados de forma ineficiente. Por exemplo, quando os membros da equipe tratam uns aos outros com apreensão, eles ignoram o resultado de seu trabalho, centrando-se em vez disso em autodefesa. Eles preferem ceder, se esconder ou até mesmo parar de trabalhar. A atmosfera mórbida suprime o trabalho criativo – ninguém quer correr o risco se não houver apoio e compreensão dos colegas. Interações impróprias conduzem inevitavelmente a consequências dramáticas na atividade da organização.

Quando, porém, a interação na ZONA I é organizada adequadamente, os funcionários trabalham na atmosfera de confiança e respeito mútuos. Assim, os recursos (R) são utilizados de forma eficiente. A energia individual (que era previamente usada para encontrar desculpas ou esconder fraquezas) agora pode ser usada para fornecer a cooperação, encontrar novas soluções e assumir riscos razoáveis. Se os problemas atuais forem discutidos com integridade, os membros da equipe não terão medo de consequências negativas e vão olhar para a decisão certa de forma aberta e sincera. Essa atmosfera orientada para a sustentação da abertura aumenta a devoção e zelo pessoal. As pessoas começam a assumir tarefas desafiadoras, explorar e criar, já que não estão mais em perigo de serem acusadas ou estigmatizadas.

O efeito de sinergia acontece quando os recursos (R) aparecem dentro da ZONA I e lá se reproduzem. Em tais casos, os resultados do trabalho de equipe ultrapassam a soma dos esforços individuais. O efeito de sinergia é atingido quando o grupo define suas metas coletivamente e tenta fazer o seu melhor para alcançá-las. Sinergia implica em alto nível de confiança e respeito mútuos, bem como na capacidade de superar todos os conflitos de forma construtiva.

É impossível ganhar mais com menos recursos apenas aumentando o número de funcionários, horas de trabalho ou investimentos. Assim, toda organização enfrenta o mesmo dilema: continuar lutando contra o efeito de Ringelmann na ZONA I ou trabalhar pela interação sinérgica.

Então, por que a ZONA I, sendo tão importante, permanece à margem da atenção da administração? Há um escopo de razões organizacionais, pessoais e psicológicas para isso. Vamos listar as mais importantes delas:

1. Na organização moderna a carreira do gestor depende altamente dos valores de R e $R_e$. A forma de utilização dos recursos e os resultados são decisivos para uma maior promoção do gestor na hierarquia organizacional. Em tal caso, a ZONA I ficará negligenciada.
2. A organização moderna impõe uma carga pesada de responsabilidades a um gestor, principalmente associadas a resultados e produtos. Sobrecarga e falta de tempo não permitem que se concentre na ZONA I, então a ênfase está sempre mudando do processo para o resultado.
3. Características psicológicas individuais e experiências profissionais e de vida únicas resultam em crenças e valores pessoais muito diferentes. Assim, cada membro da equipe tem sua própria percepção do quadro de relacionamentos na ZONA I, sendo que obter uma percepção comum parece um objetivo bastante inatingível. Além disso, os inevitáveis medos, defesas e outras emoções problemáticas constituem um obstáculo adicional no caminho da interação produtiva e do trabalho em equipe.
4. A maioria dos membros da organização não tem conhecimento suficiente para compreender as peculiaridades da interação em grupo.

## 2.4 Ferramentas de gestão na busca da eficiência em grupo

O mais importante entre os processos de grupo é a liderança, que determina a capacidade do grupo para interagir com outros departamentos, para organizar-se, bem como sua área de atuação e suas normas. Assim, estando ciente dos princípios de liderança, pode-se prever o desenvolvimento do grupo, o tipo de interação na ZONA I e os resultados.

A questão de liderança foi focada pela primeira vez na década de 1930 como parte da pesquisa de K. Lewin (Lewin e Lippitt 1938). Desde aquele momento, as abordagens psicológicas da liderança são reconhecidas como uma área de pesquisa independente. Até hoje numerosos experimentos já foram realizados, descobertas fundamentais feitas, teorias criadas, monografias e manuais escritos. (Zhuravlev 2005; Parygin 1973; Bennis e Nanus, 1985; Conger 1990; Locke 1991; Vroom, 1973; Vroom e Jago, 1978; Yammarino e Bass, 1990; Yukl 1994; Blake e Mouton, 1964; Fielder, 1967; Hersey e Blanchard, 1993; Stogdill, 1974).

O estudo de K. Lewin e os resultados das experiências de Hawthorne desencadearam o uso da chamada abordagem comportamental da liderança. A abordagem visa encontrar os principais fatores associados ao comportamento do líder.

Muitos anos de pesquisa e investigação resultaram na vinda à tona dos dois principais fatores que garantem a eficiência do líder. Desde então o modelo de liderança de 2 fatores se tornou popular entre os psicólogos. No entanto, estes dois fatores são reconhecidos por diferentes nomes: administração orientada para trabalho/pessoal (Likert 1961); atividade estruturada e atenção às pessoas (Bass 1960; Fleischman e Harris 1962); abordagem orientada para pessoas/tarefa (Blake e Mouton 1964); abordagem orientada para tarefa/relacionamentos (Hersey e Blanchard 1982; Fiedler 1967; Reddin 1970); liderança diretiva/participativa (Bass 1990); liderança orientada para o apoio/progresso (Filley et al. 1976); liderança orientada para o empregador/empregado (Tannenbaum e Schmidt 1973); liderança orientada para controle e engajamento/atividade (Lawler 1992) e apoio (Misumi e Shirakashi 1966; Misumi 1972, 1985).

A melhor aplicação da abordagem foi o Modelo Grid Gerencial de R. Blake e J. Mouton (1964), um quadro específico sobre a interação na ZONA I.

O Grid tem os dois fatores acima mencionados como seus eixos. O primeiro é a preocupação com produção e o segundo é preocupação com pessoas.

*Preocupação com produção.* Os resultados da produção podem ser de curto ou longo prazo. O eixo horizontal com números de 1 a 9 mostra a preocupação com a produção. Esta qualidade orientada para resultados engloba todos os tipos de atividades que contribuem para a consecução dos objetivos organizacionais: planejamento, controle, coordenação, repressão. Por exemplo, um líder com alta preocupação com produção pediria relatórios regulares, controlaria todo o trabalho, faria todo o possível para que os membros da equipe terminassem suas tarefas em tempo.

*A preocupação com pessoas* também varia de 1 a 9. Preocupação com pessoas é a capacidade de um líder para construir relações. O alto nível desta preocupação significa que o gestor é capaz de analisar e compreender as opiniões, pensamentos e sentimentos de outras pessoas. Ele presta atenção em seus problemas pessoais e profissionais e preocupa-se com seu progresso e bem-estar. A preocupação com pessoas quando corretamente expressada lhes dá confiança e permite que todos os membros do grupo construam relacionamentos que trarão resultados justos.

Os pesquisadores designaram o estilo 9,9 como o mais eficaz e sensato (Blake e Mouton 1982, p. 20-43). O modelo de liderança de 2 fatores demonstrou ser altamente eficiente na formação de líderes de sucesso. Ele é utilizado em programas de desenvolvimento organizacional em todo o mundo há mais de meio século (Larson et al. 1976, p. 628 ff.; Nystrom 1978, p. 325 ff.).

No entanto, como dissemos no Capítulo 1, a globalização e as mudanças dramáticas do trabalho e do mundo organizacional levaram à mudança radical do papel dos líderes nas organizações. Neste contexto, são necessárias abordagens de liderança novas e atualizadas.

## 2.5 Do grupo à liderança organizacional

Os modelos de liderança de 2 fatores considerados acima, incluindo o modelo do Grid Gerencial, são apenas modelos de liderança de grupos em organizações hierárquicas e burocráticas, atuando em um ambiente estável e previsível, com uma série de objetivos específicos.

No contexto de constantes mudanças, contradições e instabilidade, o líder, não tendo metas específicas, se encontra em uma situação difícil. Que decisão deve ser tomada se o problema não tem precedentes? Que oportunidade deve ser utilizada, quando as condições estão mudando constantemente? O que deve ser considerado como prioridade máxima: funcionários, sociedade, organização, grupo ou eu próprio? Rumo a que meta o líder deve guiar seus subordinados? Estas perguntas nunca foram tão críticas quanto hoje.

Preocupações com pessoas e produção ainda são relevantes, mas não são suficientes. Como se pode ter preocupação com o resultado, se o resultado em si não está claro? Como se pode ter preocupação com as pessoas, quando as diferenças entre pessoas por todas as culturas, nacionalidades, visões de mundo individuais são intransponíveis?

Além disso, alguns estudos mostram que a liderança reduzida a dois fatores pode exercer uma influência poderosa sobre o comportamento do grupo, mesmo se o objetivo do líder entra em conflito com atitudes individuais e é antissocial. Assim, o modelo tradicional de liderança de grupo atua como tecnologia comportamental, o que pode alterar o comportamento, independentemente das metas impostas pelo líder. Hoje liderança não é mais um processo do grupo, ela determina a atividade de toda a organização, ou seja, a liderança se tornou organizacional. Isso muda todo o paradigma da liderança, que agora é uma forma de poder organizacional (que utiliza os recursos principalmente pessoais e informativos) e uma referência moral e axiológica (Zankovsky 2011).

A orientação de valores do líder é um elemento-chave de sua estrutura pessoal interna, pois separa o que é significativo do que não é, o essencial do supérfluo. É uma espécie de eixo de consciência, garantindo a estabilidade da personalidade, a continuidade de certos padrões de comportamento, expressa nas tendências de suas necessidades e interesses. Assim, a orientação de valores atua como um fator-chave para a motivação de uma pessoa.

Os aspectos morais das metas, estabelecidos pelo líder, seu sistema de valores e orientações pessoais revelam-se decisivos. O mais trágico é o caso em que o líder qualificado tem uma mentalidade nociva e leva sua organização a um beco sem saída e à autodestruição. Mesmo o líder mais hábil, sem diretrizes morais, vai acabar assim. Basta recordar exemplos memoráveis de falências de grandes corporações americanas fomentadas pelo egoísmo de seus líderes. As orientações de valores e as atitudes morais do líder se provam vitais no contexto da globalização informacional e tecnológica, quando a organização vivencia concorrência dura e indefinições, não tendo pontos de referência de atividade sólidos (Creusen et al. 2013; Schumacher 2014).

Na medida em que a carreira de um gestor evolui, sua orientação de valores torna-se mais e mais decisiva.

Podemos afirmar que a liderança organizacional é uma liderança orientada para valores, exigindo do gestor atitude moral adequada. Assim, o modelo de liderança organizacional tem de incluir não apenas a dimensão comportamental, mas também uma certa dimensão axiológica, ou seja, tem de incluir 3 fatores.

## 2.6 Liderança organizacional

Os aspectos morais dos objetivos estabelecidos pelo líder, seu sistema de valores pessoais e orientação de valores revelam-se decisivos. A orientação de valores permite distinguir entre o que é essencial e irrelevante. É um eixo de consciência que define a estabilidade de uma personalidade e proporciona constância comportamental. Isso é mostrado em tendência de necessidades e interesses. Essa é a razão pela qual a orientação de valores é o fator mais importante no direcionamento da motivação de uma pessoa (Fig. 2.4). A propriedade moral é essencial para um objetivo estabelecido por um líder para seus subordinados, como também sua orientação de valores e personalidade. A situação mais trágica é quando um líder qualificado tem uma mentalidade adversa e leva sua organização a um beco sem saída e autodestruição.

As orientações de valores e as atitudes morais do líder revelam-se vitais no contexto da globalização informativa e tecnológica, quando a organização vivencia dura competitividade e incertezas, sem marcos de atividade sólida (Creusen et al. 2013; Schumacher 2014).

À medida que a carreira de um gerente evolui, sua orientação de valores torna-se cada vez mais decisiva.

Podemos assim afirmar que a liderança organizacional é uma liderança orientada para valores, exigindo uma atitude moral adequada do gerente. Assim, o modelo de liderança

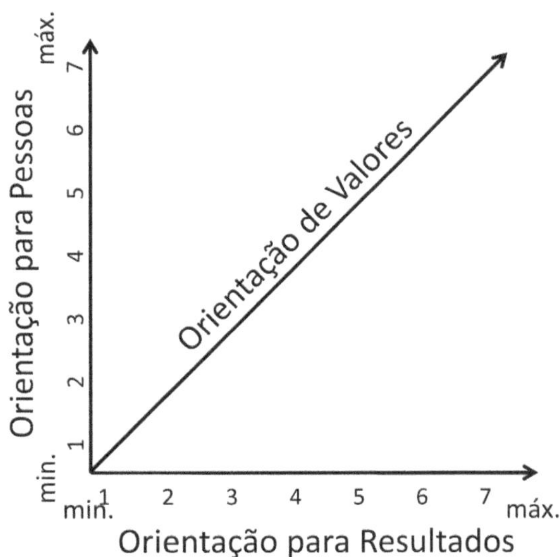


**Fig. 2.4** Modelo de liderança 3D que engloba fatores comportamentais e pessoais

organizacional deve incluir não só a dimensão comportamental, mas também uma dimensão de valores. Em outras palavras, deve incluir três fatores.

## 2.7 Liderança organizacional e cultura corporativa

O sistema de valores é formado dentro de diferentes condições educacionais e de vida. Isso os torna heterogêneos, contraditórios e sujeitos a certa hierarquia: alguns valores podem ser sacrificados em prol de outros. Os valores são múltiplos e diversos. Alguns optam por valores espirituais, tentando assimilar o patrimônio cultural e encontrar respostas para questões perenes. Outros escolhem valores transcendentes – Deus, a salvação, a vida após a morte. No nível pessoal cada um de nós molda seu sistema de valores por si mesmo, embora muitos aspectos sejam determinados e influenciados pelo atual momento histórico, contexto cultural e formação educacional.

Conciliar os vários sistemas individuais de valores dos membros das equipes da organização é um grande desafio. Mas em primeiro lugar vem a tarefa de conciliar o sistema de valores do líder com o objetivo organizacional comum. Esta é a missão da cultura corporativa.

Cada cultura é baseada em um determinado sistema de funções. A principal delas é *preservar e reproduzir a experiência organizacional, enriquecendo-a e transmitindo-a.*

A *função comunicativa* da cultura corporativa significa a capacidade de formar condições e meios de comunicação. A cultura estabelece certas regras e formas de comunicação apropriadas para o clima operacional da organização.

A *função normativa* implica a manutenção da ordem e coordenação das necessidades e interesses da organização com o trabalho de departamentos, grupos e indivíduos. É a própria cultura que é responsável pelas normas, padrões e regras.

A *função de significado* é implementada quando a cultura corporativa faz com que o trabalho seja significativo. Além disso, a cultura corporativa é responsável pela socialização organizacional, que é a capacidade dos membros das equipes de aprenderem normas, valores, habilidades sociais e qualidades organizacionais.

Na cultura corporativa, como em qualquer outra cultura profissional, podemos distinguir dois níveis: cotidiana (real) e especializada. A cultura cotidiana é um nível de conhecimentos, costumes, normas, habilidades que uma pessoa deve ter na vida e no trabalho organizacional cotidiano. Como regra geral, o fato de contratar uma pessoa para trabalhar na organização mostra que ela possui o nível cotidiano de cultura corporativa. Para dominar as habilidades de cultura especializada é preciso treinamento e socialização organizacional específica. Neste nível a experiência sociocultural profissional e os valores organizacionais básicos, que formam o núcleo da cultura corporativa, são acumulados.

Ambos os níveis estão intimamente relacionados e se influenciam mutuamente, com informações sobre a cultura sendo constantemente trocadas entre eles. A troca é realizada através de canais de comunicação específicos: códigos corporativos, a missão da organização, treinamento e desenvolvimento organizacional. No entanto, a liderança organizacional deveria constituir o mais poderoso canal de transmissão, exercendo o poder e usando tanto informações quanto recursos pessoais.

Valores corporativos importantes atuam como ideais, que são os valores considerados na perfeição que ainda está para ser alcançada. Referir-se a este ou aquele valor como ideal, indo além dos limites da realidade, permite-nos compreender não só a qualidade transindividual, mas também transpessoal dos valores. Eles agem como o melhor critério para orientação no mundo e como apoio à autodeterminação pessoal de cada membro da organização (incluindo, acima de tudo, os líderes).

Assim, a cultura corporativa serve como um espaço significativo e orientado para valores de liderança organizacional e está presente em duas formas: ideal e real. Na verdade, a cultura corporativa cotidiana é multifacetada, individualizada e contraditória, enquanto a cultura corporativa ideal como um sistema baseia-se nas orientações de valores elaboradas pela comunidade empresarial mundial e principais corporações. Uma cultura corporativa ideal assim se reflete nos códigos corporativos e missões das organizações. Ela serve como um sistema de valores de referência tanto para o líder da organização quanto para a cultura corporativa real, ou seja, o sistema de valores realmente existente na organização, em todos os momentos.

Neste contexto, a cultura corporativa pode ser definida como um sistema de ideais, valores, normas, regras e relacionamentos, elaborados pelas principais organizações públicas e pela comunidade empresarial avançada, que atua como um sistema de valores de referência tanto para o líder organizacional quanto para a cultura organizacional real, ou seja, o sistema de valores que prevalece na organização, em todos os momentos.

Precisamos salientar que:

1. Este sistema de ideais não é um padrão estabelecido para sempre, mas sim um sistema dinâmico em constante mudança e aprimoramento.
2. Mesmo a organização mais eficiente pode não alcançar esses ideais de forma essencial, total e completa. Ela pode somente estar mais ou menos próxima deles.
3. Este sistema não é idêntico à soma das ideias sobre as características da organização perfeita prevalecente entre os membros da equipe. Até mesmo o mau contador pode ter seus ideais sobre a submissão de demonstrações financeiras, mas eles são geralmente muito distantes dos ideais e exigências da cultura financeira corporativa moderna.

Para identificar os valores e princípios básicos de uma cultura corporativa ideal resumimos as abordagens principais para estilos de liderança e cultura corporativa, bem como códigos corporativos de grandes empresas multinacionais e documentos judiciais que predefinem o estabelecimento de tais códigos. Analisamos os seguintes documentos, definindo aspectos fundamentais da formação da cultura corporativa na organização: os Princípios de Negócios de CauxRoundTable, os regulamentos da OCDE sobre as corporações transnacionais, o Pacto Global da ONU, os Princípios do Centro de Relações Inter-Religiosas para Responsabilidade Corporativa e a Iniciativa Global para prestação de contas (Zankovsky 2011; Schumacher 2014).

A análise mostrou que, apesar das diferenças, a maioria dos documentos está em ampla consonância com os padrões geralmente aceitos de estilo de gestão e padrões éticos, especialmente padrões de ética do trabalho. Os documentos selecionados, em primeiro lugar, são universais para todas as empresas, independentemente da especificidade ou setor de mercado da empresa. Em segundo lugar, eles cobrem uma ampla gama de atividade empresarial, não apenas um problema, função ou grupo em particular. Em terceiro lugar, as diretivas analisadas são reconhecidas mundialmente. Deste ponto de vista, os códigos corporativos das maiores empresas do mundo (tiradas da lista do Financial Times), bem como as maiores empresas da China, Índia e Rússia, foram estudados. Por exemplo, a cultura organizacional da Siemens AG Alemã é sintetizada em três princípios, que são:

1. Responsabilidade: compromisso com ações éticas e responsáveis. Os funcionários da empresa estão decididos a cumprir os mais elevados requisitos judiciais e éticos. Nós fazemos o nosso negócio de acordo com os mais altos padrões e procedimentos éticos e profissionais. Não toleramos quaisquer manifestações de comportamento que não sejam compatíveis com as exigências da ética empresarial. Princípios com base neste valor nos servem como um guia na tomada de decisões de negócios. Buscamos garantir que nossos parceiros de negócios, fornecedores e outros interessados em trabalhar conosco estejam comprometidos com os padrões de comportamento ético mencionados.
2. Perfeição: a busca constante por atividade eficaz e resultados excelentes. Os membros da equipe definem-se objetivos ambiciosos, baseados em nossa visão de missão organizacional e verificados com os indicadores previstos e fazem o seu melhor para alcançá-los. Em benefício de nossos clientes, nos esforçamos para fornecer a mais alta qualidade, oferecendo soluções que superem as expectativas. A busca da excelência nos obriga a encontrar formas de melhoria contínua e constante revisão dos processos existentes. Também exige mudanças, para que estejamos no lugar certo quando novas oportunidades surgirem. Excelência significa também atrair os profissionais mais talentosos e proporcionar-lhes as competências, conhecimentos e habilidades para alcançar os melhores resultados. Estamos profundamente comprometidos com uma cultura de alto desempenho.
3. Inovações: foco em inovações para o lucro sustentável. A inovação é o alicerce do sucesso da Siemens. Nós alinhamos de perto as atividades de investigação científica com a nossa estratégia de negócios. Somos detentores de patentes chaves e temos posições sólidas em tecnologias já desenvolvidas e emergentes.

Nosso objetivo é sermos formadores de opinião em todas as áreas de negócio em que a empresa atua. Permitimos que nossos funcionários utilizem toda sua energia e desenvolvam seu potencial rumo ao novo e incomum. Estamos à procura de abordagens criativas em tudo que se manifesta na originalidade, criatividade e desenvoltura.

Nós somos empreendedores cujo foco na inovação traz sucesso em escala global. Medimos o sucesso das nossas inovações pelo sucesso de nossos clientes. Estamos constantemente atualizando nosso portfólio, buscando atender aos desafios mais prementes da sociedade moderna. Isso nos permite alcançar resultados sustentáveis e excelentes (veja o site Corporativo da Siemens AG).

O código corporativo da Bayer inclui quatro valores. Tendo "Ciência para uma Vida Melhor" como slogan, a Bayer interpreta a palavra VIDA como liderança, integridade, flexibilidade e eficiência (website corporativo Bayer AG). Algumas empresas não se limitam a 3 ou 4 valores e divulgam uma dúzia de valores ou mais, que são os mais importantes e fundamentais para elas.

Os valores corporativos da Gazprom são: *Profissionalismo* – profundo conhecimento na área de especialização, desempenho de tarefas com pontualidade e alta qualidade, aprimoramento contínuo de conhecimentos e competências profissionais; *iniciativa* – compromisso e independência de todos os membros da empresa no processo de otimização da produção; *responsabilidade* – abordagem responsável e cuidadosa da utilização de ativos da empresa; *respeito mútuo* – espírito de equipe no trabalho, confiança, boa vontade e cooperação na resolução de tarefas; *abertura ao diálogo* – troca de informações aberta e honesta, vontade de trabalhar em conjunto para desenvolver uma solução ótima; *continuidade* – respeito pelo trabalho e experiência de gerações mais velhas, contatos com veteranos do trabalho, formação profissional e mentoring; *reputação* – utilização de certas técnicas e estratégias para criar uma opinião positiva sobre a empresa (código de ética corporativo da Gazprom disponível em seu site corporativo).

Apesar do fato de existirem tantas formas de nomear valores e princípios, muitos deles são bastante semelhantes em conteúdo. Os três grandes valores corporativos acima mencionados – excelência (Siemens AG), eficiência (Bayer AG) e profissionalismo (Gazprom) – são substancialmente próximos. Assim, a necessidade de comprimir afirmações de valor é evidente. Para isso, a partir dos documentos acima mencionados que definem os aspectos fundamentais da cultura corporativa da organização, marcamos os 43 valores corporativos e princípios mais citados, que após o agrupamento e resumo se transformaram em uma lista de 25 valores básicos, que incluem: eficiência; sucesso; qualidade; conhecimento; poder; iniciativa; justiça; honestidade; proatividade; respeito; confiabilidade; fidelidade; responsabilidade; espírito de equipe; atitude orientada para o cliente; capacidade de inovação; liderança; busca da excelência (desenvolvimento); criatividade; respeito pela tradição; reputação; estado de direito; parceria com os acionistas; empenho e profissionalismo. Os valores foram identificados com base na análise da literatura e estudos psicológicos sobre gestão, bem como em discussões com especialistas e receberam definições operacionais. Essas definições formaram a base do questionário que avalia o grau de importância de um valor em particular para a criação e funcionamento de uma organização ideal, capaz de entregar resultados excepcionais.

O questionário foi distribuído dentro de uma amostra de gerentes de empresas internacionais. A análise fatorial (análise de componentes principais com rotação Varimax) revelou cinco fatores básicos, descrevendo 74% da variância total. Esses fatores foram nomeados como valores, tendo uma fração maior. Estes valores são:

*1. Confiança – A confiança de uma pessoa (grupo ou organização) de que comportamentos e atitudes de outras pessoas (grupos ou organizações) satisfaçam suas previsões razoáveis e positivas, mesmo nas situações mais inesperadas e adversas* (Kupreychenko 2008; Hosmer, 1995).

A confiança é a medida da qualidade das relações entre pessoas, entre grupos e entre o indivíduo e a organização. Em situações totalmente previsíveis, a questão da confiança surge muito raramente: as pessoas sabem claramente o que esperar da organização e o que é esperado delas. A alta incerteza, fusões, reestruturações, os modelos de negócio em constante mudança e a globalização propiciam um solo desfavorável para o desenvolvimento da confiança. A confiança em seu líder é especialmente importante quando os colaboradores enfrentaram problemas complexos sem experiência, competência e recursos suficientes para resolvê-los. Não confiando no líder e com medo de suas críticas e sanções, as pessoas muitas vezes escondem os problemas ou simulam sua decisão, o que mais tarde traz sérias perdas, violações da tecnologia e acidentes. Somente líderes eficazes são capazes de estabelecer uma situação gerencial estável, mesmo sob a condição de mudanças constantes. Se o líder obteve e manteve a confiança de seus seguidores e colegas, uma cultura corporativa eficiente será inevitavelmente estabelecida. A capacidade de gerar confiança na equipe depende fortemente da visão geral do líder sobre os seres humanos e sua natureza. É impossível estabelecer confiança se o líder está convencido de que as pessoas são inerentemente preguiçosas, dependentes, inúteis, desonestas e egoístas. Por outro lado, a crença na decência das pessoas, a confiança em suas habilidades e talentos e o desejo sincero de ajudá-los a concretizar plenamente seu potencial, inevitavelmente ajudam o líder a criar confiança entre seus seguidores e dentro da organização como um todo. Para confiar nas pessoas, o líder também deve confiar em si mesmo, em seu próprio profissionalismo, em sua própria situação de vida. É preciso lembrar também que a confiança é de natureza mútua e simétrica: se um líder não confia em seus seguidores, ele não pode esperar confiança do lado deles. Vários pontos chaves que permitem a um líder estabelecer e manter a confiança em suas unidades devem ser mencionados.

1. Um líder deve ter muito cuidado com suas atitudes em relação aos erros e ao sucesso. Todos cometem erros e os líderes não são exceção. No entanto, eles têm muito mais probabilidade de rejeitar e ocultar seus erros culpando os outros e arruinando sua confiança. Para evitar esta situação, é preciso seguir duas regras: os erros dos subordinados são erros do líder, mas os erros do líder são apenas dele próprio. Ao mesmo tempo, o sucesso dos colaboradores é apenas deles e o líder não deve roubar as conquistas de seus seguidores. Mesmo falando sobre o sucesso alcançado exclusivamente por meio de seus esforços pessoais, o líder eficaz sempre enfatizará a natureza coletiva do sucesso.
2. Um líder deve ter muito cuidado com sua habilidade e desejo de ouvir. Líderes eficazes não colocam as pessoas para baixo com críticas, não impõem sua opinião e temperamento aos liderados, não os interrompe enquanto falam, permitindo que eles se expressem e transmitam suas ideias.

3. Um líder deve manter sua palavra, ser honesto e consistente. Para confiar e ser confiável, é necessário seguir regras e princípios que são válidos em qualquer situação, mesmo a mais adversa.
4. A confiança do líder não deve ser cega. O líder deve periodicamente rever, analisar, fazer-se perguntas e certificar-se de que sua confiança não está sendo abusada.

Mesmo em organizações onde o nível de confiança é muito alto, a vida cotidiana não é cheia de alegria e felicidade: desentendimentos, insatisfações e conflitos são muito frequentes, mas não importam muito, contanto que haja uma confiança dentro da equipe e organização.

*2. Justiça / Equidade – Igualdade real de todos perante a lei, bem como a correspondência entre o papel real do indivíduo na vida organizacional e sua posição na organização, entre seus direitos e responsabilidades, entre trabalho e recompensa, entre mérito e reconhecimento, entre ofensa e punição. A discrepância nessas relações é interpretada como injustiça* (Beugre, 1998).

Pesquisas mostram de forma convincente que a eficácia de qualquer organização depende em grande parte do quanto as ações da liderança são vistas como justas do ponto de vista dos colaboradores. Quanto mais os colaboradores tiverem certeza de que são tratados de forma justa, maior será a motivação deles; quanto maior a motivação, mais entusiasmo eles terão ao seguir todas as instruções e regulamentos da liderança. A equidade está intimamente associada à satisfação no trabalho, ao comprometimento e à responsabilidade dos colaboradores. Os pesquisadores geralmente distinguem três tipos de equidade organizacional: distributiva, processual e interativa. A justiça distributiva diz respeito à forma como os colaboradores percebem a proporção dos esforços e das recompensas recebidas. Comparando-se com outros membros da organização, eles podem avaliar a situação como justa ou injusta. Outros movimentos de justiça distributiva podem ser a igualdade (dar um pouco a todos) e a necessidade (dar mais às pessoas mais necessitadas). Esses movimentos dependem do contexto organizacional, mas sempre perseguem o mesmo objetivo, ou seja, tornar a distribuição justa. A justiça processual atraiu a atenção dos pesquisadores após a descoberta do efeito do "processo justo" na tomada de decisões. A essência do efeito é que, quanto mais os participantes se envolvem na discussão e preparação de uma decisão, mais eles a consideram justa, ao mesmo tempo em que prestam atenção mínima decisão final em si. A percepção dos procedimentos organizacionais como sendo justos é em grande parte devido à atitude do colaborador em relação ao seu trabalho e à organização. Se as pessoas pretendem receber da organização algum ganho pessoal ou apreciar uma atmosfera confortável e relações amigáveis, quaisquer procedimentos organizacionais que violem esses termos serão considerados injustos. Pesquisadores identificaram seis condições que devem ser seguidas para garantir que o procedimento organizacional seja percebido como justo:

1. O procedimento deve ser executado por todos os membros e em todos os casos designados;
2. Deve servir os interesses dos próprios membros da organização, não de terceiros;

3. Deve fornecer a coleta e uso de informações precisas para a tomada de decisões;
4. O procedimento deve conter um mecanismo para corrigir decisões errôneas;
5. O procedimento deve corresponder aos padrões morais e éticos pessoais ou prevalecentes;
6. O procedimento deve garantir os interesses de vários grupos efetuados por ele.

A equidade interativa reflete a importância da qualidade das relações que acompanham a execução dos procedimentos organizacionais. Estudos recentes mostraram que a equidade interativa tem dois componentes: equidade interpessoal e informacional. O primeiro reflete o grau de cortesia, dignidade e respeito pelos subordinados por parte da liderança. O segundo é expresso principalmente nas explicações da gestão sobre porque certos procedimentos são implementados de determinada maneira e quais são os critérios de recompensa ou punição dos colaboradores. É muito importante observar que a liderança e os colaboradores têm diferentes critérios para medir a equidade organizacional, o que requer trabalho direcionado para reduzir essa discrepância.

*3. Integridade – Uma orientação sustentável para dizer a verdade de forma responsável, apropriada e, especificamente, evitando enganos, alusões e incertezas. No nível organizacional, a integridade é refletida na transparência dos objetivos, processos e relacionamentos organizacionais* (Radoilska 2008).

A integridade é a abertura e prevenção de enganos nas relações com os outros e com eles mesmos. A integridade pode ser um traço de personalidade ou um comportamento aprendido, quando uma pessoa sempre diz a verdade e tenta evitar mentiras sob quaisquer circunstâncias. É uma intenção constante de admitir os próprios erros, evitar a justificativa dos próprios pontos fracos e se esforçar para ser sincero em qualquer situação. Um homem verdadeiro possui reguladores internos que controlam todas as suas ações de acordo com seus princípios e valores. Existem dois tipos de integridade – integridade em relação a outras pessoas e integridade para si mesmo. À primeira vista, ser completamente íntegro consigo mesmo é uma tarefa fácil. No entanto, muitas vezes as pessoas incorrem em autoilusão provocada por seus próprios medos e ilusões e podem permanecer nesse mundo virtual por muito tempo. A armadilha da autoilusão é particularmente perigosa para os gestores. Ocupando uma posição mais elevada na organização do que seus subordinados, os gestores são muitas vezes privados de feedback frequente e objetivo sobre suas ações e decisões, moldando eles mesmos sua própria imagem muito subjetiva e frequentemente exagerada. Ao longo do tempo, isso leva a um desajuste dramático entre a autoimagem do gestor e seu comportamento real. As condições prévias para a verdadeira integridade estão em libertar-se da autoilusão, no desejo de honestidade para consigo mesmo, na ausência de autoindulgência e reconhecimento de seus erros, em abandonar o desejo de atribuir ideias e sucessos dos subordinados, no hábito de avaliar as próprias ações e as ações dos outros pelo mesmo padrão. A integridade do líder para com os outros é expressa principalmente em manter sua palavra. Uma pessoa íntegra sempre cumprirá sua promessa e ajudará um parceiro em tempos difíceis. Você pode confiar nela como em si próprio. Ela sempre fala com objetividade e prefere não lisonjear ou usar de meias verdades. Uma pessoa íntegra tenta ajudar os outros a escapar da mentira e, em qualquer situação, assegurarão que a justiça seja seguida. Na vida prática, a integridade requer tato e deve atender a vários requisitos. Assim, um código moral informal limita a integridade nos casos em que a informação possa prejudicar os sentimentos do parceiro ou causar danos à sua saúde. Da mesma forma, muitas pessoas preferem esconder seus problemas pessoais para aliviar os outros da ansiedade excessiva. Portanto, é necessário distinguir entre honestidade e objetividade excessiva, ou até mesmo rudeza. Uma pessoa honesta é sempre correta, mesmo enquanto fala uma verdade desagradável. Uma pessoa direta diz tudo o que pensa, mesmo quando suas palavras não estiverem adequadas e puderem ferir seus parceiros. Pessoas bem educadas concentram sua atenção principalmente em sua integridade para consigo mesmas e no respeito aos sentimentos de outras pessoas. No nível organizacional, a integridade revela-se na transparência e manifesta-se no fluxo de informações aberto e completo dentro da organização, na transparência de sua estrutura e dos procedimentos de gestão.

*4. Comprometimento – A identificação do indivíduo com sua organização, manifestada na plena aceitação dos objetivos organizacionais, buscando contribuir para o sucesso organizacional e no desejo de permanecer na organização sob quaisquer condições* (Ermolayeva 2008; Mowday et al., 1982).

O comprometimento dos colaboradores com sua organização é um estado mental que define suas expectativas, atitudes, comportamentos no trabalho e suas percepções da gestão e organização. O comprometimento envolve: identificação, envolvimento, lealdade. A identidade é o orgulho da organização e a aceitação total dos objetivos organizacionais. A identidade depende da medida em que os membros da organização são informados sobre o estado das coisas na organização e as perspectivas para resolver importantes desafios organizacionais; da forma como eles veem a correlação de seus objetivos e os objetivos da organização; do grau de justiça que enxergam na avaliação de seu trabalho pela administração. O pessoal envolvido esforça-se para trazer contribuições pessoais para a consecução dos objetivos organizacionais e atua além da descrição de cargo se necessário, exercendo esforços adicionais. Para gerar envolvimento, a organização deve fazer o melhor para elevar a autoestima profissional dos colaboradores, estimulando o interesse em obter resultados empresariais significativos e aumentando a responsabilidade pelos resultados do seu trabalho. A lealdade é um apego emocional à sua organização, o desejo de permanecer como membro sob quaisquer circunstâncias. A lealdade organizacional implica que os colaboradores estejam satisfeitos com suas condições de trabalho e perspectivas de carreiras, sentem atenção e cuidado por parte da organização e confiam na viabilidade do trabalho de longo prazo. Na verdadeira vida organizacional, o comprometimento assume formas específicas e tem várias causas. Assim, os colaboradores podem se identificar não com toda a organização, mas apenas com um componente da vida organizacional: regras formais, tradições, resultados de trabalho ou os benefícios que a organização pode fornecer. O comprometimento pode variar desde a identificação completa com a organização e um desejo sincero de contribuir com o sucesso, ao simples apego emocional às pessoas, o medo da incerteza ou o medo banal de ser demitido e não conseguir encontrar um novo emprego. Os colaboradores muitas vezes não percebem a distância que separa suas atitudes reais para com a organização do comprometimento real e sincero, e é por isso que o alto comprometimento organizacional, tão frequentemente declarado pela liderança é, na verdade, bastante frágil e superficial.

*5. Responsabilidade – As organizações e seus colaboradores são responsáveis por suas ações, eles procuram remuneração justa, permanecerem comprometidos com as regras, observar o comprometimento e cumprir os atos legais e administrativos nacionais vigentes* (Zhuravlev e Kupreychenko 2003; Turker 2009).

A responsabilidade é a obrigação – imposta ou assumida por alguém – de executar e denunciar quaisquer ações e assumir a culpa por suas possíveis consequências.

A responsabilidade está diretamente relacionada ao cumprimento de obrigações contratuais, entre outras, ou a promessas que exijam que o indivíduo tenha desempenho absoluto. A responsabilidade sempre se refere a um indivíduo específico e reflete os limites de suas obrigações. As obrigações são o dever do sujeito para alguém ou para a sua própria consciência, que é compreensão consciente e sentimento de responsabilidade de alguém pela execução de obrigações. Um indivíduo, grupo e organização como um todo pode ser responsável. A responsabilidade pode ser política, jurídica, moral, profissional, social, etc. A compreensão consciente da responsabilidade de alguém é determinada por uma série de fatores, que incluem cognitivo, motivacional, histórico, situacional, etc. No processo de suas vidas, as pessoas desenvolvem mecanismos de controle interno que lhes proporcionam a capacidade de conduzir comportamentos responsáveis sem regulação externa. As pessoas começam a ser responsáveis por suas ações principalmente para si mesmas e não para a autoridade externa. A pré-condição psicológica da responsabilidade é a possibilidade de fazer a própria escolha, ou seja, escolher conscientemente uma determinada linha de conduta. Esta escolha é especialmente difícil em situações de conflito, onde os interesses de um indivíduo, organização e sociedade podem entrar em contradição. É de especial importância para um indivíduo a questão de escolher sua própria posição, a questão de "ser ou não ser". Para uma pessoa "ser" significa ser humano, afirmar sua posição na vida e assumir a total responsabilidade pelo próprio comportamento. As pessoas tendem a atribuir responsabilidade a forças externas (acaso, destino, etc.), ou a suas próprias habilidades e aspirações. Dependendo de uma dessas abordagens, são formadas certas estratégias de comportamento humano. A responsabilidade de um líder é revelada em sua capacidade de tomar decisões eficazes em sua atividade profissional, na persistência e integridade na implementação das decisões e na disponibilidade para ser responsável pelos seus resultados e consequências. A responsabilidade social do líder é revelada em seu esforço para se comportar de acordo com os interesses dos outros colaboradores e da organização como um todo, aderir aos padrões aceitos e cumprir suas responsabilidades da melhor forma possível. No plano organizacional, a responsabilidade social não é apenas a implementação dos interesses e objetivos econômicos da organização, mas também a consideração dos impactos sociais de suas atividades comerciais sobre os colaboradores, consumidores, parceiros, comunidades locais e contribuição positiva para a solução de problemas sociais em geral.

O papel crucial desses valores é confirmado por numerosos estudos do campo da psicologia organizacional e administração (Sheppard et al. 1992; Zhuravlev e Kupreychenko 2003; Kehne 2009; Turker 2009; Caldwell et al. 2010; Lane e Bachmann 1998; Schumacher 2014).

Estes princípios podem ser vistos como o núcleo de uma cultura corporativa perfeita, como pontos de referência que indicam a direção do desenvolvimento organizacional e pessoal. A operacionalização desses valores na forma de um questionário permite dimensionar um dos polos próximo aos valores ideais e outro no extremo contrário. Isso possibilita avaliar a situação real da cultura corporativa ou o sistema de valores pessoais em relação a esses polos.

Nos últimos anos, a psicologia organizacional desenvolveu ativamente o conceito da compatibilidade pessoa-organização, que serve cada vez mais como base para procedimentos modernos de seleção de pessoal. Em busca de trabalho, as pessoas conscientemente e ainda com mais frequência inconscientemente, procuram organizações que cumpram as suas noções de justiça, integridade, poder, liderança e relacionamentos harmoniosos (Westermann e Cyr 2004).

Essa compatibilidade é raramente encontrada em um nível comportamental superficial, emergindo das profundezas da estrutura da personalidade, consciência e inconsciente. A importância da compatibilidade pessoa-organização é confirmada pela correlação significativa com a fluidez pessoal (Westermann e Cyr 2004). Robbins e Judge salientam que as organizações modernas operam em um ambiente dinâmico, em constante mudança, que requer a disponibilidade e capacidade dos funcionários para mudar tarefas e funções, trabalhando em várias equipes. Este contexto implica a compatibilidade integral do funcionário com a cultura corporativa global da organização e não com uma função específica e limitada (Robbins e Judge 2009).

A compatibilidade pessoa-organização é definida como a conformidade entre os colaboradores e a organização, que é possível se eles compartilham do mesmo contexto fundamental e necessitam um do outro (Kristof-Brown et al. 2005). Entre as qualidades fundamentais mais importantes, pesquisadores ressaltam especificamente as metas e valores individuais que devem ser mutuamente "compatíveis" (Van Vianen et al. 2007).

A liderança organizacional como forma de poder organizacional é o núcleo do processo na organização. Isso torna a compatibilidade do líder com a organização uma chave para a eficiência organizacional. Uma escala de valor cultural baseada em cinco princípios da cultura corporativa ideal foi criada para avaliar a compatibilidade das orientações dos valores básicos do líder com a cultura corporativa. Desta escala, alinhada com duas subescalas de comportamento tradicionais ("preocupação com pessoas" e "preocupação com produção") foi formado um questionário $S^3$ que permite avaliar a liderança no espaço tridimensional. A confiabilidade geral do questionário é $\acute{\alpha} = 0{,}87$.

A análise fatorial confirmou o modelo teórico, identificando três fatores que corresponderam a uma determinada teoria. Os fatores identificados explicaram 77,8% da variância.

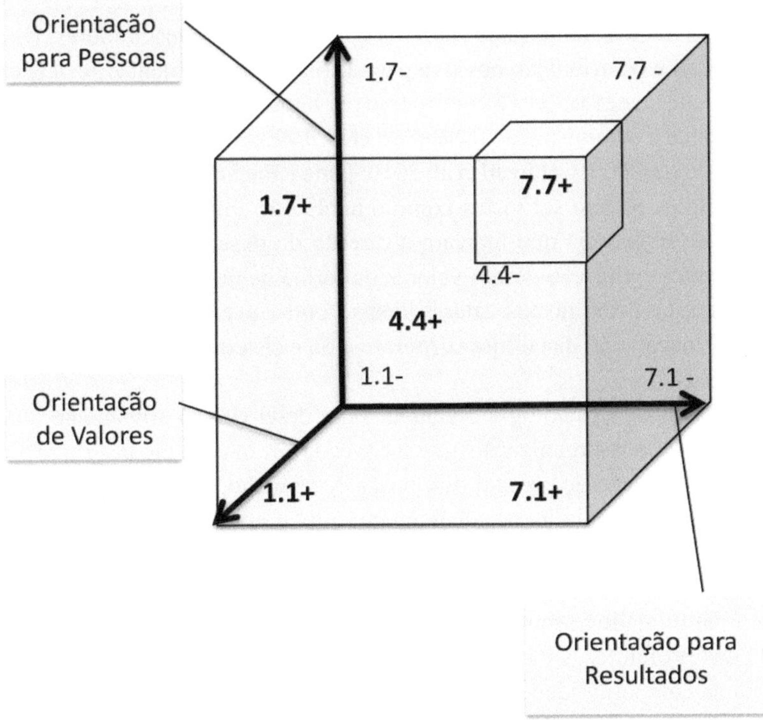


**Fig. 2.5** Modelo tridimensional de liderança

A análise da correlação entre os fatores identificados apresentou as seguintes particularidades: a correlação mínima esteve presente entre os fatores "preocupação com pessoas" e "preocupação com produção" ($r = 0{,}15$, $p > 0{,}05$), a correlação máxima esteve presente entre os fatores "preocupação com pessoas" e "orientação de valor cultural" ($r = 0{,}47$, $p < 0{,}001$). A correlação entre os fatores "orientação de valor cultural" e "preocupação com produção" foi de $r = 0{,}39$ ($P < 0{,}01$).

Estes resultados mostram que os fatores tradicionalmente considerados inerentes ao comportamento de liderança, aparentemente, são independentes, enquanto a dimensão do valor cultural aparece como um fator de unificação e integração. A análise de correlação entre os fatores identificados e os indicadores integrantes da atividade dos departamentos que estavam sob a direção dos gestores mostrou correlação positiva e significativa de todos os três fatores com a dimensão valor cultural ($r = 0{,}517$; $p < 0{,}001$). Assim, a validade do critério de cada fator e da interligação dos fatores, que podem oferecer liderança efetiva somente de forma conjunta, foi confirmada.

Os dados obtidos destacam fortemente a tendência dominante: na medida em que a carreira se desenvolve, o papel do fator valor cultural aumenta e, por outro lado, o fator "preocupação com produção" diminui.

Os resultados do agrupamento permitiram destacar 10 grupos de gestores com diferentes taxas de manifestação dos três fatores. O princípio do grupo, com base nessas taxas de manifestação, nos permite considerar cada um dos grupos selecionados como estilos de liderança individuais.

Os resultados podem ser apresentados como um modelo tridimensional de liderança (Fig. 2.5). Na verdade, o modelo tridimensional pode ser representado como uma combinação de dois modelos de dois fatores, que diferem no seu teor de valor cultural: no primeiro caso este conteúdo é tão pequeno quanto possível e, no segundo caso, é fortemente marcado.

## 2.8 Tipologia de liderança

Devido ao fato do questionário ser baseado numa escala de um a sete, os estilos de liderança podem ser mostrados em forma numérica, denotando os extremos para os fatores "preocupação com pessoas" e "preocupação com produção" (variando de 1 a 7). A fim de tornar mais claro, não onerando os nomes de estilo com números, os extremos de conteúdo de valor cultural serão designados como – (intensidade mínima) ou + (máxima). Assim, temos 10 estilos de liderança – aqui estão suas descrições resumidas (nos próximos capítulos vamos examinar cada estilo de liderança em detalhe):

1. 1.1– *Cínico indiferente*. Baixo foco em resultados, baixo foco em pessoas, indiferença e atitude negativa em relação a tudo. Tendência a distanciar-se da responsabilidade pelos resultados, desejo de evitar problemas organizacionais e qualquer envolvimento nas atividades. Sendo pressionado por exigências organizacionais, adota uma atitude protetora e agressiva que enfatiza a inutilidade e futilidade de qualquer ação. Seu papel desempenhado dentro do grupo / organização parece bastante satisfatório para ele.
2. 1.1+ *Inibido, insatisfeito*. Baixo foco em resultados, baixo foco em pessoas. O interesse está escondido por trás da máscara de indiferença; desejo não realizado de contribuir para a causa comum. Decepção, associada à incapacidade de obter benefícios; desejo de evitar jogos políticos e conflitos. Retira-se para dentro de si mesmo. Numa situação crítica, possui a capacidade de descartar dúvidas e medos e adotar uma atitude ativa e construtiva, visando à superação da crise. Seu papel desempenhado dentro do grupo / organização parece deprimente para ele.
3. 1.7– *Adulador* (Como posso ajudá-lo?). Baixo foco em resultados, elevado foco em pessoas e indiferença para com o trabalho da organização, desejo de agradar a todos. Desejo de se dar bem com as pessoas a todo custo, ajustando-se à situação. Evita conflitos e tensões, há falta de sinceridade, adulação e servilismo para os seus próprios fins pessoais, nem sempre compreendidos por ele mesmo.
4. 1.7+ *Entusiasta desanimado*. Baixo foco em resultados, elevado foco em pessoas. Não é indiferente ao trabalho da organização e quer criar uma atmosfera de amizade e encorajamento. Prevalência de fantasias sobre planos e ações reais. Motiva os colegas a se concentrarem em aspectos positivos do trabalho.

5. 7.1– *Ditador, autoritário.* Alto foco em resultados, baixo foco em pessoas, atitude indiferente ou negativa para com as pessoas, que são consideradas por ele como ferramentas para alcançar resultados. Espera obediência e diligência; controle total e constante pressão sobre os subordinados. Adesão rigorosa e estrita às regras.
6. 7.1+ *Paternalista.* Alto foco em resultados, baixo foco em pessoas, não indiferente em relação ao trabalho e organização. Trata os subordinados como imaturos que necessitam de cuidados. Mentoring, posição de proteção.
7. 4.4– *Conservador, formalista.* Foco médio em resultados, foco médio em pessoas. Indiferente, atitude formal com relação ao trabalho e à organização, medo de mudança e inovação. Contenta-se com o status quo, defende os pontos de vista e abordagens usuais. Adesão rigorosa e estrita às regras e procedimentos que asseguram o funcionamento estável e tranquilo da organização.
8. 4.4+ *Patriota orientado para as tradições da organização* (um alicerce). Foco médio em resultados, foco médio em pessoas. Preocupado com o trabalho da organização; deseja criar uma atmosfera de estabilidade e confiabilidade. Respeita e mantém as tradições e os valores organizacionais. Devoção e lealdade à organização.
9. 7.7– *Oportunista.* Alto foco em resultados, alto foco em pessoas. Atitude pragmática e indiferente com relação ao trabalho e à organização. Capacidade de trabalhar com as pessoas e alcançar resultados que lhe proporcionam benefícios pessoais. Falta de sinceridade, adesão declarativa a valores mais elevados; capacidade de manipular.
10. 7.7+ *Ideal, visionário.* Alto foco em resultados, alto foco em pessoas, atitude não indiferente com relação ao trabalho e à organização. Deseja criar uma atmosfera de compromisso e envolvimento. Reconhece a importância de cada funcionário, se esforça para atingir os mais altos padrões de desempenho. Busca e adoção de soluções ótimas que são apoiadas e compartilhadas por todos. Comprometido com o desenvolvimento e aprimoramento, enquanto também respeita as tradições e valores organizacionais.

A validade de critério destes estilos de liderança foi analisada. Como critério, foi utilizado um procedimento padronizado para avaliação especializada da eficácia do líder. Os mais válidos foram 7.7+ Ideal, visionário e 7.1+ Paternalista ($r = 0,69$, $p < 0,01$ e $r = 0,57$, $p < 0,05$, respectivamente). Atualmente a análise rápida e o processamento dos dados obtidos ainda estão em andamento.

## 2.9 Estabilidade e flexibilidade dos estilos Synercube

Os estilos Synercube estão permanentemente manifestando-se no comportamento humano em perspectivas de curto e longo prazo. Independentemente da situação particular, os líderes tendem a reagir ao conflito e implementar outras habilidades de interação de maneira que é característica exclusiva deste ou daquele estilo particular. Ao mesmo tempo, interagindo com os gerentes seniores, gerentes de linha ou empregados comuns, o líder, em primeiro lugar, está se comportando de acordo com seus valores normais de vida.

Estes valores constituem a diretriz básica para o comportamento em diversas situações organizacionais e podem, portanto, ser considerados como uma dimensão terminal do estilo de liderança. Portanto, a fim de alterá-la, é necessário um sistema integrado de atividades de treinamento e desenvolvimento.

Estes exemplos mostram como os valores pessoais se manifestam no comportamento individual. Estes valores muitas vezes ficam fora da visão do líder, mantendo sua poderosa influência. Pequenas mudanças podem ocorrer se uma pessoa receber feedback sobre seu comportamento, mas mudanças significativas ocorrem apenas quando ele repensa seus valores e atitudes. Por exemplo, geralmente pessoas com alta preocupação com produção e baixa preocupação com pessoas são duronas, independentemente do contexto ou situação particular. Depois de obter feedback e repensar os valores que fundamentam seu comportamento, as pessoas podem mudar seu comportamento como um todo.

Os fatores comportamentais do estilo podem ser extremamente sólidos e determinar um certo estilo de comportamento. No entanto, isso pode ser altamente otimizado por meio de treinamento. Eles podem ser considerados como medições instrumentais do estilo de liderança, que devem ser praticadas regularmente.

O *estilo Synercube principal* é aquele mais característico do indivíduo. Esta é a sua forma mais típica de interação que começa a emergir desde os primeiros momentos de atividades e relações conjuntas.

Identificar o estilo Synercube principal não é uma questão de um único evento ou de um comportamento consciente selecionado numa situação particular. Na verdade, o estilo principal é baseado em padrões de comportamento firmemente estabelecidos e ele se manifesta completamente apenas depois de interação prolongada. Ele só pode ser determinado com base em cooperação direta e multifacetada, tendo seus padrões de comportamento mais característicos reconhecidos.

Para toda a constância do comportamento das pessoas, suas relações uns com os outros são determinadas por fatores organizacionais e pessoais que têm influência sobre elas. O trabalho na organização é muitas vezes acompanhado por estresse, sobrecarga, falta de tempo e força maior. Além disso, problemas e circunstâncias pessoais também podem causar certas mudanças específicas de comportamento, mas geralmente não levam a uma mudança radical na personalidade ou à séria reavaliação dos seus valores básicos. Tal mudança temporária do estilo básico de comportamento pode ser chamada de subdominante. Uma vez que a situação difícil termine, a pessoa inevitavelmente volta ao seu estilo básico do comportamento. Portanto cada pessoa, além dos padrões básicos de comportamento, tem um estilo subdominante de liderança peculiar.

O *estilo Synercube subdominante* é o segundo tipo de estilo de comportamento humano que se manifesta nas interações diárias. Em determinadas circunstâncias, quando o estilo básico não ajuda a alcançar o resultado desejado, uma pessoa pode mudar temporariamente para o estilo subdominante. Por exemplo, uma pessoa tranquila, que geralmente se adapta aos outros, pode de repente gritar com seu subordinado. Uma mudança súbita como essa vai chocar a ambos e é mais provável que isso seja seguido por um retorno ao estilo de comportamento habitual, acompanhado de desculpas e explicações. O estilo principal de comportamento dessa pessoa não mudou, foi apenas interrompido por um momento. Não há combinações fixas de estilos principais e subdominantes. Qualquer estilo pode ser combinado com qualquer outro.

Algumas pessoas mostram persistência na manifestação do estilo principal, enquanto o estilo subdominante é usado esporadicamente. Esta consistência mostra a força do estilo principal. Um homem com um forte estilo principal é consistente em suas ações, independentemente das circunstâncias. Outros mudam para o estilo subdominante mais frequentemente, em determinadas circunstâncias típicas. Por exemplo, no caso de conflito ou de ações errôneas. Assim, o estilo principal é caracterizado como frágil, uma vez que a mudança ocorre regularmente.

## 2.10 Coordenadas Synercube como base para a eficiência da atividade organizacional

A teoria da liderança Synercube convida-nos a dar o primeiro passo em direção ao autodesenvolvimento eficaz e alcançar as mudanças que levarão à sinergia efetiva no nível organizacional. Este conceito proporciona um método para o estudo da qualidade das relações no nível individual, de grupo e da organização, usando os modelos de dez estilos (ou tipos) de liderança. Cada estilo é um padrão de comportamentos bem conhecido, que pode ser encontrado em discussões diárias, reuniões, conversas telefônicas e outras formas de interação com outras pessoas.

O modelo Synercube é fundamental para os estudos organizacionais, uma vez que envolve o pensamento dialético em qualquer tentativa de alterar o comportamento e analisa o próprio aspecto da interação e mudança, que mostra "como fazer corretamente". Tentativas de mudar algo raramente levam ao sucesso se você não definir um objetivo claro e uma imagem clara da situação real. Estes dois pontos ajudam a manter-se no caminho certo e alcançar os resultados desejados. Um sistema de referência claro permite a uma pessoa determinar a qualidade da interação real e definir uma meta, compreendendo que tipo de interação ele gostaria de alcançar no futuro.

Os estilos de liderança Synercube constituem o verdadeiro ponto de referência para determinar os padrões de aprimoramento individuais e coletivos. Poucos questionam a necessidade de desenvolvimento pessoal e do desenvolvimento de relacionamentos eficazes, mas a maioria dos esforços nesta área continua vaga e indefinida demais para incentivar e apoiar as mudanças pessoais e coletivas para melhor. Para trabalhar com maior eficiência uma pessoa ou equipe deve ser capaz de definir claramente a própria noção de eficiência. O modelo Synercube permite-nos concentrar em padrões de comportamento específicos (iniciativa, tomada de decisão). Ele pode ser usado para obter o apoio daqueles que podem realmente ajudá-lo a mudar, aqueles que lidam diretamente com o seu comportamento, ou seja, os colegas de trabalho imediatos, amigos, membros da família e outros.

Uma vez que uma definição comum do que é eficaz e do que não é esteja articulada, torna-se possível a utilização de modelo Synercube como uma ferramenta eficaz para identificar e mudar o comportamento ineficaz. Por exemplo, assim que os membros da equipe concordam que a iniciativa "correta" deve incluir uma busca ativa de informações, sem esperar por alguém, será fácil identificar decisões e passos "errados". As pessoas vão se sentir mais confortáveis para comentar sobre o comportamento do outro se elas já concordam sobre que tipo de comportamento é eficaz. Tal entendimento comum sobre a eficácia irá fornecer, por exemplo, a oportunidade de dizer: "Sei que você tem muita experiência em marketing, mas na reunião de hoje você não sugeriu quase nada. Podemos discutir por quê?" Se você agir assim sem a noção prévia de eficácia, seu interlocutor pode entrar em autodefesa ou até se sentir ofendido. Neste caso, uma simples frase como essa irá interromper ou mesmo bloquear o progresso em direção à meta. Se há uma noção e compreensão comuns, este comentário não será percebido como um insulto, mas como um meio de seguir em frente. E a resposta seria: "Você está certo. Eu segurei sugestões como...", seguida de uma discussão abrangente.

A teoria da liderança Synercube oferece um terreno para mudanças, proporcionando a indivíduos, equipes e organizações uma forma que permite discutir que tipo de comportamento é eficaz e o que não é. Seguindo o impulso natural, muitos indivíduos e grupos começam a trabalhar imediatamente, sem examinar e discutir a eficácia do seu trabalho e interação.

As pessoas tendem a agir guiadas por aquilo que lhes é familiar. Trabalhar por hábito é muito mais fácil do que forçar-se a desenvolver uma estratégia, discutir padrões de excelência e estabelecer critérios para o resultado desejado. Se essas etapas necessárias são omitidas, as pessoas começam a pensar que todos os problemas serão resolvidos facilmente durante o processo, o que implica que todos vão trabalhar de forma eficaz. Esta abordagem é semelhante à situação em que um grupo de pessoas vendadas são convidadas a mostrar onde é o norte. Claro, todo mundo vai apontar em direções diferentes e cada um vai ter a certeza de que está certo. O mesmo acontece quando um grupo de pessoas começa a trabalhar num projeto sem definir o consenso sobre o algoritmo deste trabalho. A abordagem sem-pensar-duas-vezes é a razão de futuros mal-entendidos, suposições erradas e conflitos. E quanto mais os membros da equipe trabalharem assim, mais frequentemente eles terão de enfrentar a crítica destrutiva e o planejamento errado.

A teoria Synercube aponta na direção de uma compreensão de que os membros da equipe discutam e concordem sobre o modelo de comportamento eficaz antes de começarem a trabalhar juntos em uma tarefa. Este entendimento comum aumenta o nível de comprometimento e a equipe começa a trabalhar de forma eficaz, desenvolvendo estratégias, discutindo padrões de qualidade e estabelecendo critérios de desempenho. Usando o conhecimento teórico, necessário para o estabelecimento de normas, a estratégia Synercube oferece às organizações uma oportunidade de passar por mudanças bem-sucedidas e de alcançar progressos significativos.

Há sempre alguém que questiona a validade da teoria, mesmo sem começar a implementá-la para atividades organizacionais. Ao usar a teoria como um impulso, a equipe pode começar a discutir várias hipóteses e critérios para as suas alterações, com base em valores e atitudes individuais. Ao alcançar compreensão e definir critérios claros, os membros da equipe se tornam mais dispostos a buscar mudanças, uma vez que suas opiniões estão niveladas e eles estão envolvidos no processo de tomada de decisão. Eles podem agir de forma aberta e honesta, na medida em que suas dúvidas e medos são dissipados e eles são capazes de expressar suas ideias. Se uma discussão aberta como essa não estiver presente, as mudanças começam com mal-entendidos e alienação que se tornam ainda mais intensos com o passar do tempo.

Esta teoria também fornece um ponto de partida para a mudança e desenvolvimento individual. Os estilos de comportamento apresentados podem ajudar as pessoas a entender como os seus medos pessoais bloqueiam todas as tentativas de mudança; por que discussões agravam conflitos e reforçam barreiras; porque os resultados podem ser piores do que o esperado. Quanto melhor uma pessoa usa métodos de detecção precoce, eliminação e prevenção de padrões comportamentais ineficientes, mais chances ela tem de contribuir para a conquista de sinergia na equipe. Ao eliminar todos os problemas de interação, a equipe ganha a liberdade de procurar soluções criativas, com aumento das possibilidades individuais, riscos razoáveis e resultados impressionantes.

## Lista de referências do capítulo 2

### Literatura

Bass B (1960) Leadership, psychology and organizational behavior. Harper. New York

Bennis W, Nanus B (1985) Fuehrungskraefte: Die vier Schluesselstrategien erfolgreichen Fuehrens. Campus Verlag, Frankfurt

Beugre C (1998) Managing fairness in organizations. Quorum Books, Westport

Blake R, Adams McCanse A (1992) Das GRID Fuehrungsmodel. ECON Verlag GmbH, Duesseldorf

Blake R, Mouton J (1964) The managerial grid. Gulf Publishing Company, Houston

Creusen U, Bock R, Thiele C (2013) Fuehrung ist dreidimensional. In: Crisand E, Raab G, Crisand N (Ed.) Arbeitshefte Fuehrungspsychologie, vol. 69. Windmuehle Verlag, Hamburg

Durkheim E (1924) Sociologie et Philosophie. F. Alcan, Paris

Durkheim E (1950) Leçons de sociologic. Presses universitaires de France, Paris

Ermolayeva EP (2008) Psychology of social realization in occupation. IPRAS Publishing House, Moscow (Russian version)

Fiedler F (1967) A theory of leadership effectiveness. McGraw-Hill, New York

Filley A, House R, Kerr S (1976) Managerial Process and organizational behavior (2. Ed.). Scott, Foresman and Company, Glenview

Hersey P, Blanchard K (1993) Management of organization behavior utilizing human resources (8th. Ed.). Prentice-Hall, Englewood Cliffs

Katz D, Kahn R (1966) The social psychology of organizations. John Wiley & Sons, New York

Kehne T (2009): Laesst sich Verantwortung normen? Ueberlegungen zu Rolle und Funktion von Standards im Themenfeld Corporate Social Responsibility. In: Aßlaender M, Senge K (Publ) Corporate Social Responsibility im Einzelhandel. Metropolis, Marburg, p. 209–236

Kupreychenko A (2008) Psychology of trust and distrust. IPRAS Publishing House, Moscow (Russian version)

Lane C, Bachmann R (Eds) (1998) Trust within and between organizations. Oxford University Press, New York

Lawler E (1992) The ultimate advantage: create the high involvement organization. Joss Bass, San Francisco

Likert R(1961) New patterns of management. McGraw-Hill, New York
Locke E (1991) The essence of leadership. Lexington Books, New York
Mayo E (1933) The Human Problems of an Industrial Civilization. Macmillan, New York
Misumi J (1985) The behavioural science of leadership: An interdisciplinary Japanese research program. University of Michigan Press, Ann Arbor
Mowday R, Porter L, Steers R (1982) Employee-Organization Linkages: the psychology of commitment, absenteeism, and turnover. Academic Press, New York
Parygin B (1973) Management and leadership. LGPU, St. Petersburg
Reddin W (1970) Managerial effectiveness. McGraw-Hill, New York
Robbins S, Judge T (2009) Organizational Behavior. Pearson Prentice Hall, Upper Saddle River
Roethlisberger F, Dickson W (1939) Management and the Worker. Harvard University Press, Cambridge
Sheppard B, Lewicki R, Minton J (1992) Organizational justice: the search for fairness in the workplace. Lexington Books, New York
Steiner I (1972) Group process and productivity. Academic Press, New York
Stogdill R (1974) Handbook of leadership: a survey of theory and research. Free Press, New York
Yukl G (1994) Leadership in organizations. Prentice Hall, Englewood Cliffs
Zankovsky A (2011) Psychology of Leadership: from behavioural model to value/cultural paradigm. IPRAS Publishing House, Moscow
Zhuravlev A (2005) Psychology of collective performance. IPRAS Publishing House, Moscow (Russian Version)
Zhuravlev A, Kupreychenko A (2003) Ethics in psychological regulation of business activity. IPRAS Publishing House, Moscow (Russian version)

## Revistas

Bass B (1990) From transactional to transformational leadership: learning to share the vision. Organ Dyn 18(3):19–31
Blake R, Mouton J (1982) A Comparative Analysis of Situationalism and 9.9 Management by Principle. Organ Dyn 10(4): 20–43
Caldwell C, Hayes L, Long DT (2010) Leadership, Trustworthiness, and Ethical Stewardship. J Bus Ethics 96:497–512
Conger J (1990) The dark side of leadership. Org Dyn 19(2):44–55
Fleischman E, Harris E (1962) Patterns of leadership behavior related to employee grievances and turnover. Pers Psychol 15(2):43–56
Hersey P, Blanchard K (1982) Leadership style: Attitudes and behaviors. Train Dev J 36:50–52
Hosmer LT (1995) Trust: the connecting link between organizational theory and philosophical ethics. Acad Manage Rev 20:379–403
Ingham A, Levinger G, Graves J, Peckman V(1974) The Ringelmann Effect: Studies of Group Size and Group Performance. Journal of Experimental Social Psychology 10: 371–384
Kristof-Brown A, Zimmerman R, Johnson E (2005) Consequences of Individuals' fit at work: a meta-analysis of person-job, person-organization, person-group and person-supervisor fit. J Pers Psychol 58:281–342
Kravitz D, Martin B (1986) Ringelmann Rediscovered: The Original Article. Journal of Personality and Social Psychology 50(5):936–941
Larson L, Hunt J, Osborn R (1976) The Great Hi-Hi Leader Behavior Myth: A Lesson from Occam's Razor. Acad Manage J 19(4):628–641
Lewin K, Lippitt R (1938) An Experimental Approach to the Study of Autocracy and Democracy: A Preliminary Note. Sociometry 1:292–380

Misumi J, Shirakashi S (1966) An experimental study of the effects of supervisory behavior on productivity and moral in a hierarchical organization. Hum Relat 19:297–301

Moede W (1927) Die Richtlinien der Leistungs-Psychologie. Industrielle Psychotechnik, **4**, p. 193–209

Nystrom P (1978) Managers and the Hi-Hi Leader Myth. Acad Manage J 21 (2):325–331

Radoilska L (2008) Truthfulness and business. J Bus Ethics 79 :21–28

Ringelmann M (1913) Recherches sur les moteurs animes: Travail de l'homme. Annales de l'Institut National Agronomique, 2e série-tome XII, 1–40

Tannenbaum R, Schmidt W (1973) How to choose a leadership pattern. Harv Bus Rev 51: May–June 162–180

Turker D (2009) How Corporate Social Responsibility Influences Organizational Commitment. J Bus Ethics 89:189–204

Van Vianen A, De Pater I, Van Dijk F (2007) Work value fit and turnover intention: some source or different source fit. J Manage Psychol 22(**2**):188–202

Vroom V(1973) A new look at managerial decision making, Organ Dyn, 1(4): 66–80

Vroom V, Jago A (1978) On the validity of the Vroom-Yetton model, J Applied Psychol 63:151–162

Westerman J, Cyr L (2004) An Integrative Analysis of Person-Organization Fit Theories. Int J Sel Assess 12(3): 252–261

Yammarino F, Bass B (1990) Transformational leadership and multiple levels of analysis. Human Relations, 43:975-–995

## Teses de Mestrado

Schumacher S (2014) Leadership dimensions: an empirical integration. Master Thesis, University Osnabrueck

## Outros

Misumi J (1972) An empirical study of political leadership. In: Bulletin of the Institute for Industry and Labour. Kyushu University, S. 57 (Japanese Version)

# Cultura e habilidades de cooperação Synercube

3

## 3.1 Nova cultura corporativa

A eficiência da organização, como já observado, é um fator crucial para sua sobrevivência. É por isso que os indicadores de eficiência estão sempre no foco da alta gestão e são usados como critérios principais para avaliar o sucesso de qualquer gestor. Os órgãos governamentais também monitoram a eficiência organizacional indiretamente, avaliando o passivo tributário, trabalhista, social, entre outros.

Estas avaliações são formalizadas, padronizadas e usadas como critérios objetivos, desenvolvidos pela comunidade humana no longo curso de sua história. Por exemplo, existem normas nacionais e internacionais de informações contábeis e financeiras que pré-definem a forma como a organização deve relatar os seus resultados financeiros, fluxos de caixa, capital, bens, renda e assim por diante. O mesmo se aplica aos recursos: a organização deve avaliá-los e fornecer informações detalhadas sobre edifícios, equipamentos, terrenos, reservas minerais e assim por diante. Há também padrões de avaliação de recursos humanos, que consideram o nível de educação, profissionalismo, experiência, motivação e assim por diante.

Estes critérios são formais e objetivos e, portanto, amplamente compreendidos e reconhecidos. Embora sua discussão possa levar a certa diferença de opinião, a compreensão global deles é universal para todos os países e organizações. Ideias de alta ou baixa eficiência, informações certas ou erradas, nível de profissionalismo ou motivação são comuns em todos os lugares.

No entanto, é bastante evidente que todos estes padrões de avaliação podem ser reduzidos a recursos e resultados (R & $R_e$). No entanto, Já o critério da ZONA I é uma questão diferente. Os funcionários da organização, incluindo a gerência sênior, não têm critérios uniformes de certo ou errado em termos de relacionamentos ou padrões de interação. As avaliações e discussões aqui são subjetivas, com base em experiências, opiniões, ideias, hábitos e estereótipos pessoais.

Tais opiniões e preferências são bastante diversificadas e raramente concordantes, mesmo entre pessoas que se conhecem há muito tempo. No entanto, na gestão existe uma


A. Zankovsky, C. von der Heiden, *Liderança com Synercube*
https://doi.org/10.1007/978-3-662-55606-1_3

firme convicção de que se alguém é contratado para executar determinadas funções e assinou um contrato de trabalho, presume-se que vai interagir de forma produtiva com outros membros da equipe. Nada a discutir: tudo está claro. Entretanto, a cooperação espontânea e produtiva é a exceção e não a regra e a ZONA I muitas vezes revela-se o campo de problemas e perdas. Portanto, as pessoas estão acostumadas a trabalhar "conforme a sorte".

Por que então é tão difícil moldar uma sinergia harmoniosa na ZONA I? Estas dificuldades se devem a: falta de atenção para a importância das habilidades de interação comportamentais; heterogeneidade e diversidade de valores, atitudes e interesses de todos os membros da organização. As pessoas têm diferentes atitudes em relação à organização, seu trabalho, si mesmos e uns para com os outros. Eles têm diferentes interesses e pontos de vista sobre a importância dos vários aspectos da vida organizacional. Sendo difíceis de perceber, essas diferenças podem ser enormes e podem bloquear a interação eficaz. É por isso que a tarefa mais importante do líder é criar um espaço comum de valores compartilhados por todos os membros da equipe.

Há três meios principais que podem ajudar o líder a influenciar os valores dos outros:

1. Moralizar.
   O que é bom e o que é ruim são especificados. Qualquer tipo de autoridade é usada para apoiar um ponto de vista.
2. Exemplo pessoal.
   O líder tenta agir de acordo com suas crenças, esperando que os outros aprendam com esta experiência e a utilizem como exemplo.
3. Ajuda para esclarecer os valores.
   O líder ajuda os membros do grupo ou organização a adotarem valores mais consistentes com os objetivos da organização. O líder presta atenção na sua importância, utilidade e adequação a situações organizacionais específicas, e não na necessidade de seguir as formas tradicionais, familiares.

A ajuda em suas tentativas de conceber valores organizacionais dá aos membros da equipe uma oportunidade de compreender os seus próprios valores básicos que são próximos dos valores da cultura corporativa. Assim esclarecidos, os valores tornam-se mais pessoais e persistentes.

No entanto, antes de lidar com mudanças nas orientações de valores de seus subordinados, o gestor deve esclarecer seus próprios valores. O processo de esclarecimento de valores pessoais inclui o estudo e a reavaliação dos valores existentes e a exposição da visão do indivíduo sobre questões que anteriormente estavam fora de foco. Às vezes essa tarefa é difícil de cumprir, uma vez que os juízos de valor afetam sentimentos, emoções, desejos e interesses do indivíduo. A autoanálise das atitudes clandestinas e inconscientes que determinam o comportamento da pessoa exige um esforço considerável. No entanto, o esclarecimento de valores pessoais pode se tornar um meio de melhorar a eficiência da atividade administrativa.

O esclarecimento sistemático de valores pode ser considerado como um tipo de autocompreensão. Os colegas podem ajudar uma pessoa a esclarecer seus valores, mas a escolha final é dela mesma. A autoanálise abrange os cinco passos seguintes:

1. A decisão de ser sincero.
   Mudar a si mesmo é decidir ser o mais honesto possível consigo próprio. Negligenciar essa obrigação significa resistir à mudança real.
2. Articulação e debate aberto de pontos de vista.
   Valores comuns podem existir apenas com a ajuda de discussões. Análise e avaliação tornam-se possíveis se os valores são articulados.
3. Análise de alternativas de valor.
   É importante identificar e analisar todos os possíveis valores alternativos que fundamentam o comportamento e correlacioná-los com os valores de uma cultura corporativa perfeita.
4. Procura por contradições e superação de conflitos de valores.
   Uma análise mais aprofundada dos valores revela inconsistências e contradições, que são a base para novos pensamentos e avaliação do comportamento.
5. Comparação com a linha de ação prática.
   A comparação do comportamento humano real com os valores declarados muitas vezes revela discrepâncias significativas. Isso pode apontar para conflitos não resolvidos de valores diferentes ou para a falta de compreensão dos valores básicos. De qualquer forma, o fato de que o comportamento não coincide com os valores declarados enfatiza a necessidade de aprofundar o trabalho.

O esclarecimento de valores permite que o gestor se conscientize plenamente de sua responsabilidade. Contudo, temos de admitir: ações que contradizem os valores declarados são bastante frequentes. O líder deve voltar-se para seus colegas e subordinados para obter informações sobre tal incompatibilidade, pois eles estão observando cuidadosamente o seu comportamento em diferentes situações organizacionais. Alterações de valor estáveis ocorrem somente quando os valores antigos revelam total inadequação para a situação e levam ao fracasso. Ao mostrar seu sistema de valores, o gestor pode obter o feedback necessário, sem esperar pelas duras lições da vida.

## 3.2 A cultura corporativa e as habilidades de cooperação

Quando um gestor enxerga uma necessidade de mudança, ele se pergunta o que tem que ser mudado. Portanto, seus esforços são destinados a mudar estratégias, produtos e processos. No entanto, até mesmo a melhor estratégia começa a crescer atrofiada, na medida em que a cultura da organização não permite incorporá-la. E mais frequentemente, a fim de mudar algo, deve-se primeiro mudar a cultura e os valores. Mas mesmo aqueles que entendem isso geralmente não sabem como mudar algo tão indescritível e amorfo como a cultura organizacional.

A teoria Synercube se concentra em como mudar, ao invés de o que deve ser mudado. O Synercube oferece uma forma específica de construir uma cultura de confiança mútua, respeito e sinceridade que ajuda a liberar o potencial criativo latente da organização. A nova cultura emergente, por sua vez, permite que a organização mostre todo seu potencial e execute operações numa escala sem precedentes.

A abordagem Synercube oferece um método para avaliação de relacionamentos de forma tão precisa e objetiva quanto os métodos para avaliar recursos ou resultados. O método inclui o seguinte esquema:

1. Sistema de coordenadas com três eixos: dimensão de valor cultural, preocupação com produção e preocupação com pessoas.
2. A divisão de comportamentos em "corretos" e "incorretos", de acordo com valores culturais comuns e critérios claros.
3. A aquisição de competências Synercube, que nos permitem avaliar o comportamento em termos objetivos e, mais importante, oferecem medidas significativas para a construção de equipes (excluindo métodos de "ataque" e "defesa").

A abordagem Synercube transforma a teoria em método aplicado pela definição de relacionamentos através de critérios simples e claros sobre comportamentos eficientes e ineficientes no trabalho. O modelo de estilos Synercube ajuda as pessoas a estabelecerem uma base para a discussão objetiva das suas atividades em termos do "que é certo" e não "quem está certo". Com o padrão adequado de comportamentos efetivos definido, pode-se criar um modelo (padrão) para fazer uma comparação entre o comportamento real e o adequado. Assim que for possível ver a diferença entre estes dois tipos de comportamento, surge um campo de tensão motivacional. Tendo o plano certo, as pessoas podem entender o que precisam mudar para desenvolver um comportamento mais eficaz.

O estresse motivacional é o primeiro passo para uma mudança de comportamento. E uma vez que a maioria das pessoas tem um desejo de mudança e de perfeição, a mera motivação é muitas vezes suficiente para começar a mudar para melhor. Se o desejo de uma pessoa de aprimorar-se também for apoiado por seus colegas, os esforços individuais se transformarão no empenho coletivo em prol da causa comum. Assim, a pessoa recebe motivação, um plano de ação e o apoio de outras pessoas, que estão dispostas a dizer-lhe quando está errada.

Segundo a teoria Synercube, o processo comum para atingir os objetivos organizacionais revela cinco competências (ou elementos) de relacionamento. Eles não se manifestam necessariamente dentro de todos os momentos de atividade ou interação. Alguns deles são mais frequentes do que outros, mas com o tempo nós usamos todos eles.

Tente responder as seguintes questões, a fim de compreender suas próprias habilidades comportamentais no contexto de relacionamentos na ZONA I:

1. Resolução de Conflitos:
   O que você faz quando seus interesses são violados ou ignorados? Com que frequência você se encontra em situações de conflito, sem compreender as razões? Como você reage se não concorda com os outros ou se eles o desagradam? Você sente que é imperativo provar que a outra pessoa está errada, se ela não concorda com você? Você prefere recuar, a fim de ficar longe do conflito iminente? Você tenta poupar os sentimentos dos outros e manter uma atmosfera de concordância? Que princípio – "O que é certo" ou "Quem está certo" – você usa quando procura soluções?
2. Competência comunicativa:
   Como você compartilha informações? É fácil para você estabelecer contatos com novas pessoas na organização? O que você faz para desenvolver uma estratégia unificada de interação? Você tem dificuldades em sua comunicação com a administração e outros membros da equipe? Como você obtém as informações necessárias? Você se sente desconfortável e, portanto, dependente dos outros? Você prefere receber informações "puras", sem comentários e opiniões, ou você acredita que é necessário ouvir a opinião dos outros, mesmo que isso traga adiante novos desafios? Quando você pede informações aos outros, você finge que já sabe e só precisa ter certeza, ou você francamente reconhece sua ignorância?
3. Posição ativa:
   Como você inicia atividades futuras ou soluções para os problemas? Como você envolve outras pessoas em suas atividades? Você espera que os outros o sigam? Você espera que os outros deem os primeiros passos? Com que abertura e confiança você compartilha sua opinião com outras pessoas? Você as convida para discutir alternativas? Sua opinião sobre qualquer questão depende da situação das pessoas envolvidas na discussão? Você impõe sua opinião aos outros, sem ouvir a deles?
4. Tomada de decisão:
   Como você interage com outras pessoas, quando precisa tomar alguma medida? Você tenta empurrar a solução que considera certa ou você quer que os outros tomem a iniciativa de tomar decisões? Você procura soluções que são acolhidas favoravelmente por todos, ou você prefere aquelas que são mais eficazes para alcançar resultados?
5. Crítica:
   Como você examina e avalia sua própria interação com outras pessoas? Você incentiva outras pessoas a comentarem sobre sua eficácia? Com que frequência você critica os outros, não esperando ouvir críticas em troca? Você tende a expressar apenas julgamentos positivos? Qual a sua reação a falhas e erros? Você sente vergonha e tenta defender-se? Você consegue assumir a responsabilidade pelo problema causado pela sua falha e tenta tirar uma lição disso? Você evita fazer algo por medo de cometer erros?

## 3.3 A resolução de conflitos como base para a interação eficaz

Não é a paz ou harmonia que deve ser considerada o oposto do conflito, mas sim a apatia. Um método de resolução de conflitos demonstra como as pessoas preveem e respondem aos problemas que surgem. Em uma situação de conflito a discordância pode ser expressa em diferentes níveis, que vão desde comentários casuais até uma disputa aberta, seguidos por explosões de irritação e até mesmo raiva. As manifestações de conflito são as mesmas, independentemente da questão específica – seja uma apresentação controversa do departamento de marketing, o atraso no desenvolvimento de um novo produto no departamento de pesquisa, os problemas diários do controle operacional ou a discussão administrativa do plano de desenvolvimento de longo prazo. O conflito pode bloquear imediatamente o trabalho. As pessoas geralmente não sabem como se comportar numa situação de conflito, então tentam suprimi-lo, amenizá-lo, encontrar uma solução de meio-termo, tirar vantagens pessoais ou apenas afirmam que o conflito é uma manifestação de deslealdade para com a organização. Este tipo de abordagem é eficaz, mas apenas da perspectiva de curto prazo. Além disso, raramente ajuda a resolver o problema, deixando-o "apodrecer" até a próxima vez.

As pessoas geralmente tentam evitar conflitos, em vez de tratá-los como fonte de energia útil. O confronto de opiniões é vital para o progresso e crescimento da empresa, na medida em que diferentes pontos de vista preparam o caminho para a expressão criativa e sinergia. O conflito deve inspirar as pessoas a progredirem, a elevarem seu nível de comprometimento e utilizarem os recursos disponíveis de forma eficiente. O conflito destaca a essência do problema e incentiva as pessoas a explorarem diferentes pontos de vista, de modo que surjam novas ideias e oportunidades.

Estudos mostram que 80% dos conflitos surgem independentemente da vontade das partes e a maioria das pessoas não é consciente da sua presença, ou não dá qualquer importância a eles.

O conflito é um choque de tendências opostas na mente de um único indivíduo, em interações interpessoais ou nas relações interpessoais de indivíduos ou grupos, associado com experiências emocionais negativas.

A principal função do conflito é a possibilidade de perceber quais são os problemas e contradições na vida de uma pessoa, grupo ou organização como um todo. Ele também ajuda a identificar as formas de resolver essas contradições e as etapas necessárias para futuro desenvolvimento.

Qualquer conflito tem uma estrutura fixa, ou seja, é composto de elementos que alternadamente agem como um sistema integral interligado dinamicamente.

O conflito consiste dos seguintes elementos:

1. Incidente (informação): um evento que ajudou pelo menos uma das partes a compreender seus interesses e valores, que contradizem os interesses e valores de outros participantes da interação;
2. Incidente (atividade): falta grave, que provoque ações de confronto;

3. Situação de conflito: o desenvolvimento do conflito em um determinado período de tempo;
4. Atores do conflito: as partes na interação conflituosa (indivíduos, grupos, departamentos ou uma organização inteira);
5. Objeto do conflito: interesses e valores específicos, o que desencadeou a interação de conflito (ou seja, a causa do conflito);
6. Relações de conflito: forma e conteúdo da interação entre os atores e os seus passos para resolver o conflito.

O papel da liderança no surgimento de conflitos pertence aos chamados produtores de conflito, ou seja, palavras e ações (ou omissões) que contribuem diretamente para o surgimento e desenvolvimento do conflito.

Estes produtores de conflito implicam que somos muito mais sensíveis às palavras dos outros do que aquilo que nós mesmos dizemos. Esta sensibilidade particular às palavras origina-se do desejo de defender a si mesmo e sua dignidade de possíveis ataques. Mas não somos tão sensíveis quando se trata da dignidade dos outros. Então, não prestando a devida atenção às nossas próprias palavras e ações, nós descuidadamente municiamos os outros com "bombas" produtoras de conflito.

No entanto, um produtor de conflito por si só não pode levar a um conflito. Deve haver "uma cadeia conflitiva" levando ao agravamento do conflito: tentamos responder ao produtor de conflitos do outro com um ainda mais forte. Ao ouvir ou vivenciar um produtor de conflito, a "vítima" quer compensar a derrota psicológica usando, para tanto, um insulto. É difícil resistir à tentação de punir o agressor, a fim de dissuadi-lo de fazê-lo novamente. Como resultado, a intensidade dos produtores de conflito cresce rapidamente.

Existem três tipos principais de produtores de conflito:

- Busca da excelência;
- Manifestações de agressão;
- Manifestações de egoísmo.

Como evitar produtores de conflito no curso de comunicação e interação com outras pessoas?

1. É necessário atentar firmemente para o fato de que qualquer declaração descuidada (seguindo a regra do agravamento) pode levar ao conflito.
2. É necessário mostrar empatia para com os outros (para prever como suas palavras e ações podem ser percebidas).
3. Você deve sempre procurar uma resposta para a pergunta "o que é certo?" em primeiro lugar, ao invés de tentar descobrir "de quem é a culpa?"

O desenvolvimento do conflito inclui várias fases:

1. O período pré-conflito: diferentes interesses estão presentes, mas ninguém está ciente de sua interação.
2. O lançamento do conflito: uma das partes que interagem torna-se consciente de que seus interesses diferem dos interesses dos outros. Esta consciência é muitas vezes combinada com o início de ações unilaterais para proteger os próprios interesses. A tensão se torna o principal sintoma desta fase.
3. Incidente: falta grave, para o início das ações de confronto.
4. O objeto do conflito: interesses específicos, que desencadeiam a interação de conflito.
5. A crise: um tipo de interação em que as fases não vêm uma após a outra (por exemplo, um longo atraso ou ancoragem destrutiva dentro de uma fase, estagnação ou mesmo retorno a uma fase anterior).
6. O desenvolvimento bem sucedido do conflito: atividades que garantem que a interação de conflito ocorra sem crise.

A *resolução de conflitos* é um desenvolvimento da interação de conflitos, ou seja, a transição gradual da fase atual do conflito para a subsequente. Assim, a arte suprema de responder a um conflito implica não na luta, mas no desenvolvimento de relações de conflito de forma construtiva.

A resolução de conflitos bem sucedida requer a realização da análise de seus parâmetros:

1. Estabelecer os participantes reais do conflito;
2. Estudar suas características;
3. Identificar sua relação na fase pré-conflito;
4. Identificar as principais diferenças de interesses que levaram ao conflito;
5. Saber das intenções dos participantes e da resolução de conflitos aceitável para eles;
6. Obter perspectiva sobre todas as formas possíveis de superar o conflito.

*Fatores do surgimento e desenvolvimento de conflitos:* Alguns pesquisadores acreditam que o conflito humano é baseado em programações biológicas, visando a sobrevivência na luta pela existência (competição individual com um mundo hostil, com outras espécies, com os vizinhos). Mesmo os animais de rebanho, que seguem certas regras de comportamento, competem pela melhor comida, pela fêmea, pela liderança no grupo. Assim, o desejo de competir atua como um programa pré-determinado geneticamente.

Vários pesquisadores veem a violação da justiça social como a principal causa de conflitos humanos, a justiça sendo considerada como a correspondência entre a contribuição individual para a solução de um problema e a recompensa recebida (moral ou material). Esta correspondência é determinada pelo nível de desenvolvimento de uma comunidade, grupo ou indivíduo particular. Por esta razão, um conflito pode ser desencadeado tanto por uma violação das normas de justiça existentes e geralmente aceitas, quanto pelo choque de ideias diferentes sobre os padrões de justiça.

Entre as principais causas dos conflitos empresariais e organizacionais estão:

- problemas de alocação de recursos numa organização (o problema da distribuição injusta);
- metas e objetivos diferentes (a especialização desenvolvida dentro da organização leva a mal-entendidos, já que cada unidade estrutural possui seus próprios objetivos e interesses);
- ideias diferentes sobre valores (por exemplo, sobre o direito de expressar suas opiniões na presença do chefe);
- diferentes formas de comportamento e históricos de vida (especialmente se as pessoas trabalham na mesma unidade);
- meios de comunicação pobres, muitas vezes levando a mal-entendidos entre colegas de trabalho.

Devemos também levar em conta as características pessoais de todos os membros da equipe, provocando ou agravando o conflito.

As chamadas personalidades problemáticas possuem as seguintes características:

- Uma série de características individuais que entram em colisão com características pessoais de outras pessoas (por exemplo, se somos lentos e detalhistas, então vamos nos sentir incomodados por uma pessoa hiperativa e apressada);
- Baixo nível cultural, incluindo a cultura psicológica de diálogo;
- Propensão ao conflito.

A situação de conflito é muitas vezes agravada por ações errôneas. Entre os erros comuns em resposta ao conflito estão:

- O atraso na tomada de medidas para resolver o conflito;
- A tentativa de resolver o conflito sem identificar suas verdadeiras causas;
- O uso da força e de medidas punitivas ou, ao contrário, apenas negociações diplomáticas;
- Esforços para resolver o conflito através de meios convencionais universais, independentemente do contexto e da situação em particular;
- A tentativa de chegar ao objetivo de alguém com a ajuda de intriga política, que fornece benefício imediato e conduz a consequências negativas.

R.Kilmeny e K. Thomas (1977) identificaram os principais estilos de comportamento no conflito, permitindo diagnosticar o comportamento para lidar com conflitos:

- Confronto: o desejo de satisfazer os próprios interesses em detrimento de outros (ações e etapas individuais);

- Adaptação: sacrifício dos interesses próprios pelo bem dos outros (passividade e incapacidade de atender e servir seus próprios interesses);
- Evasão (evitar): a estratégia de negar as contradições e o desejo de evitar o conflito a todo custo, incluindo quaisquer prejuízos pessoais e organizacionais;
- Competição: cooperação competitiva, que é realizada de acordo com as regras adotadas pelas partes, sem qualquer prejuízo para os outros ou para a organização;
- Acordo: um método de concessões mútuas;
- Cooperação: a tomada de decisão que satisfaz plenamente os interesses de ambas as partes.

Todos os estilos de comportamento, com exceção da cooperação, implicam em última análise na vitória de uma parte e perda de outra. Os seguintes pontos podem nos ajudar a mudar do princípio de vencer a qualquer custo para a cooperação, proporcionando soluções ganha-ganha:

1. Consenso com base em objetivos claros.
2. Diálogo para alcançar a sinceridade, que apoie o princípio: O que é certo?
3. Consciência constante dos efeitos negativos que acompanham o princípio da vitória-a-qualquer-custo.
4. Altos padrões e critérios claros de resolução de conflitos.
5. A presença de "pessoas de fora" (ajudando a resolver problemas), que leva ao compromisso e sinergia.
6. A busca por um modelo ideal do relacionamento tanto dentro do grupo como entre os grupos.
7. Comparação do modelo ideal de relacionamentos com o real, que ajuda a definir uma estratégia para diminuir essa defasagem.

A abordagem Synercube não contém recomendações sobre como prevenir conflitos na organização. Uma organização sem conflitos dificilmente pode ser imaginada. É por isso que o Synercube fornece métodos de gestão e resolução de conflitos, com foco no princípio "o que é a solução certa" (em oposição ao princípio "quem está certo"). Os conflitos são uma parte inevitável do processo de interação e diferentes pontos de vista não deveriam bloquear a comunicação ou a realização da meta. O conflito é como um iceberg com apenas a ponta visível acima da superfície da água, enquanto sua maior parte está escondida debaixo d'água. Muitas pessoas estão enganadas, pois acreditam que a falta de discussões e explosões de raiva significa que não há conflitos. Há uma forte tendência a negligenciar comentários ou situações problemáticas, pois as pessoas têm medo de pretensas brigas e conflitos. Se os gerentes evitam conflitos, eles certamente criam uma combinação potencialmente explosiva de alienação, frustração e indiferença da equipe.

Se o conflito for resolvido numa atmosfera de abertura e com foco em encontrar a solução mais eficaz, os resultados serão muito melhores do que na situação em que é resolvido usando superioridade, autoridade, métodos de supressão ou evasão. A capacidade de atingir objetivos através da resolução de conflitos eficaz resulta na melhor maneira de atingir sinergia e apresenta a chave para a liderança de sucesso.

A abordagem Synercube mostra como se pode tirar o máximo proveito do conflito para alcançar o objetivo final, obter perspectiva e analisar o problema. Dentro de relacionamentos organizados de forma eficiente, as pessoas aprendem e usam as habilidades de resolução de conflitos para alcançar o entendimento mútuo e reforçar o compromisso com os objetivos da organização. Isto significa que o conflito pode ser administrado e que a sua resolução pode ser construtiva.

Mesmo dentro de interações adequadas, os conflitos despertam ansiedade e apreensão, mas as pessoas não têm medo, pois os benefícios da maneira correta de resolver os conflitos já se tornaram aparentes. Assim o medo desaparece, dando lugar à confiança e apoio dos outros, pois no passado já houve uma experiência positiva de tal resolução de conflitos. Qualquer organização ou unidade que tenha superado com sucesso a situação de crise sente uma explosão de energia e criatividade. E isso só é possível quando os problemas são identificados, analisados e resolvidos com sucesso.

## 3.4 Competência comunicativa

A comunicação organizacional é o processo complexo e multifacetado de estabelecer e desenvolver contatos entre as pessoas. É o resultado de uma necessidade da organização em sua atividade e inclui a troca de informações e o desenvolvimento de uma estratégia comum de comunicação, percepção e compreensão um do outro.

Passamos uma parte significativa de nossas vidas usando várias formas de comunicação – escrita, leitura, fala, audição; e, portanto, não é exagero dizer que a comunicação pode ser tanto uma fonte de sucesso quanto a causa de muitos problemas. O gestor gasta 90% do seu tempo se comunicando. Há uma razão pela qual a comunicação é um dos problemas organizacionais mais complexos e sua ineficiência é o principal obstáculo na obtenção de bons resultados. Nenhum grupo ou organização pode existir sem comunicação adequada, garantindo a transmissão de informações, o intercâmbio de ideias e a coordenação.

A comunicação no contexto organizacional inclui a diversidade de interações entre os membros da equipe. É necessária para o planejamento, tomada de decisão, coordenação, controle, implementação de uma liderança eficaz, gestão de conflitos, treinamento e outras funções de liderança. Assim, ter a competência comunicativa é essencial para o líder eficaz.

Infelizmente, há uma série de obstáculos no caminho que leva à comunicação eficaz, a maioria deles psicológicos. Tais barreiras podem surgir a partir do fato de que não há uma compreensão comum sobre a comunicação, não só porque as pessoas falam 'línguas' diferentes, mas por causas muito mais profundas. Quando o pessoal da organização é multicultural, pode haver diferenças sociais, políticas, religiosas ou profissionais, que não só dão origem a diferentes interpretações dos mesmos conceitos utilizados no processo de comunicação, mas a diferentes atitudes, perspectivas e visões de mundo.

Estas barreiras não param o processo de comunicação: até adversários militares negociam. No entanto, essas barreiras podem reduzir drasticamente a eficácia do grupo e das atividades organizacionais em geral.

Barreiras na comunicação podem ocorrer como resultado de características psicológicas individuais das partes (por exemplo, dificuldade de comunicação, timidez excessiva ou reticência), ou por causa de inimizade e desconfiança entre certos membros da equipe, e assim por diante. Essas barreiras podem levar a erros de interpretação de informações inicialmente adequadas e úteis.

Mesmo se a mensagem for compreendida pelo destinatário, ele pode distorcer o seu significado se a informação recebida é contrária às suas crenças e valores. Por exemplo, se um membro da equipe oferece a outro uma forma mais eficaz de resolver o problema, este último, ao invés de considerar este conselho, pode tomá-lo como uma sugestão de incompetência e ignorar esta informação importante.

A eficiência da comunicação também depende do estado emocional dos atuais participantes no diálogo. Quando irritados ou deprimidos, serão menos capazes de ouvir com atenção e seguir o conselho sensato do outro.

A interpretação e aceitação da mensagem são em grande parte dependentes da forma como o destinatário a percebe. Por exemplo, elogios de alguém que claramente quer causar uma boa impressão e obter favores são percebidos como menos sinceros do que uma avaliação positiva de uma pessoa alheia.

As chances de aceitar a mensagem são maiores quando uma pessoa trata a outra com decência e respeito. Por outro lado, a mensagem transmitida por um estranho ou um inimigo será rejeitada quase que em qualquer caso.

A regra fundamental dos estados de comunicação interpessoal é a seguinte: o significado da mensagem, decodificado pelo destinatário, nunca corresponde exatamente ao significado inerente à intenção do remetente. Por exemplo, um estudo descobriu uma enorme discrepância entre a mensagem do médico e a percepção do paciente e sua compreensão da mesma. A frase do médico "Quase não vai doer" em quase um quarto dos casos foi interpretada como "Vai ser muito doloroso".

Para compreender como sua mensagem foi entendida, você precisa entrar em diálogo e estabelecer feedback. Não só se escuta com atenção, mas também se informa ao interlocutor como se entendeu a mensagem. O interlocutor avalia tal compreensão e, se necessário, revê a história, buscando uma compreensão mais precisa de suas palavras.

O papel do remetente é mais ativo por natureza: ele tem a intenção de transmitir uma informação ao destinatário e o convida a ser aquele que ouve. É ele quem fala, define o assunto da conversa e o seu conteúdo. Se o interlocutor está ativo e articula claramente a mensagem, o destinatário só precisa estar atento para compreender o significado da mensagem corretamente.

Outro problema surge quando você precisa obter as informações necessárias, enquanto o potencial remetente não mostra iniciativa e está falando vagamente sobre temas menores. Para resolver um problema de comunicação como esse geralmente usam-se perguntas.

A pergunta muitas vezes serve como um impulso motivacional. Ao fazer uma pergunta a pessoa, na maioria dos casos, espera receber uma resposta. Assim, fazendo perguntas se pode influenciar o curso ou o conteúdo da conversa, ou seja, assumir a posição de líder.

No entanto, o excesso de questionamentos pode congelar o entusiasmo do interlocutor, especialmente se as perguntas implicam em respostas curtas ou de "sim/não". O questionamento excessivo deve ser evitado por três razões.

Em primeiro lugar, a estrutura de "perguntas e respostas" sugere a autoridade do interlocutor e a imaturidade ou incompetência do ouvinte.

Em segundo lugar, assume-se que, depois de ouvir as respostas para as perguntas, o interlocutor dirá o que fazer para resolver o problema. E isso, obviamente, não contribuirá em nada com a capacidade do ouvinte de exibir iniciativa.

Em terceiro lugar, a pergunta geralmente serve como uma especificação, o que falar a seguir. Diretrizes assim minam a natureza dialógica da comunicação.

Se você realmente precisa fazer a pergunta, você deve decidir como fazê-la e sobre o que perguntar. Todas as perguntas podem ser divididas em abertas e fechadas.

Perguntas fechadas requerem uma simples resposta monossilábica ("sim", "não", "uh-huh", "quinze", "eu não quero" e assim por diante) ou a escolha de uma das alternativas propostas. Muitas vezes é tacitamente presumido que há respostas "certas" e "erradas" para a pergunta, supondo que isso é determinado por aquele que está perguntando.

O uso de perguntas em uma conversa desse tipo pode fazer o seu interlocutor se sentir pressionado, verificado e examinado.

Perguntas do tipo "Quanto?" e "O que?" também exigem uma resposta simples.

A fim de estabelecer compreensão e confiança mútuas, não se devem fazer muitas perguntas fechadas. Além disso, todas as perguntas fechadas são indutoras e sugestivas. Quem faz as perguntas praticamente controla o tema da conversa, assumindo posições de direcionamento. Como resultado, a conversa perde a sua natureza bilateral de mão dupla.

Perguntas abertas não implicam em respostas prontas. Assume-se que a resposta a esta pergunta pode nos surpreender, mas não vemos nada de errado nisso. Se você precisa entender o parceiro tão claramente quanto possível, as perguntas deverão ser abertas. Perguntas abertas caem nas seguintes categorias:

1. Expansivas (um pedido para expandir a resposta): "Você pode me contar mais sobre isso?" "Talvez você tenha algo a acrescentar?".
2. Limitantes: "Você disse que tem problemas com o sono. Aconteceu alguma coisa?"
3. Confrontadoras: "Eu não tenho certeza se entendi bem... Você disse que não queria fazer esse trabalho e agora você diz que está ofendido, pois não foi convidado para fazê-lo. Há uma contradição aqui, não é?"
4. Esclarecedoras: perguntas que tornam a questão mais clara tanto para os ouvintes quanto para o próprio interlocutor.

A formulação correta da pergunta pode ser a melhor forma de definir o tom para a discussão efetiva. As perguntas iniciam a discussão, porque implicam nas respostas, ou seja, uma interação de mão dupla. A própria forma das perguntas pode causar entusiasmo e sinceridade do interlocutor, ou acionar mecanismos de defesa e resistência. Grupos que têm "O que é certo?" como seu princípio orientador, geralmente usam perguntas e respostas para obter mais informações. Seu lema é: não existem tópicos "intocáveis" para discussão; o mundo está mudando, então você precisa continuar pedindo e recebendo novas informações.

A busca e aquisição eficazes de informações com base no princípio "O que é certo?" são caracterizadas pelo seguinte:

- É possível prever todas as consequências potenciais de atividades, o que leva a um novo nível de compreensão do problema;
- As pessoas são capazes de partilhar seus pensamentos abertamente e a qualquer momento; há uma garantia de que todas as informações importantes serão consideradas durante o processo de tomada de decisão;
- Uma pesquisa como essa empurra as pessoas para o diálogo e a troca de informações sem medo de errar ou de serem punidas;
- Está definido um quadro para uma avaliação objetiva dos fatos.

Se o princípio do grupo é "Nada importa, mas quem está certo, não o que é certo", um número limitado de pessoas tem acesso à informação. A principal tarefa das pessoas nestes grupos é salvar sua reputação. A informação neste caso é seletiva, uma vez que o ponto principal é salientar as vantagens, não resolver os problemas. Qualquer coisa que não se encaixe nesta imagem geralmente não é levada em conta. Em contraste com este método, uma pesquisa eficaz de informação é baseada em todos os critérios especificados: o estudo do problema e a formulação de perguntas, discussão e elaboração de novas estratégias. Assim, todos os envolvidos neste processo compreendem o que está acontecendo e se sentem responsáveis pelos resultados necessários.

O ponto chave na busca e aquisição adequada de informações é um processo de duas vias, de fazer perguntas e ouvir.

Usando a estratégia de feedback, mostra-se ao interlocutor que ele foi compreendido e também pode-se verificar se ele compreendeu a mensagem corretamente. Assim, podemos ajustar a nossa compreensão o tempo todo.

Nossa compreensão pode ser imprecisa por várias razões. A primeira razão é a polissemia da maioria das palavras. Todas as palavras da linguagem humana têm mais de um significado. Além disso, o significado pode mudar, dependendo do contexto. A segunda razão são as distorções intencionadas do receptor sobre o significado original da mensagem. Quando compartilhamos nossas ideias, atitudes, sentimentos, avaliações, escolhemos nossas palavras com cuidado, exageramos ou subestimamos, muitas vezes usando palavras com sentidos múltiplos, tentando parecer convincentes e nos apresentar guiando as palavras para nossa vantagem.

A terceira fonte de dificuldades é o problema da expressão aberta. As convenções e a necessidade de aprovação impedem as pessoas de falar de forma franca e substancial. Finalmente, uma quarta fonte de dificuldades é a presença de sentido subjetivo. Ao longo da vida cada pessoa acumula uma enorme quantidade de associações únicas com palavras diferentes. Certas palavras podem tocar memórias adversas e causa dor, embora o interlocutor não tenha a intenção de causar qualquer dano.

Talvez não seja exagero dizer que todos ficam satisfeitos quando são compreendidos. Nós instintivamente sentimos simpatia por aqueles que não nos condenam, mas nos aceitam com compreensão. Portanto, a comunicação pode nos ajudar a influenciar as relações com o nosso interlocutor.

Podemos chamar de mensagem qualquer frase, pergunta ou ação não verbal (bater uma porta, um olhar irritado, uma saudação polida) destinada a ser percebida pelo público. Esse público pode consistir de uma pessoa ou de muitas. Mas se você quiser que a mensagem seja clara, você deve determinar, em primeiro lugar, os potenciais destinatários.

Qualquer mensagem pode ser representada como um quadrângulo. Cada uma das suas faces tem um de quatro aspectos de uma mensagem (Fig. 3.1).

O mérito da causa é o conteúdo principal da mensagem, o assunto da conversa. A chamada é a informação sobre as expectativas do ouvinte. Cada mensagem é usada pelo orador para revelar certas informações sobre si mesmo: sobre seus sentimentos, qualidades psicológicas, valores e assim por diante, isto é, falar é de certa forma uma autorrevelação. De forma direta ou indireta, o orador mostra sua atitude para com seus ouvintes. Mal entendidos ocorrem quando nenhum destes quatro aspectos é decodificado.

É importante ressaltar que nosso discurso interno (quando falamos com nós mesmos em nosso pensamento) é muito diferente da fala normal. O discurso interno é fragmentado, incoerente e irracional: não deve ser simples e claro. É algo totalmente diferente, quando estamos tentando contar a outra pessoa o que aconteceu conosco. Querendo ou não, temos de enquadrar as nossas palavras numa sequência inteligível. É por isso que a mera escuta pode ser útil: somente por meio da articulação do problema pode-se encontrar uma solução que nunca lhe ocorreria de outra forma.

Assim, podemos ajudar o nosso interlocutor não só mostrando apoio, mas também influenciando o curso de seu raciocínio. O princípio geral da assistência, neste caso, pode

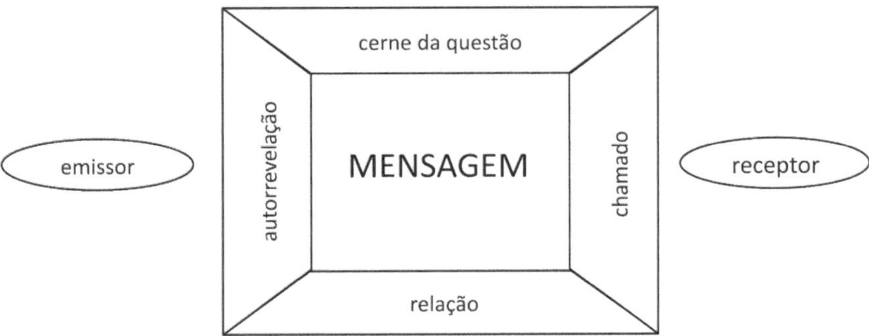


**Fig 3.1** Modelo de mensagem de quatro fatores

ser formulado da seguinte forma: ao tentar descrever o problema ou a tarefa de forma mais clara, o próprio indivíduo começa a entendê-lo melhor.

Como parte desta abordagem, você pode usar a técnica de escuta ativa, que ajuda o orador a entender suas palavras e pensamentos de forma mais precisa. É muito importante ser um ouvinte comprometido, que dá ao orador a oportunidade de sentir seu interesse.

*Mal entendido.* A primeira técnica destinada a melhorar a compreensão, à primeira vista parece paradoxal: é uma demonstração de sua má compreensão. No entanto, pode ser útil dizer: "Eu não entendo o que você quer dizer". É importante mostrar a sua vontade de esperar pela versão mais precisa da mensagem inteira, sem expressar irritação ou dor.

*Ecoar*. É uma repetição das palavras ou frases do orador. Normalmente, toma a forma de repetição textual ou repetição com ligeiras modificações. É importante repetir apenas as palavras que são relevantes para a resolução do problema ou cumprimento da tarefa. Esta técnica não deve ser usada com muita frequência, de modo a evitar que o orador considere que está sendo imitado.

*Parafrasear* (paráfrase). Parafrasear é formular a mesma ideia de forma diferente. Dentro de uma conversa, a paráfrase significa a interpretação do ouvinte das palavras do orador. O objetivo da paráfrase é verificar a precisão de compreensão da mensagem pelo ouvinte. Ao parafrasear, devem-se escolher apenas os elementos essenciais da mensagem, convidando o emissor tanto para indicar o problema de forma mais clara, quanto para esclarecer seu significado para si mesmo. A principal função da paráfrase é verificar se entendemos o orador corretamente.

*Sumarizar*. Sumarizar é resumir uma parte significativa da conversa como um todo. A regra básica do resumo é que ele deve ser muito simples e claro. Você enfatiza os principais momentos de conversa, escolhendo a forma de lapidar tanto quanto possível. Sumarizar é particularmente apropriado para discutir diferenças, resolver conflitos e administrar reivindicações. Resumos nos permitem não gastar muito tempo respondendo declarações superficiais, que tiram o foco do ponto chave da discussão.

*Esclarecer*. Se todas as técnicas acima listadas não conseguirem ajudar o ouvinte a entender a frase, ele pode pedir diretamente ao orador para esclarecer o fragmento obscuro ou incompreendido de sua história, dar exemplos ou se alongar sobre algo. O esclarecimento é um pedido por explicitações e especificações ao orador.

Um elemento importante da competência comunicativa é a capacidade de defender a própria opinião. Esta habilidade pode ser útil tão logo alguém comunique aos outros seu ponto de vista sobre um assunto. Todo mundo sabe como é difícil aceitar a opinião de outra pessoa, mesmo que ela esteja correta. Por isso, é particularmente importante seguir o princípio "Sempre descubra o que é certo", utilizando a discussão aberta e objetiva com um olho no resultado almejado. Deve-se defender sua própria opinião somente se todos os demais tiverem a oportunidade de expressar as suas. Isso requer um clima em que os membros da equipe estarão dispostos a partilhar as suas experiências, ideias e preocupações pessoais, para discutir o problema de todos os ângulos. Finalmente, o ponto de vista mais adequado deve vencer, não importa quem foi o primeiro a articulá-lo.

Defender a opinião de alguém pode ser um processo coletivo, quando todas as partes estão em busca de um objetivo comum. Em grupos nos quais este processo é organizado corretamente, todos são incentivados a expressar sua opinião e uma discussão detalhada de todos os pontos de vista expressos necessariamente ocorre. Neste caso o silêncio pode ser tão expressivo quanto um murro na mesa. Claro, o dono da voz mais alta tem maior probabilidade de ser ouvido, mas todos nós sabemos que alto não significa correto. E se alguém está em silêncio o tempo todo, então você precisa congelar a discussão e agitar a "pessoa de poucas palavras" dizendo: "Por alguma razão você prefere ficar em silêncio. Qual é a sua opinião sobre o problema?". Por fim os esforços coletivos irão ajudar todos a aprenderem a expressar sua opinião. Isso irá garantir o uso mais eficiente dos recursos da organização, já que o envolvimento pessoal de todos os membros da equipe na resolução dos problemas coletivos será reforçado.

O ponto chave na comunicação eficaz são os critérios estabelecidos para a eficiência da discussão e a orientação para resultados. Critérios definem uma direção para a troca mais aprofundada de pontos de vista e opiniões.

Aqui estão exemplos de tais critérios:

- Precisamos identificar três opções possíveis para ação adicional.
- Cada proposta deve ser apoiada por pelo menos dois exemplos específicos.
- Antes de ser tomada a decisão, todos devem dar sua opinião.

Desde o início, estes critérios definem o resultado da discussão (três opções), limitam o número de propostas para aquelas que podem ser apoiadas por exemplos (pelo menos dois) e envolvem todos na discussão. Neste caso, é muito mais fácil lidar com discurso vazio: "Você está apresentando o seu ponto de vista há dez minutos, mas não tivemos exemplos ainda". Todos concordam imediatamente que não atende aos critérios especificados e passam para a discussão da próxima sugestão. Se alguém estiver se mantendo fora da discussão, ouvirá: "Nós concordamos que todos teriam a oportunidade de expressar seu ponto de vista, mas não ouvimos o seu ainda".

A possibilidade de expressão construtiva e sincera da opinião de alguém pode aumentar consideravelmente o envolvimento pessoal de cada membro da equipe. Em tais circunstâncias, muitos vão querer expressar seus pontos de vista e contribuir para o resultado global. A capacidade de falar alivia o estresse, destaca os problemas profundos e esclarece preocupações, se houver. O envolvimento pessoal aumenta a importância da contribuição para a causa comum, aumenta o nível de consciência e interesse na obtenção de resultados, levando por fim ao sucesso.

## 3.5 Ponto de vista ativo

As pessoas exercem sua atividade de diferentes maneiras. A atividade depende do temperamento, caráter, motivação, estado psicofisiológico individual, características da profissão e da tarefa específica. Assim, o colérico será mais expressivo, alto e ostensivo do que o fleumático; e o membro sobrecarregado da equipe será menos ativo do que aquele que acaba de chegar ao trabalho. No entanto, quando falamos de um ponto de vista ativo, não queremos dizer manifestações individuais de atividade ou manifestações comportamentais, tais como o desejo de expressar sua opinião em todas as oportunidades. O ponto de vista ativo é uma forma estável de manifestação de valores, crenças, conhecimentos e habilidades que tem um impacto sobre o comportamento humano e as suas atividades.

O mundo organizacional não é estático. Ele está em constante mudança sob a influência de fatores externos e internos, assim como os membros da organização, seus esforços e comportamentos. Todos eles, se estiverem interessados no desenvolvimento profissional e melhoria da eficiência, são capazes de influenciar o desempenho organizacional. A postura ativa requer motivação interna para a ação, orientação genuína em direção aos objetivos e valores da organização e senso de responsabilidade pessoal pelo trabalho de toda a organização. Isso se manifesta em atividades intencionais e conscientes.

A pessoa que adota uma postura proativa tende a ser um líder na solução de problemas importantes, mostrando comportamento independente e construtivo.

Existem quatro tipos principais de posturas de atitude: passiva, reativa e ativa.

A postura passiva implica num desempenho passivo do plano habitual. Uma pessoa com postura passiva não está envolvida em alcançar as metas organizacionais e partilhar dos valores organizacionais. Ela não sente qualquer responsabilidade por seu trabalho. Uma pessoa assim sempre encontra uma razão para não fazer esforços, indo com a maré.

A postura reativa significa que a pessoa mostra sua posição ativa somente quando está sendo diretamente envolvida. A postura reativa é caracterizada pela pretensão do envolvimento pessoal em atingir as metas organizacionais da organização e partilhar dos seus valores. O membro da equipe sente-se responsável apenas pelas tarefas confiadas a ele e toma atitudes somente como resposta a este ou aquele problema. A postura reativa não implica na análise da situação e em esforços realizados a fim de encontrar novas soluções, uma vez que o membro da equipe não se importa ou se sente preguiçoso.

A postura ativa é orientada para a solução construtiva dos problemas e o controle sobre a situação. Um senso de envolvimento pessoal profundo dá origem a uma contínua busca de soluções que permitirão superar as dificuldades e conflitos para o bem comum da organização. O lema da atitude ativa: agir e não perder tempo. Uma pessoa ativa acredita que tudo neste mundo pode ser alcançado apenas através de seus próprios esforços e trabalho duro.

A postura ativa é manifestada quando a pessoa assume uma nova atividade ou continua o seu trabalho atual. Iniciativa é a maneira como uma pessoa assume um novo trabalho ou usa uma nova oportunidade. Uma personalidade com forte postura ativa está constantemente seguindo em frente, determinando o curso necessário e gerindo sua atividade. Por sua vez, a atividade está incorporada ao curso de ação específico, ao planejamento estratégico, ao envolvimento de outras pessoas e à intervenção imediata nos casos em que a atividade se desvia da direção estabelecida. Uma pessoa com postura ativa não precisa de supervisão e regras, ela é confiante para assumir o risco e dar o primeiro passo rumo a um novo objetivo.

O tipo de atividade da pessoa define o tom da interação em geral, pois a iniciativa é o ponto de partida para a atividade. A natureza da iniciativa é importante quando uma pessoa quer envolver outras pessoas. Corretamente expressa, a iniciativa pode envolver diferentes tipos de pessoas, dando-lhes entusiasmo e confiança. Se um membro da equipe participou das primeiras ações de iniciativa, ele vai sentir que o resultado obtido é, de alguma forma, realização sua.

Se a atividade pessoal é excessivamente alta, ela impede a participação de outras pessoas e causa ressentimento e postura defensiva. Isso geralmente acontece quando o iniciador "galopa à frente", ignorando outros participantes e pulando a etapa de discussão do plano. Os membros da equipe também podem ser infelizes se o líder, embora mostre interesse nas opiniões de outras pessoas, nunca as leve em consideração. Ele empurra para frente como um quebra-gelo com a sua própria ideia da direção correta e não precisa de outras opiniões.

Se pelo contrário a atividade pessoal é baixa, o nível de envolvimento das pessoas também é baixo, uma vez que não se sentem confiantes o suficiente para agir de forma independente. Isto é particularmente evidente quando a iniciativa do líder é fraca. A fraqueza do líder é tão contagiosa quanto seu oposto, entusiasmo e confiança.

A postura ativa pode ser naturalmente desenvolvida no âmbito da cooperação baseada na confiança e respeito mútuos. Não é mais necessário procurar maneiras adicionais de obter a aceitação de seus colegas.

Quando a iniciativa é manifestada corretamente, o medo do fracasso é substituído pela confiança de que todos estão fazendo o seu melhor e usando todas as informações disponíveis. Se as pessoas confiam umas nas outras, a atividade é focada em "o que é certo" ao invés de "quem está certo". Os membros da equipe tendem a obter o máximo de informações que puderem e partilhá-las com os outros, eles não têm medo de discutir suas fraquezas e dificuldades abertamente. Tendo todas as informações disponíveis para todos e começando a agir, a equipe está pronta para trabalhar com propósito e entusiasmo.

## 3.6 Tomando uma decisão

Uma das tarefas primárias de liderança é a tomada de decisões. Especialistas acreditam que apenas aquele que é capaz de tomar decisões pode ser chamado de líder.

O erro mais grave e generalizado relativo à tomada de decisão é reduzir esse processo complexo exclusivamente ao momento exato da tomada de decisão.

No entanto, conforme mostram pesquisa e prática, uma decisão adequada não pode ser tomada antes que uma série de etapas consecutivas sejam realizadas:

1. Definir o problema com precisão.
2. Fazer uma lista de requisitos para a decisão.
3. Identificar todas as opções possíveis.
4. Analisar os riscos e as consequências da escolha de cada opção, bem como as restrições.
5. Escolher a decisão em si.

6. Determinar as condições de execução da decisão.
7. Estabelecer feedback através do monitoramento do processo e seu fim.

O primeiro passo no processo de tomada de decisão é a definição minuciosa e completa do problema. Qualquer fenômeno depende de um número de razões. Assim, a queda nas vendas pode ser causada pela má qualidade dos produtos vendidos, ou pela alteração das condições de mercado, ou pelo declínio no poder aquisitivo da população, ou pela falta de treinamento do pessoal, etc. Não se trata de opinião ou experiência passada, pois é necessário o trabalho de análise cuidadosa. Ao mesmo tempo, o maior desafio é a definição realista do problema, que é sempre incompleta e parcialmente correta.

Ao determinar o problema, é importante pelo menos entender se é um incidente ou um problema fundamental. Tomar uma decisão sobre um incidente geralmente não é crucial e aqui podemos improvisar, porque um problema como esse pode nunca surgir novamente.

O problema fundamental exige uma abordagem diferente e uma solução fundamental, o que implica na necessidade de identificar certos princípios e leis.

O mais importante é discernir a essência do problema. Um dos erros mais comuns é responder a esta pergunta de forma rápida e sem a devida consideração. O esforço envolvido nesta fase é reembolsado muitas vezes. A compreensão inadequada do problema impede a descoberta da solução certa. No entanto, mesmo se o problema for avaliado de forma adequada, podem ocorrer erros na fase de tomada de decisão, mas neste caso eles podem ser detectados e corrigidos. Portanto, a análise e definição do problema devem ser verificadas, considerando todos os dados disponíveis. Se nem todos os fatos forem levados em consideração, este passo não pode ser considerado cumprido.

A segunda etapa – "Fazer uma lista de requisitos" – implica na formulação mais precisa das necessidades a serem cumpridas para tomar decisões. A questão fundamental aqui é: O que é certo?

A terceira etapa do processo de tomada de decisão está em encontrar opções. Nesta fase, há dois possíveis erros: (1) parar depois de encontrar algumas poucas primeiras variáveis disponíveis; (2) escolher tomar uma decisão mesmo se todas as opções encontradas forem impróprias.

A quarta etapa é geralmente a mais demorada: uma avaliação sistemática e completa de todas as consequências e riscos associados a cada opção. Aqui o período de tempo necessário para implementar cada opção é definido, bem como os pretensos riscos para o grupo e a organização. Claro, as opções que podem levar a consequências adversas graves ou mesmo irreversíveis devem ser consideradas com muito cuidado.

Além disso, dentro deste passo devem ser determinadas as chamadas restrições para cada opção. Mesmo depois de uma análise aprofundada restarão fatores não reconhecidos, por isso temos de lidar com as premissas para esses problemas. Essas premissas formam a base para limitar as condições. Elas devem ser corretamente definidas e documentadas, uma vez que serão utilizadas na busca da resposta para a pergunta, por que uma decisão que tinha sido inicialmente correta, tornou-se insolvente e inadequada sob novas circunstâncias.

Se uma das condições limitantes emerge e existe a possibilidade de consequências graves, a decisão original deve ser descartada. Neste caso, estamos diante de uma situação completamente diferente, o que geralmente exige admitir a inadequação da velha solução e a adoção de uma solução diferente.

Se todas as etapas anteriores tiverem sido realizadas corretamente, podemos (e devemos) tomar uma decisão, pois fizemos o melhor para preparar o terreno.

A sexta etapa inclui a identificação e enumeração das atividades necessárias, requeridas para a decisão escolhida, a nomeação da pessoa responsável por cada atividade e a fixação de prazos. Em outras palavras, é preciso determinar o que será feito, por quem e quando.

A última etapa é o acompanhamento do processo até que seja concluído.

Dentro do processo de tomada de decisão todos os membros da equipe analisam os recursos disponíveis e determinam as próximas ações. Dois fatores chaves para chegar a soluções eficazes são:

- Interação adequada e apoio para todas as soluções, não importa quem as propôs ou sob quais circunstâncias;
- A definição dos critérios para a eficiência da decisão.

Soluções consensuais e eficientes são o resultado do exame conjunto, aberto e objetivo de todos os fatos e dados, experiência passada, bem como dos critérios para avaliar o resultado desejado. Somente neste caso temos uma solução que é apoiada por todos os membros da equipe. Isso não significa que todos devem estar envolvidos na fase final da decisão, ou que todos devem concordar com esta decisão incondicionalmente. A principal questão é que todos apoiem o caminho escolhido.

A ideia de tomada de decisão coletiva muitas vezes evoca uma falsa ideia de que todas as etapas de preparação no caminho para a solução final devem ter o envolvimento de todos os membros da equipe. Esse tipo de trabalho tomaria muito tempo e recursos organizacionais, onerando os membros da equipe com trabalho adicional. O processo de tomada de decisão deve envolver apenas as pessoas que têm a competência e experiência relevantes. Outro equívoco comum é a ideia de que uma pessoa não pode tomar a decisão certa. Isso também não é verdade, ainda mais nas circunstâncias em que a rápida mudança no mundo dos negócios, a capacidade de reagir e tomar decisões rapidamente está se tornando vital.

A decisão certa pode ser o resultado de diversas formas de cooperação que podem ser escolhidas dependendo do tamanho e estrutura da organização, da distribuição de poder, bem como da natureza fundamental e complexidade da suposta decisão. Soluções eficazes podem ser sugeridas por uma única pessoa, ou por duas, três ou mais pessoas ou todo o grupo. O ponto chave é envolver todos os recursos necessários.

A maioria das decisões corretas é tomada em organizações nas quais há confiança e respeito mútuos. Mesmo se alguém não concorda com a decisão, ainda a apoia, pois ele entende que a decisão em longo prazo concorda com os objetivos básicos e valores da organização e ele – direta ou indiretamente – contribuiu para o processo de sua adoção. O envolvimento direto das pessoas resulta na tomada de decisão mais eficaz. No entanto, a necessidade de agir sob pressão de tempo não permite que a maioria das empresas assegure esse envolvimento. A confiança mútua e a cooperação eficaz com base no envolvimento pessoal anulam a necessidade de participação direta de todos os colaboradores na tomada de decisão. As pessoas são diferentes na tomada de ações. Por exemplo, pode-se tomar uma decisão somente após um estudo detalhado de todo o caso. Para outros, ao contrário, a questão principal é o número estimado de produção e comércio futuro e um terceiro apenas gosta de qualquer nova ideia criativa. A equipe leva tudo isso em conta e dá ouvidos à opinião de todos antes de tomar uma decisão.

Se a equipe trabalha num ambiente estável de confiança mútua, respeito e sinceridade, a pessoa que toma a decisão está plenamente informada. Ela tem todas as informações necessárias de todos os potenciais peritos e tomou uma decisão, sabendo tudo sobre o assunto. Isto significa que, se a solução pode causar uma resposta negativa de um determinado membro da equipe, é necessário informar imediatamente o tomador de decisão e explicar tudo para ele. Por exemplo, se alguém toma uma decisão sem levar em conta o histórico da questão, então você precisa discutir esta decisão com aqueles que consideram o histórico da questão o aspecto mais importante. Esta forma simples, mas sábia – levar em conta o ponto de vista de todos – ajuda a manter a interação efetiva, mesmo que a decisão tenha sido individual. A preocupação de um "amante do histórico" será menos intensa se a gestão apresentar-lhe uma explicação racional. Se tal decisão revelar-se falsa, então o "oponente" será menos tentado a dizer maliciosamente, "Bem, eu te avisei!".

Também deve ser mantido em mente que os membros da equipe vão entender rapidamente quando a tomada de decisão "coletiva" escorregar para fachada e formalidade. Não é suficiente apenas reunir as pessoas e perguntar seu ponto de vista. As pessoas devem acreditar que sua opinião realmente foi levada em conta. Por exemplo, se o gestor organiza reuniões mensais periódicas em que novas ideias são expressas, mas decide unicamente com base em suas próprias ideias, os funcionários deixarão de compartilhar seus pensamentos e sugestões.

Para conseguir consenso de longo prazo, gestores e funcionários devem compartilhar informações de forma honesta e aberta e avaliá-las em termos objetivos. Se o líder simplesmente coleta as ideias dos outros, sem as levar em conta em sua tomada de decisão, isso causará ressentimento, como: (1) a ideia foi ignorada e (2) seu autor perdeu tempo ao apresentá-la. Na atmosfera de apoio mútuo é muito mais fácil analisar qualquer fato ou ideia do ponto de vista do senso comum, tirando as lições necessárias para ações futuras. Se uma pessoa analisa mentalmente um problema a partir da perspectiva de cada membro da equipe, ela tem maior probabilidade de tomar a decisão certa, mesmo sem discussões sobre o assunto.

## 3.7 Crítica

Crítica (derivado do grego **kritike** – "a arte do argumento") é uma habilidade de interação, que visa a mudança de comportamentos, pensamentos, opiniões ou atitudes de outra pessoa. A crítica, de forma intencional ou espontânea, pode ser usada para os seguintes fins:

1. uma mudança construtiva (otimização) de comportamentos, opiniões, ou atitudes;
2. prova implícita ou explícita da superioridade de alguém;
3. fazer com que outra pessoa passe por experiências desagradáveis;
4. descarga da tensão nervosa e uma maneira de canalizar o incontrolável.

Infelizmente, para muitas pessoas, a crítica está associada aos três últimos objetivos e, portanto, é percebida como um fenômeno desagradável e geralmente negativo.

A crítica construtiva é, em nossos termos, a crítica que visa mudanças estruturais (otimização) de comportamentos, opiniões, ou atitudes. Outros tipos de críticas não são construtivas, porque não são dirigidas a otimizar o comportamento, melhorar a comunicação e o desempenho organizacional.

A fim de traçar uma linha clara entre crítica construtiva e não construtiva, devemos olhar para os seus tipos mais comuns. O psicólogo polonês E. Melibruda (2009) identifica os seguintes tipos:

*Perguntas retóricas.* Uma pergunta como essa é uma forma indireta de expressar indignação; não é esperada resposta. O objetivo não é incentivar o seu adversário a corrigir ou melhorar alguma coisa, mas fazê-lo se desculpar, "Por que você está sempre chegando atrasado?"; "Como você ousa me ligar?"; "Por que você tem essa bagunça aqui de novo?"

*Ordens e proibições.* Tal crítica é expressa sob a forma de prescrições categóricas, sem revelar o que exatamente está errado. É expressa sob a forma de instruções diretas e precisas: "Você deve se desculpar imediatamente!"; "Pare de gritar!"; "Não se preocupe tanto! Fácil!"; "Você precisa ser paciente..."

Mesmo quando as ordens são entregues pelo gerente sênior, elas são percebidas negativamente, geralmente ultrajando um membro da equipe. Ao obedecer a ordem, ele vai trabalhar provavelmente de forma relutante e subversiva.

*Palavrões e xingamentos.* A "crítica" dessa natureza tem várias formas: utilização de linguagem imprópria, sem abordar uma pessoa em particular; xingamentos, desejando mal a seu adversário; o uso de palavras e expressões que ferem, depreciam ou ameaçam alguém. Palavrões não informam uma pessoa sobre a essência das afirmações de alguém, apenas transmitem a atitude negativa.

*Repreensões e castigos.* Aqui a ênfase é na personalidade, em vez dos comportamentos dos outros. As repreensões muitas vezes contêm generalizações indevidas que causam controvérsia e discordância: "Está além de suas habilidades fazer pelo menos o menor trabalho corretamente e dentro do tempo". Reprimendas muitas vezes provocam acusações reativas.

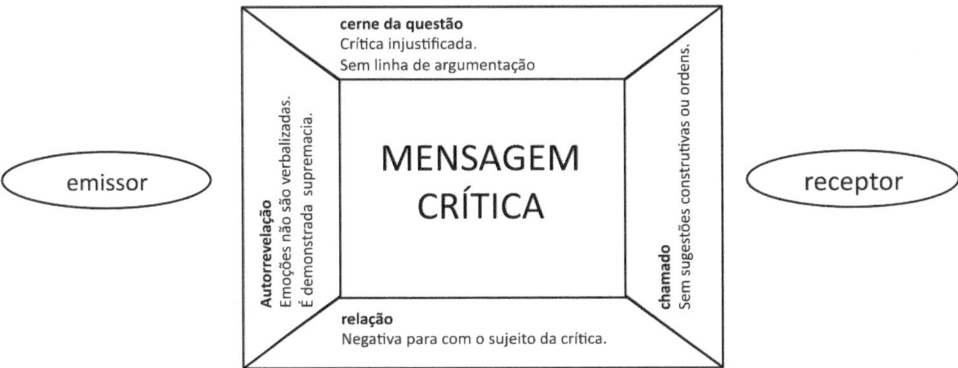


**Fig. 3.2** Modelo de crítica não construtiva

*Ironia e sarcasmo.* Esse tipo de crítica não implica em qualquer resposta positiva, pois o objetivo é causar constrangimento ou vergonha e demonstrar a própria superioridade intelectual, "É desnecessário dizer que você é o mais inteligente aqui!"; "Você é muito perspicaz!"; "Muito engraçado" (tom sério).

*Desprezo.* O gestor não só aponta o erro do subordinado, mas também forma conclusões negativas sobre seus comportamentos. Ao mesmo tempo, sua própria opinião e avaliação dos fatos são apresentadas como fatos conclusivos, "Você executou mal sua tarefa"; "Você não sabe as coisas mais simples".

*Atribuição de características inexistentes aos outros.* Aquele que está criticando vivencia certos sentimentos e tenta explicar suas origens, atribuindo certas características ou qualidades que poderiam ser a causa desses sentimentos. Por exemplo, ele está preocupado com o resultado e explica esse sentimento, acusando um membro da equipe de indiferença e atitude descuidada.

Estes métodos de crítica não construtiva são particularmente prejudiciais quando usados com um tom desdenhoso e expressões faciais ambiciosas, acompanhadas de posturas e gestos agressivos. Baseando-se no modelo de quatro fatores da mensagem (Fig. 3.2), podemos destacar as mais importantes características distintivas da crítica não construtiva. Em primeiro lugar, a crítica é destinada a uma certa personalidade que está sendo criticada, avaliada negativamente e isso causa problemas. A atitude é sempre extremamente negativa. Isso muitas vezes provoca uma resposta defensiva do criticado.

Já a crítica construtiva não contém regulamentos e orientações políticas; quem a oferece depende do bom senso e abertura de quem a recebe. Não sentindo a pressão, um membro da equipe se sente livre e independente para ter suas próprias escolhas e decisões (Fig. 3.3).

1. A crítica construtiva inclui descrições detalhadas e objetivas sobre o que deve ser necessariamente alterado.
2. A crítica construtiva revela os verdadeiros sentimentos de quem está criticando.

**Fig. 3.3** Modelo de mensagem construtiva

3. A crítica construtiva contém sugestões para a melhoria de uma situação e ajuda o criticado a entender o que todos esperam dele.
4. A crítica construtiva contém a relação positiva com o criticado, implica na crença de que ele pode encontrar forças para as mudanças necessárias.
5. A crítica construtiva descreve o impacto do comportamento sobre os outros.

No decurso da crítica construtiva existe a possibilidade de discutir qualquer fenômeno, a fim de entendê-lo melhor e obter novas experiências. Ela representa uma habilidade de relacionamento importante, ajudando a aumentar a eficiência da organização. A crítica "libera a informação" e dá a chance de alcançar a sinergia. Se o grupo é capaz de analisar não apenas os fatos, dados e números, mas discutir como eles podem ser utilizados de forma mais eficaz, a produtividade irá certamente aumentar. Em particular, tal discussão pode tornar-se um passo necessário no caminho da tomada de decisão ou um algoritmo para a solução de problemas decorrentes. Quando os membros da equipe podem declarar abertamente suas ideias criativas ou dúvidas e também tudo que normalmente é retido, isso permitirá que o grupo preveja os resultados de forma mais precisa e resolva os problemas mais rapidamente. Quatro elementos de crítica podem ser distinguidos:

*Crítica preliminar* A crítica preliminar é necessária na fase inicial dos preparativos para a atividade. Ela representa a principal questão: "O que vamos fazer e como?" Nesta fase, a estratégia é preliminarmente definida. Muitas pessoas se acostumaram a jogar-se no trabalho, especialmente se o trabalho é bem familiar e se jogar parece bastante produtivo, enquanto que o planejamento é considerado um desperdício de tempo. Assim vem o princípio de "atirar sem ter mirado", quando o grupo está ocupado demais com o trabalho para parar e analisar a forma como este trabalho está sendo realizado. A crítica preliminar pode ser curta e tomar alguns minutos. Por exemplo, é muito importante definir a agenda no início de uma reunião, ou especificar o que ambas as partes finalmente desejam atingir no início da conversa telefônica.

Além disso, o planejamento de novas ações durante a crítica preliminar ajuda a definir o cronograma de sua realização e implementação. Faz com que todos sejam realistas sobre seus objetivos e o seu cumprimento. Temos que levar em consideração o trabalho adicional, os recursos necessários, o tempo previsto para terminar o trabalho e assim por diante. Se a crítica preliminar for eficaz, pode-se definir claramente a maneira de alcançar o resultado que tinha sido, por sua vez, claramente previsto. Se todos concordam com o resultado final, é muito mais fácil ficar no caminho certo. E, neste caso, é fácil interromper o orador que estiver desviando da questão principal, dizendo: "Nós nos desviamos do tópico de discussão".

*Crítica periódica* A crítica periódica é um conjunto de pontos fixos de controle sobre determinadas atividades, que devem ser definidos durante a fase de crítica preliminar. Estes pontos predeterminados permitem que a equipe interrompa o trabalho e discuta a qualidade de sua execução. A crítica periódica pode ser associada a um intervalo de tempo específico (ex., uma vez por semana) ou a determinados estágios da atividade (por exemplo, no início de cada nova etapa). Podem ser encontros semanais, em que o progresso do projeto é discutido, ou o breve planejamento de dez minutos no início de cada dia de trabalho, ou reuniões trimestrais sobre a questão de vendas. Assim, os funcionários podem parar, deixar os problemas mundanos para trás e analisar o trabalho como um todo. A crítica periódica permite às pessoas avaliar o que foi feito, em caso de necessidade de ajustar e melhorar ainda mais a atividade.

*Crítica espontânea* A crítica espontânea ocorre quando alguém interrompe o processo de trabalho e chama todos para discuti-lo e analisá-lo. Uma discussão como essa é focada em problemas emergentes, mudanças não planejadas em processos ou procedimentos, novas ideias decorrentes ou quaisquer preocupações ou dúvidas. A crítica espontânea é importante na detecção de problemas que estavam fora de vista na fase de crítica preliminar ou periódica. A crítica espontânea exige uma maior flexibilidade, uma vez que é necessário interromper o processo sem esperar pela crítica periódica planejada. Ela é um passo vital na direção da sinergia, na medida em que os problemas são identificados e resolvidos no momento em que surgem.

A crítica espontânea pode ser mais eficaz quando as observações focam em resultados e são baseadas em critérios claros de sua realização, frutos de consenso durante a crítica preliminar. Por exemplo, se um membro da equipe prejudica o trabalho quando um novo produto de software com novas funcionalidades aparece, todos devem comparar estas características com o resultado desejado e com os critérios já estabelecidos para a qualidade. A equipe deve decidir rapidamente se muda seus prazos e implementa este programa, ou se é melhor continuar a trabalhar com o mesmo software.

Em grupos em que a sinceridade e confiança estão presentes em nível elevado, a crítica espontânea dá a oportunidade de avaliar os resultados necessários periodicamente e minimizar a possibilidade de eventuais desvios. Neste caso, a crítica é geralmente percebida de forma adequada, uma vez que a equipe opera com um elevado grau de eficiência. Se o nível de confiança é baixo, então uma observação de alguém como "Vamos parar e comparar o nosso progresso com as exigências originais da tarefa" pode perturbar gravemente as atividades, causando explosões de raiva ou ressentimento. Numa equipe com um alto nível de confiança a reação é a seguinte: "Claro, vamos fazer isso". Neste caso, a observação não pode prejudicar o trabalho.

*Crítica posterior* A crítica posterior, via de regra, é o único tipo utilizado na equipe. As pessoas tendem a esperar até que a operação seja concluída e só então elas começam a discutir as implicações positivas ou negativas. Em equipes com menor nível de confiança e respeito tal crítica é geralmente utilizada para envergonhar e punir os outros. Com bons resultados sendo alcançados, ela também pode ser usada para elogios e recompensas. Em ambos os casos, o grupo perde uma oportunidade valiosa para usar a experiência adquirida para melhorar as operações e aumentar sua eficiência. Dentro do estágio de crítica posterior é muito importante ser capaz de avaliar o que causou a eficiência do trabalho. Neste caso, a equipe pode promover ativamente métodos eficazes e deixar de lado atividades ineficientes, que levam a problemas.

A crítica posterior deve ser realizada imediatamente após o trabalho ser finalizado, enquanto todos os detalhes ainda estiverem em mente. Os mais valiosos são os comentários dentro dos termos e conceitos previamente definidos e relacionados com um método de realizar o trabalho. Ao mesmo tempo, não deve haver nenhuma orientação pessoal.

Como outros tipos de crítica, a crítica posterior é eficaz somente quando os comentários são baseados nos critérios determinados durante a crítica preliminar. Os critérios são igualmente importantes para a discussão de sucessos e fracassos. A crítica atingirá seu objetivo se a equipe iniciar a discussão com uma clara compreensão do que é necessário. A equipe que chegou a resultados abaixo do esperado pode concentrar-se no que deu errado e por que e desenvolver medidas para melhorar a interação. A equipe que conseguiu obter sucesso maior do que o esperado pode compreender as razões para isso, em vez de mergulhar na celebração ou complacência. É necessário detectar esse novo recurso que levou a um maior sucesso para usá-lo no futuro. Pode muito bem ser que o excesso do resultado esperado seja produto do estabelecimento de metas muito baixas e, no futuro, devem ser reconsideradas. E claro, em todo caso, a crítica posterior é muito importante para a melhoria contínua da interação da equipe.

Um método bem conhecido de receber feedback na ausência de sinceridade é a crítica anônima, que se opõe à direta e aberta. Muitas vezes, o argumento para o anonimato é o seguinte: as pessoas são mais inclinadas a criticar de forma objetiva e imparcial quando não se sentem expostas. Neste caso, aquele que está criticando geralmente diz a verdade.

No entanto, comentários anônimos reduzem a possibilidade de tirar proveito das observações recebidas, como não há nenhuma oportunidade de discutir e esclarecer o problema e entender a sua essência. As pessoas podem aprender com a experiência dos outros apenas quando a discutem. Sem discutir, as opiniões pessoais não podem ser desenvolvidas, permanecendo apenas a opinião de um indivíduo. Isto reduz a possibilidade de sinergia, uma vez que o problema não é discutido e novas experiências não são adquiridas.

As bases da crítica são os critérios definidos antes da atividade. Eles definem os objetivos e as formas de alcançá-los. Estes critérios são o resultado do estabelecimento de metas de curto e longo prazo, planejamento estratégico e agendamento de tarefas. Uma vez identificados tais critérios, eles vão formar um referencial para alcançar um objetivo comum.

Os critérios podem ser aprimorados ou alterados à luz de novos fatos ou novas experiências. Sua precisão e confiabilidade são verificadas durante cada fase da crítica. Critérios dão uma ideia clara sobre para onde estamos indo, o que vamos fazer e como devemos agir.

*Princípios da crítica eficaz* A crítica eficaz deve conter exemplos específicos que ilustram os comentários críticos. "Eu acho que você não está qualificado", é um argumento vago. "É a terceira vez hoje que você está me pedindo para ajudar no cumprimento dos seus deveres. Talvez você precise de treinamento adicional?" Essa frase é específica, objetiva e imbuída do desejo de ajudar.

Aqui e agora. Em qualquer situação o feedback e a crítica mais eficazes são aqueles que se relacionam com eventos "frescos" que aconteceram aqui e agora. Essa crítica tem uma vantagem absoluta, porque utiliza exemplos específicos que ainda são lembrados. Por exemplo, dizendo: "Os seus comentários valiosos esta manhã me ajudaram a concentrar em um determinado aspecto de um novo projeto," estamos dando feedback imediato sobre o comportamento efetivo do nosso companheiro. Há mais uma vantagem óbvia deste princípio, ou seja, o apelo aos sentimentos que estão ainda "frescos" e podem ajudar a compreender melhor o impacto do seu comportamento sobre outras pessoas. Memórias frescas das experiências nos ajudam a concentrar a discussão no que exatamente causou essas emoções. Por exemplo, se alguém diz: "Quando você estava discutindo comigo sem ter estudado todas as informações sobre esta questão, senti que não fui compreendido", ele sente alívio imediato e seu destinatário compreende que causou uma reação como essa.

O principio "aqui e agora" não é eficaz numa situação em que a atmosfera é tão tensa que é impossível discutir a questão objetivamente. Se os parceiros de conversa estão com raiva ou irritados, a discussão pode fazer mais mal do que bem. Neste caso, é necessário tempo para deixar a poeira baixar, para que os participantes possam recolher seus pensamentos e restaurar a capacidade de falar mais objetivamente. Isso pode levar uma hora ou até mesmo um dia, dependendo da personalidade de cada um e do contexto. O ponto principal é usar esse tempo de forma eficaz, pensar tudo completamente e preparar-se para uma discussão objetiva. As emoções constituem um elemento importante e valioso da interação, desde que contribuam para a discussão mútua.

Ausência de uma orientação pessoal. O feedback e a crítica são mais eficazes quando não incluem quaisquer ataques sobre a personalidade e se forem expressos exclusivamente em termos comportamentais, incluindo a reação do orador a este comportamento. "Quando você interrompeu minha fala na reunião de modo tão brusco eu fiquei em choque, não fui mais capaz de falar". Este método torna os ataques à personalidade impossíveis, uma vez que não implica em qualquer julgamento, mas apenas deixa claro qual foi o efeito de seu comportamento sobre outras pessoas. Ao mesmo tempo, o tom do orador expressa o desejo sincero de ajudar o criticado.

Baseada em critérios. Muitos grupos se opõem intencionalmente à crítica dentro da empresa, por considerá-la tediosa e infrutífera. Até mesmo um comentário crítico na reunião provoca um murmúrio de indignação, pois a pauta é violada. No entanto, se a crítica for utilizada de forma eficaz, discussões longas e infrutíferas se transformam em algo até oposto. A crítica eficaz aumenta a eficiência de todos os componentes da interação. E então uma longa conversa com cada um dos membros do grupo pode ser substituída por um telefonema pessoal de cinco minutos ou um breve encontro com dois ou três membros da equipe. A crítica pode ser breve e concisa se os critérios foram pré-determinados. Os membros da equipe devem ser capazes de comparar os resultados reais de suas atividades com o plano que foi elaborado e fazer os ajustes apropriados, se necessário. Assim uma discussão crítica torna-se clara, orientada para a tarefa e embasada em fatos.

A crítica construtiva é necessária quando os indivíduos e grupos olham para trás e tentam compreender os erros que levaram a resultados mais baixos do que o esperado. A superação adequada de falhas implica numa análise direta e aberta dos erros, bem como na transformação de frustração e outras emoções negativas em uma verdadeira compreensão das causas. Mesmo com um alto nível de confiança e respeito mútuos, é difícil admitir erros. A abordagem Synercube pode não tornar mais fácil confessar, mas dá uma oportunidade de aprender com a própria experiência e melhorar a eficiência futura. Admitir erros e assumir a responsabilidade por eles é a única maneira de se beneficiar de experiências negativas. Em muitas equipes isso é impossível, pois todos começam imediatamente a dar desculpas, culpar uns aos outros, esconder falhas. Além disso, os membros da equipe podem se precipitar e ir para um novo emprego, sem ter tempo para corrigir os erros do passado.

A correção de erros é a forma mais importante de ter sucesso em um mundo de negócios em constante mudança. A capacidade de tirar lições do passado, mesmo as mais amargas, e transformá-las em uma experiência valiosa e útil no futuro é uma qualidade extremamente importante. Em tais casos, é a interação na ZONA I que é eficaz, pois se baseia na crítica construtiva, confiança e respeito mútuos. É nestas condições que a tomada de decisão é eficaz e consistente. Assim, o processo de crítica começa a funcionar de forma eficaz. A fim de "se recuperar" após uma longa doença e continuar a avançar na direção da meta, os funcionários devem discutir e analisar os erros de forma franca, objetiva e construtiva.

A análise de falhas de forma objetiva e com total responsabilidade pode tornar-se o motivador mais eficaz para mudanças individuais. Quando o sucesso é muito óbvio, é possível cair em autossatisfação e complacência. Pode-se perder a direção, tendo a certeza de sua infalibilidade. Assim, o concorrente que está analisando ativamente suas falhas, pode encontrar uma solução criativa para avançar e vencê-lo. A "recuperação" após o fracasso será mais rápida se o nível de confiança e respeito mútuos for alto e as falhas fizerem as pessoas se unirem, para reunir forças e seguir em frente. A equipe que estabelece os mais altos padrões de qualidade vai estar constantemente pensando sobre os resultados e seguindo em frente.

## 3.8 Conclusões

As tentativas da equipe para mudar qualquer coisa devem ser apoiadas por uma compreensão comum sobre os resultados futuros ($\mathbf{R}_e$) e sobre a receita, como fazê-lo. A teoria Synercube torna possível dominar esta forma de trabalho, através da organização da cooperação na ZONA I, com a ajuda das habilidades baseadas no Synercube e dos princípios subjacentes da cultura corporativa. Habilidades de interação eficazes são fundamentais para o uso adequado de todos os recursos disponíveis. Na verdade, é bastante fácil analisar a contribuição de um membro da equipe comparando suas atividades diárias, tais como a tomada de decisões e resolução de conflitos, com as habilidades Synercube relevantes. Assim, o valor da teoria Synercube é expresso nas habilidades de interação diárias. As habilidades de relacionamento também podem ser usadas para melhorar aspectos específicos do trabalho, até que os métodos adequados tornem-se uma segunda natureza para todos os funcionários. A ação individual em relação aos métodos descritos acima é baseada numa assimilação profunda de valores que são compartilhados por todos os membros da equipe. As pessoas se acostumam a trabalhar de forma eficaz, como se acostumam a desligar as luzes antes de sair de casa. Elas não refletem, apenas o fazem.

O estudo das características de interação mencionadas acima é importante quando se quer mudar. As habilidades de interação existentes não são imutáveis. A maioria de nós simplesmente não sabe como analisar efetivamente o comportamento das pessoas na equipe. No entanto, quaisquer mudanças somente são possíveis depois de considerar todas as peculiaridades de comportamento em suas interações diárias, bem como após a indicação clara de um propósito – como este comportamento deveria ser. A mudança bem sucedida do comportamento humano exige três elementos: uma compreensão clara do comportamento atual, o estabelecimento de metas e o apoio das outras pessoas interagindo no dia-a-dia.

## Lista de referências do capítulo 3

### Livros

Malik F (2006) Fuehren. Leisten. Leben. Wirksames Management fuer eine neue Zeit. Campus Verlag, Frankfurt/New York

Melibruda E (2009) Ich-Du-Wir. Psychologische Möglichkeiten für Kommunikationsverbesserung (from Russian: Мелибруда Е. Я – ТЫ – МЫ. М.: Прогресс, 1986). Progress, Moskau

Mescon M, Albert M, Khedouri F (1985) Management: Individual and Organizational Effectiveness. Harper and Row Publishers, New York

Schulz von Thun F (2006) Miteinander reden. Rowohlt-Taschenbuch-Verlag, Reinbeck

### Revistas

Kilmann R, Thomas K (1977) Developing a Forced-Choice Measure of Conflict-Handling Behavior: The "MODE" Instrument. Educational and Psychological Measurement 37, **2**, p. 309-327

# Estilo 7.1- Ditador autoritário (dirigir e dominar)

4

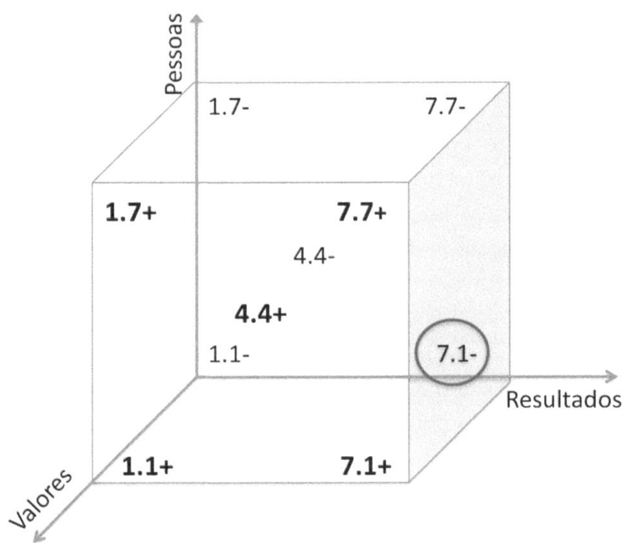


O sistema organizacional está sempre certo, a ordem estabelecida e imutável deve ser infalivelmente observada. O estilo 7.1- espera os melhores esforços de seus subordinados e mantém tudo sob controle, estabelecendo um curso claro de ação. Nenhuma regra que ajude a alcançar resultados pode ser violada.

## 4.1 Características básicas do estilo 7.1-

O líder estilo 7.1- demonstra um alto nível de preocupação com a produção, combinado com um baixo nível de preocupação com as pessoas e desrespeito pelos valores culturais da organização. O alto foco no resultado, típico deste estilo, faz com que toda a equipe concentre seus esforços no sucesso. Normalmente, essa pessoa é profissionalmente bem


A. Zankovsky, C. von der Heiden, *Liderança com Synercube*
https://doi.org/10.1007/978-3-662-55606-1_4

treinada, organizada, experiente e pode ajudar uma organização a alcançar resultados muito bons. Ele é confiante, exigente na observância de padrões elevados e é capaz de assumir riscos, se eles forem pré-calculados e avaliados.

Ao mesmo tempo, o estilo 7.1- raramente analisa sua firmeza, o que o faz deixar tudo para trás, exceto o resultado. Essas pessoas estão convencidas de que a organização é um sistema perfeito, com base em princípios perfeitos e o homem por natureza é preguiçoso e dependente. Portanto, é necessário monitorar constantemente todos os membros da equipe, pois eles nunca são confiáveis. Um indivíduo é considerado como uma das pequenas engrenagens, que deve ser adequadamente dirigida, de modo a assegurar o funcionamento de toda a máquina organizacional. O membro da equipe ideal deve demonstrar obediência inquestionável e cumprimento rigoroso das metas, fundindo-se plenamente com elas. Portanto, o 7.1- considera que se pode confiar apenas naqueles funcionários que sempre cumprem todas as instruções com rigor e precisão, não as questionam e demonstram prontidão.

Com base nessas atitudes, o 7.1- considera que se preocupar com as pessoas não só é desnecessário, mas também prejudicial, uma vez que conduz a uma maior ligação emocional, o que enfraquece muito a possibilidade de controle e pressão rigorosos. O 7.1- não é capaz de ver que o baixo nível de preocupação com pessoas limita a sua capacidade de atingir sinergia duradoura: os esforços para envolver os outros não obtêm sucesso e o resultado é alcançado principalmente pelo uso da força. Quem segue este estilo acredita que as pessoas não agem em conjunto, tentando superar as resistências umas das outras. Ele acredita que a preocupação aberta com pessoas reduz o potencial de alcançar a meta, por isso é essencial minimizar a "humanidade" de todos os relacionamentos. O baixo nível de preocupação com pessoas impede que o estilo 7.1- compreenda quais resultados poderiam realmente ser alcançados por todos os funcionários ao trabalharem juntos. O estilo 7.1- é fortemente orientado para os resultados, vendo todos os outros funcionários serem levados pela sua forte iniciativa. Assim, o gerente de estilo 7.1- espera que os outros simplesmente o sigam, avançando no caminho para o resultado.

A pessoa de estilo 7.1- parece insistente e exigente, negligenciando as reações de outras pessoas ao seu comportamento. Situações com base em fatores humanos, tais como pagamento, treinamento, horários de trabalho flexíveis, atividades de cunho social e entrevistas pessoais parecem sem importância para ele. Falta filantropia. Todos os aspectos humanos das relações (franqueza, transparência, confiança e respeito mútuos, objetivos pessoais, etc.) são muitas vezes vistos por ele como obstáculos no caminho para padrões elevados e resultados importantes. Se ele tiver que cortar custos, a primeira coisa que ele está disposto a sacrificar é sua equipe. Os objetivos pessoais deste ou daquele funcionário parecem sem importância para ele; muitas vezes, uma abordagem como essa leva a uma situação em que todos os integrantes da empresa são pessoas pouco profissionais e pouco motivadas. O estilo 7.1- não implica necessariamente ataques a pessoas, mas uma forte crença na necessidade de total foco em resultados. O lema é: "O resto não importa".

## 4.2 O estilo 7.1- na cooperação coletiva

Os exemplos que se seguem são típicos do comportamento do estilo 7.1- na organização.

Quando um membro da equipe não consegue lidar com o seu trabalho, o estilo 7.1- reage assim:

Ele fala com o funcionário em tom acusatório. Declarações críticas podem conter acusações de preguiça ou incapacidade para o trabalho. Pode haver outros ataques contra a personalidade do funcionário, incluindo acusações de incompetência. As tentativas do funcionário para explicar qualquer coisa são percebidas com intolerância ou parcialidade, acompanhadas por declarações como, "Sim, talvez seja verdade, mas..." ou "Eu acredito que isso seja assim, mas na verdade..." ou "Novamente desculpas". No final, o funcionário recebe um número de tarefas que devem ser cumpridas, expressas na forma de um ultimato.

Reação do líder de estilo 7.1- à crítica construtiva de um membro da equipe:

Ele imediatamente começa a se defender. Mesmo se o funcionário estiver certo, o 7.1- tenta fazer com que ele concorde que suas intenções eram verdadeiras, ainda que os resultados tenham sido negativos. Além disso, ele imediatamente passa a bola para alguma outra pessoa, ou para alguma causa externa, que está além de seu controle.

O 7.1- se destaca dentro da equipe, pois ele precisa manter a distância e controle necessários sobre toda a situação. Ele trabalha duro na preparação, programação, estratégia e assim por diante. Ele não precisa de conselheiros, incluindo até mesmo aqueles que são responsáveis pelo trabalho. Não importa se eles desenvolveram a estratégia certa, pois suas ações individualistas iriam de qualquer maneira se tornar um obstáculo para a participação de outras pessoas interessadas. O compromisso dos funcionários enfraquece, na medida em que se sentem desconectados dos objetivos que têm que alcançar. A atitude geral é: "Por que eu deveria tentar tanto, se ele ainda está confiando apenas em si mesmo? Todas as minhas sugestões são ignoradas e ninguém pode me ouvir!"

Assim, o subordinado é exatamente tão eficaz quanto seu gerente de estilo 7.1-. Não importa se o líder é talentoso, hábil e experiente, pois o baixo nível de envolvimento dos outros membros da equipe leva ao seu monopólio sobre os recursos de toda a equipe; quaisquer visões alternativas, ideias e até mesmo perguntas simples são ignoradas.

O lema de um líder 7.1- é "sem cooperação". Isso implica em submissão sem uma única pergunta. Pontos de vista alternativos ou objeções são ignorados ou considerados como interferência ou desvios dos objetivos organizacionais. O trabalho é organizado de tal forma que os membros da equipe quase não têm chance de expressar qualquer ideia, crítica ou defender seus pontos de vista.

A interação é construída em base sólida, mas muito unilateral. Isso, no entanto, torna possível manter o controle sobre todo o trabalho. As instruções são articuladas com comentários como: "Isso é exatamente o que vamos fazer", "Você deve fazer isto ou aquilo" ou "Eu já concebi um plano para você". O líder com estilo 7.1- prefere determinar o curso de ação e, em seguida, articulá-lo, não deixando nenhuma oportunidade de discussão ou participação criativa. Os outros simplesmente têm que começar seu trabalho. Esta abordagem minimiza a possibilidade de sinergia, pois o envolvimento pessoal de outros membros da equipe é excluído.

O líder 7.1- luta pelos melhores resultados, estabelecendo metas ambiciosas que, no entanto, não são apoiadas pelos outros. E se um membro da equipe detectar um problema, ele não informará um líder assim, mesmo que o problema possa bloquear a realização dos principais objetivos. Da mesma forma, aquele que tem uma ideia interessante e sabe como colocá-la em prática, permanecerá em silêncio. Os relacionamentos são construídos sobre o princípio da não-participação, "Por que eu deveria me esforçar e ajudá-lo?" Na verdade, a única maneira de otimizar o uso dos recursos disponíveis é incentivar as pessoas a ajudarem umas às outras e imediatamente informarem-se mutuamente sobre problemas. Mas isso requer uma suspensão coletiva simultânea do trabalho, implicando numa possível melhoria da sua qualidade no futuro. Mesmo que o líder seja um homem incrivelmente inteligente e experiente, ele ainda não pode antecipar todos os possíveis problemas e oferecer as melhores soluções para todos os problemas. Na verdade, os principais objetivos são difíceis de atingir, mesmo se todos os membros da equipe trocarem informações ativamente e integrarem esforços. Se eles esconderem informações ou até mesmo fugirem, os problemas começam a se multiplicar.

O líder 7.1- perde os benefícios da atividade dos outros, preferindo controle pessoal total. Além disso, ele não quer desperdiçar seu tempo explicando algo para outras pessoas, discutindo problemas e avaliando o desempenho de cada membro da equipe. Além disso, o líder 7.1- gasta uma enorme quantidade de seus próprios recursos no monitoramento contínuo da execução dos seus pedidos. No entanto, ele se sente inteiramente responsável pela detecção e eliminação de todas as dificuldades, obstáculos e desafios. O estilo 7.1- geralmente se considera a pessoa mais trabalhadora na equipe, enquanto a qualidade do trabalho em geral é baixa por causa da participação excessivamente ativa de um e a não participação de outras pessoas. Mas o líder 7.1- não costuma ver esse desequilíbrio e não entende por que os outros não querem trabalhar tão duro quanto ele. Quando os problemas surgem, ele reforça a preocupação com os resultados e força as outras pessoas a trabalharem ainda mais.

## 4.3 A ZONA I e o estilo 7.1-

O estilo 7.1- é uma contradição personificada do desejo natural do ser humano de se comunicar, compartilhar ideias e avançar em direção a um objetivo comum. O sentido de compromisso pessoal é o resultado de confiança e respeito mútuos, bem como da possibilidade de contribuir para a causa comum. Tudo isso não se encaixa com o estilo 7.1- (Fig. 4.1).

Se o líder 7.1- tomou sua decisão sobre a atividade de toda a equipe, as tentativas de qualquer equipe para tomar iniciativas tropeçam em suas observações: "Você é incompetente nesse assunto" ou "Sua sugestão está fora de cogitação".

As pessoas gostam de sentir que estão fazendo algo de útil para a causa comum; mas a abordagem do líder 7.1- divide, não consolida. Quando o gerente critica ou descarta qualquer ideia, os membros da equipe começam a pensar: "Tudo bem, eu nem quero saber o que está acontecendo aqui. De qualquer forma, minhas ideias não recebem nenhuma aten-

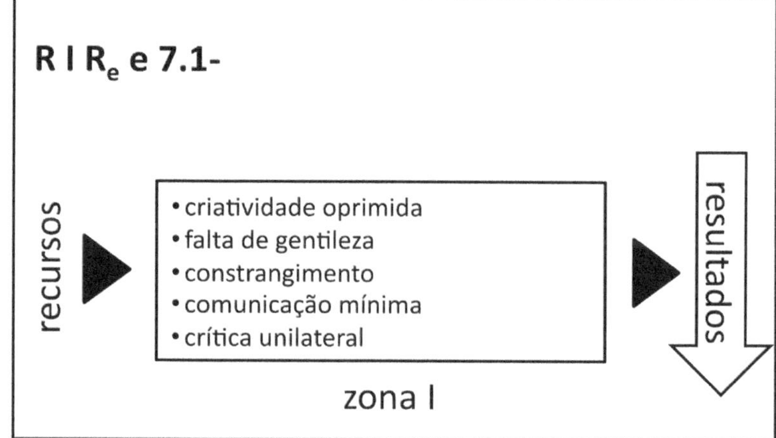


**Fig. 4.1** 7.1-

ção" e procurar um trabalho diferente. Além disso, a indiferença e a falta de participação podem causar sentimentos de oposição.

Na pior das hipóteses, os membros da equipe começam a opor-se ao líder 7.1-, minando seus esforços e sentindo prazer quando seu boicote à escolha dele é bem sucedido: "Que sirva de lição. Todos nós avisamos que não ia funcionar, mas ele não quis ouvir". Com uma equipe de oposição como essa, o líder 7,1- perderá qualquer apoio, não tendo chances de criar uma atmosfera de confiança e respeito mútuos.

## 4.4 Cultura e valores 7.1-

*Cultura de controle, pressão e medo. Característica básica: Produção e bons resultados a qualquer custo.*

*Confiança.* O líder de estilo 7.1- acredita que as pessoas são inerentemente preguiçosas e dependentes. Elas não podem ser confiáveis e devem ser constantemente forçadas a trabalhar. Ele considera confiáveis apenas os funcionários que sempre cumprem com todas as instruções com rigor e precisão, não questionando suas instruções e ordens e mostrando obediência. O líder 7.1- suspeita de pessoas que tentam agir de forma independente. No seu caso, a confiança nas pessoas é substituída pela confiança nos processos e procedimentos organizacionais. Inconscientemente, o estilo 7.1- não confia em si mesmo totalmente, associando a própria imagem exclusivamente com os resultados obtidos e os procedimentos e requisitos organizacionais relevantes. Seu medo de não cumprir a tarefa, de cometer um erro ou de se sentir impotente cria uma atmosfera de nervosismo, stress e ansiedade que dificilmente pode ser suportada por muito tempo.

*Justiça.* O estilo 7.1- tem convicção de que a justiça deve ser associada a resultados. Os funcionários que diligentemente executam ordens e obtêm resultados podem invocar o seu apreço e atenção. Mas, mesmo neste caso, devem respeitar suas ordens e não devem questionar suas instruções. Os funcionários que não alcançam os resultados desejados, ou aqueles que desagradam o líder 7.1-, não têm qualquer direito de expressar sua opinião ou relação humana. Todas as medidas que ajudam a alcançar resultados são consideradas justificáveis e justas.

*Comprometimento.* O estilo 7.1- percebe seu compromisso com a organização como obediência cega e estrita adesão aos objetivos. De acordo com o 7.1-, os membros da equipe devem se identificar com os objetivos da organização, devem se fundir completamente com eles. Seja qual for o objetivo, aspectos psicológicos e morais para alcançar a meta, o resultado justificaria qualquer coisa. A identidade pessoal é reduzida ao resultado, enquanto que todas as conquistas são atribuídas exclusivamente ao gerente, que, do ponto de vista do líder 7.1-, é o epítome de toda a organização. Assim, o comprometimento e a identidade organizacional são finalmente reduzidos a um firme compromisso e identificação com o chefe e devem ser expressos em uma vontade de trabalhar muito de acordo com as suas instruções.

*Responsabilidade.* O estilo 7.1- é altamente confiável em situações em que os objetivos, procedimentos e processos são claramente definidos e autorizados pela gerência ou por tradições fixas. A excessiva concentração nas ordens dadas muitas vezes é acompanhada pela negligência de todos os fatores que não estão diretamente associados com a obtenção de resultados, mas podem atrapalhar a confiabilidade de toda a organização. A responsabilidade do estilo 7.1- é seletiva: o foco é sobre os resultados que têm algo a ver com sua carreira e a avaliação de desempenho por parte do chefe. O líder 7.1- opõe-se internamente à filosofia de responsabilidade social, que requer cooperação e envolvimento organizacional na resolução de problemas sociais. Na visão do 7.1-, estes problemas devem ser resolvidos de forma diferente: reforçando o controle, pressão e poder. Como regra, as questões de responsabilidade social são consideradas pelo estilo 7.1- apenas como respostas às exigências da alta administração.

*Integridade.* Abertura e honestidade, de acordo com o 7.1-, devem ser expressas na plenitude, precisão e pontualidade das instruções, ordens e solicitações, que devem ser seguidas pelos funcionários. O estrito respeito a essas condições deve tornar a interação simples e eficaz. Quaisquer outras informações são escondidas, na medida em que o estilo 7.1- as considera como inúteis e até prejudiciais. A troca aberta de informações está fora de questão, pois pode danificar a autoridade e poder do gestor. O feedback é dado sob a forma de punição e condenação. O estilo 7.1- não considera necessário discutir metas ou atrair alguém para iniciar ações. Portanto, o quadro geral de atividades organizacionais, seu significado e desenvolvimento são completamente incertos para os funcionários. Como previsto, resulta em baixo envolvimento, ansiedade e desconfiança.

## 4.5 Cultura e poder 7.1-

*Foco no cargo e na punição*

*Punição.* O estilo 7.1- usa a punição como principal ferramenta para influenciar e mudar o comportamento dos funcionários. A gama de punições varia muito, de franzir a testa e fazer observações duras, até elevar a voz durante uma sessão de feedback, aplicar multas e demissão. Este tipo de poder exerce constante pressão sobre os membros da equipe, mesmo quando eles fazem tudo de acordo com as exigências do líder 7.1-. A punição é muitas vezes inadequada para o grau de má conduta ou erro do funcionário. "Abordagens" sérias podem ser causadas até mesmo por uma pequena falha.

*Recompensa.* O estilo 7.1- considera a recompensa um meio ineficiente e opcional de influência. Presumindo que todos os homens são preguiçosos e passivos por natureza, o líder 7.1- não acredita na eficiência da recompensa. Inconscientemente, o 7.1- pensa que mesmo os trabalhadores que atingem bons resultados podem reduzir sua eficácia quando incentivados e recompensados. Um bom funcionário, de acordo com o 7.1-, trabalhará bem sem qualquer recompensa. Portanto, quando o 7.1- recompensa e agradece um membro da equipe por um bom trabalho, ele o faz com relutância. Até mesmo um simples "obrigado" pelo trabalho é extremamente raro e não sincero. Supondo-se que o resultado é o mais importante e que ele é o único responsável por isso, o líder 7.1- se considera o único a ser recompensado.

*Posição.* O líder 7.1- considera a posição na organização muito importante e suas ambições de carreira são muito elevadas. Assim, ele enfatiza seu status por todos os meios e sempre mantém a distância com o pessoal. Enfrentando desacordo, ele iria dizer ou pensar: "Eu sou o chefe, portanto faça o que eu digo!" Ao tentar lidar com objeções ou falta de vontade dos funcionários para se submeterem às suas ordens, o estilo 7.1- muitas vezes enfatiza sua autoridade. Posição, de acordo com o 7.1-, dá o direito de controlar todos os passos de qualquer membro da equipe. As ordens de gerentes são percebidas como corretas e exigem execução imediata.

*Informação.* O intercâmbio de informações é reduzido a definir tarefas e instruções que o líder 7.1- dá a seus subordinados. O volume de informação é estritamente limitado ao conteúdo da tarefa. Como regra, a informação é acompanhada por uma indicação do que e como fazer. Na certeza de que esta quantidade de informação é suficiente para o trabalho, o líder 7.1- não gosta de perguntas, pois ele considera desperdício de tempo responder a elas. Informações organizacionais importantes são deixadas somente para seu uso pessoal. Muitas vezes ele usa informações importantes para fortalecer sua influência e controle. A informação fornecida é seca e concisa, destacando a distância de status e sublinhando a impossibilidade de desacordo e desconfiança.

*Especialista.* Como regra geral, o estilo 7.1- é bem organizado, altamente profissional e visa alcançar bons resultados. Ele gosta de enfatizar sua superioridade em conhecimentos e habilidades. A ideia de seu profissionalismo e o desejo de dominar o impedem de perceber e adquirir novos conhecimentos, especialmente de seus subordinados. Ele está convencido de que sabe tudo melhor do que os outros e fica teimosamente fazendo o que acha que é certo. Com medo de perder o controle, o líder 7.1- é pouco inclinado a ensinar os outros, multiplicando seus conhecimentos e habilidades.

*Referência.* O estilo 7.1- tenta criar uma imagem de um executivo bem-sucedido, voltado para os negócios, que é o campeão da organização (departamento, grupo) em busca de metas comuns e resultados compartilhados. Sua fé no fato de que, em virtude de suas qualidades pessoais e profissionais, ele é capaz de agir corretamente e sempre tomar a decisão certa, pode causar uma forte impressão nos colegas e subordinados. No entanto, esta atitude é muitas vezes vista de forma negativa pelos membros da equipe, como arrogância e presunção. A intolerância às opiniões dos outros e falta de vontade de estabelecer um diálogo construtivo e cooperação fazem do estilo 7.1- uma figura de referência, que é usada apenas em situações de força maior.

## 4.6 Habilidades de cooperação do estilo 7.1-

### Resolução de conflitos

Qualquer atividade individual ou conjunta está inevitavelmente ligada à superação de dificuldades, problemas e contradições. No entanto, mesmo a atividade individual constantemente lança a pessoa em dilemas: o quê deve ser feito, como e quando. Isso resulta em dúvidas e conflitos internos, quando não se consegue decidir o que é adequado, melhor e mais útil. Quando muitas pessoas estão trabalhando em conjunto a situação é complicada pelo fato de que cada pessoa é única e tem seus próprios objetivos e interesses. Em outras palavras, o conflito é onipresente e a forma como um líder tenta resolvê-lo determina em grande parte sua eficácia e conformidade com o espírito da cultura corporativa da organização.

A resolução eficaz de conflitos inclui a identificação de problemas e contradições na atividade do indivíduo, grupo ou organização e a busca de formas de resolver essas contradições. O estilo de liderança determina em grande parte a forma como uma pessoa usa esta habilidade no trabalho diário. O estilo 7.1- considera qualquer conflito como um fenômeno negativo, inaceitável, uma vez que reduz a eficácia. Ele acredita que a principal causa do conflito é a falta de controle por parte do gestor. A solução do líder 7.1- é trazer a situação para seu controle e encobrir ou suprimir o conflito, de modo que não interfira com o trabalho.

O conflito ameaça a capacidade de controlar, portanto o estilo de 7.1- faz o mesmo que em outras situações perigosas: ele imediatamente corre para atacar o conflito, em vez de procurar maneiras de resolvê-lo. O líder de estilo 7.1- inibe o conflito, tomando a decisão sozinho e defendendo ativamente seu ponto de vista. Esta abordagem não deixa margem para dúvidas e perguntas, proporcionando ao estilo 7.1- o controle rígido da situação.

O líder 7.1- tenta acabar com o conflito o mais rapidamente possível, a fim de manter a produtividade. Fazendo isso, o estilo 7.1- teimosamente rejeita quaisquer contra-argumentos e defende o seu ponto de vista de forma firme e rígida. Mesmo se o líder 7.1- entende o que está errado em uma situação de conflito, ele nunca vai concordar com seu adversário por causa do medo de demonstrar fraqueza.

Se o conflito não puder ser suprimido de imediato, o 7.1- pode tentar usar toda a gama de meios confiáveis: todos os seus poderes de posição (com a ênfase sobre as consequências negativas que esperam por aqueles que não concordam); sua autoridade pessoal e profissional (para envergonhar a oposição); a necessidade de seguir as instruções e regulamentos, seguindo escrupulosamente as obrigações. Ele também usa a situação para alertar outros sobre ações semelhantes. Rebaixamento, repreensão ou negação de uma recompensa podem ser usados como penalidade. Ao fazer isso, o 7.1- está convencido de que recuperou seu prestígio e alcançou consenso, ainda que por meio de intimidação. O líder 7.1- muitas vezes recua e tenta evitar o conflito, quando ele vê que não pode usar seu poder e autoridade para forçar os outros a aceitarem sua solução.

Normalmente, o líder 7.1- detecta o conflito em uma fase bastante tardia, quando o confronto por diferentes interesses e valores já ganhou forma explícita. No entanto, o 7.1- raramente analisa as causas e o histórico do conflito. Como regra, ele não se preocupa com a razão do conflito, isto é, os problemas e contradições que o causaram. O estilo 7.1- imediatamente procura por um bode expiatório. Nenhuma das partes interessadas está envolvida no processo de resolução e, como regra, os funcionários simplesmente são informados da decisão do líder.

Devido ao fato de que a causa do conflito não é encontrada, sua resolução acaba por ser superficial. O líder 7.1- evita um trabalho sistemático para superar conflitos, eliminando qualquer possibilidade de aprender com eles. Se o líder 7.1- atua como árbitro em um conflito, ele prefere não se concentrar nos detalhes, mas sim separar as partes conflitantes, enquanto os descontentes são movidos para outras posições.

Dentro de um conflito, o estilo 7.1- segue uma estratégia de confronto, com o objetivo de satisfazer seus interesses às custas do outro lado (com base em sua própria atividade e ação individual). O comportamento do estilo 7.1- em conflitos, eventualmente, implica em sua vitória e na perda de todos os outros funcionários.

O estilo 7.1- não é capaz de extrair energia positiva do conflito, superá-lo de forma construtiva. Ele não tenta esclarecer ou discutir suas possíveis causas. Em vez disso, a fim de identificar diferenças e discutir soluções, o 7.1- foca a supressão do conflito para um retorno imediato ao trabalho. Além disso, ele ignora o aspecto pessoal do conflito e muitas vezes resolve o problema dando origem a experiências dolorosas e insultos.

#### Competência comunicativa

A grande preocupação com produção faz com que o estilo 7.1- utilize principalmente um modelo de comunicação unilateral, de cima para baixo, que não implica diálogo e feedback. Este tipo de comunicação, embora focada na tarefa em mãos, ao mesmo tempo deixa para trás a informação que, à primeira vista, pode parecer desnecessária, mas muitas vezes é fundamental para o sucesso de todas as atividades. O líder 7.1- está convencido de que o acesso a informações organizacionais críticas deve ser dado a um número limitado de pessoas.

O estilo 7.1- está convencido de que na comunicação o mais importante é articular o problema, explicando o que deve ser feito, quando deve ser feito e quem são os executantes.

Portanto, o 7.1- acredita que ele tem a maior competência comunicativa, para que possa formular tarefas para seus subordinados de forma clara e adequada. A atenção aos sentimentos e preocupações dos subordinados, a fé em suas capacidades e a necessidade de tranquilizá-los e incentivá-los, tudo isso é considerado pelo líder 7.1- como algo desnecessário e até mesmo prejudicial, porque pode distrair do principal, que é o cumprimento de metas.

As informações necessárias para os assuntos que digam respeito a outros funcionários são exclusivamente recolhidas pelo líder 7.1-. Por exemplo, se ele é responsável por encontrar um novo escritório, ele fala com os especialistas para encontrar a melhor localização para o futuro escritório, mas não lhe ocorreria falar com as pessoas que trabalharão neste escritório. Do que elas precisam? Quais os problemas que podem ter neste escritório? O que elas poderiam recomendar? Mas estas são as pessoas que vão trabalhar lá e espera-se que tragam o sucesso da empresa. No entanto, o líder 7.1- considera desnecessário e até mesmo prejudicial consultar os colegas de trabalho, pensando o seguinte: "Não há necessidade de consultá-los. Eles, como sempre, vão reclamar, mas eu já sei do que eles precisam".

O estilo 7.1- controla o processo de trabalho monitorando constantemente e perguntando a todos sobre o trabalho realizado. No entanto, a abordagem do líder 7.1- à comunicação não incentiva as pessoas a discutirem qualquer coisa com ele. Este tipo de comunicação unilateral envolve apenas respostas sim/não, ou a mera repetição do que já havia sido dito.

O líder 7.1- corta a possibilidade de discussões com antecedência, usando frases como: "Isso é exatamente o que temos que fazer" ou "Você deveria..." A fim de interceptar perguntas e discussões desnecessárias, o líder 7.1- gosta de acrescentar: "Espero que tudo esteja claro!" Tais declarações não incentivam novos comentários ou ideias. Isto é especialmente verdadeiro se o estilo 7.1- tiver grandes poderes de posição. Neste caso, todos os funcionários têm de obedecê-lo e segui-lo sem uma palavra.

Esta abordagem de comunicação não sugere uma atmosfera de confiança e respeito mútuos entre as pessoas. Todos são cautelosos e têm medo de fazer perguntas; toda a equipe sofre com as consequências deste tipo de interação. O que o líder 7.1- chama de "troca de informações" mais parece um interrogatório. Esta abordagem torna-se um obstáculo no caminho para a circulação eficaz das informações dentro da organização. As pessoas começam a esconder informações vitais que poderiam melhorar a eficiência de toda a equipe. A relação das pessoas com o estilo 7.1- é baseada em um princípio: "Você se acha tão esperto, então junte você mesmo as peças".

Na comunicação, o líder 7.1- não vê e ignora as barreiras que podem impedir ou distorcer a compreensão. Parece-lhe que suas instruções são tão simples e claras que somente um funcionário preguiçoso ou estúpido não as entenderia. O modelo de diálogo e feedback com funcionários é inaceitável. Então, quando ele percebe que não foi entendido, ele inserirá peso às palavras e terá o cuidado de dizer: "E agora para aqueles que estão menos atentos, repito mais uma vez o que deve ser feito".

Em conversas, o estilo 7.1- frequentemente usa perguntas fechadas. Assim, os funcionários muitas vezes sentem que devem dar as respostas "certas". Eles sentem como se estivessem passando num exame, portanto sua iniciativa é suprimida e não é possível estabelecer uma relação de confiança. A própria forma como o líder 7.1- faz suas perguntas muitas vezes provoca uma reação de defesa e resistência, em vez de entusiasmo e sinceridade.

Ao defender sua opinião, o líder 7.1- tenta estabelecer critérios de desempenho com antecedência e concentrar a discussão nos resultados. Assim, a capacidade de empurrar sua opinião a qualquer preço se torna o principal critério para a eficácia de qualquer discussão. O estilo 7.1- não deixa espaço para expressões construtivas e sinceras de opinião, reduzindo assim o envolvimento pessoal de cada membro da equipe. Em circunstâncias como essa, muitos deles ficam relutantes em expressar suas opiniões e contribuir para o resultado global. A incapacidade de falar fortalece a tensão, agrava problemas sérios de forma mais profunda e reduz o compromisso e lealdade dos funcionários. A alienação e a perda da importância de sua contribuição para a causa comum reduzem a motivação e podem, eventualmente, ter impacto negativo sobre o desempenho organizacional.

**Posicionamento ativo**

O estilo 7.1- tem um ponto de vista ativo fortemente pronunciado, com base nos seguintes pressupostos:

1. Eu conheço a melhor maneira de alcançar a meta;
2. Se eu pedir a opinião dos outros, vou demonstrar fraqueza e perder o controle;
3. Não posso confiar em outras manifestações de iniciativa.

O entusiasmo e o desejo de lançar-se de cabeça no trabalho, sem qualquer hesitação, são característicos do estilo 7.1-. Ele geralmente tem altas habilidades profissionais e, como regra, é autoconfiante e não tem medo de assumir a responsabilidade. O estilo 7.1- geralmente vem para a reunião não para discutir algumas ideias com colegas e subordinados, mas para apresentar sugestões prontas, pois ele está disposto a implementá-las imediatamente. Tal comportamento mostra um baixo nível de preocupação com pessoas. O líder 7.1- apresenta seus planos projetados individualmente com confiança e convicção. Ele nunca tenta esconder sua atitude para com os outros, expressando-a com a frase: "Bem, está tudo decidido, agora vamos trabalhar".

A demasiada iniciativa do 7.1- muitas vezes afeta negativamente os outros. Ele normalmente corre para implementar o projeto antes que os outros tenham a oportunidade de conhecer as informações necessárias e desenvolver um entendimento comum do processo de trabalho. Os membros da equipe podem nem sequer entender o que ele apresentou como projeto, mas sentem-se desconfortáveis para fazer perguntas. O líder 7.1- geralmente conhece o tópico bem o suficiente, enquanto os outros permanecem desinformados. Atividades planejadas podem requerer procedimentos desconhecidos e um novo nível de responsabilidade, o que leva a mais e mais perguntas. Independentemente das razões pelas quais as pessoas se sentem anuladas, o estilo 7.1- não enxerga e não quer enxergar o efeito que seu ponto de vista ativo tem sobre os outros. O baixo nível de preocupação com pessoas não permite que o líder 7.1- entenda o envolvimento em atividades, necessário para cada membro da equipe. Naturalmente, todos querem entender a nova tarefa e realizá-la bem.

Quando discute sua posição, o líder 7.1- enfatiza categoricamente a veracidade de suas opiniões, que não podem ser discutidas. Ele aponta os pontos fracos dos outros e os obriga a encontrar desculpas e se preocupar com os seus erros reais ou imaginários. O líder 7.1- evita até mesmo o elogio por merecimento, pois ele teme que possa causar complacência no futuro e afetar negativamente os resultados.

O estilo 7.1- demonstra o seu melhor quando se trata de defender seus pontos de vista. Ele exibe as mesmas características de quando está tomando iniciativa. O líder 7.1- articula seus argumentos com confiança, deixando claro que sua opinião é a única correta e não pode ser alterada. Nenhuma sombra de incerteza ou dúvida será visível quando o líder 7.1- expressar seu ponto de vista. Suas opiniões são apresentadas de forma muito lógica e com conotação científica: baseiam-se em fatos e provas. As declarações são feitas de forma incondicional e até mesmo apaixonada, sem considerar opiniões diferentes: "Esta é a única maneira possível", "É impossível", "Todo mundo sabe que..." e assim por diante.

O líder 7.1- corta todas as tentativas de desafiar seus pontos de vista. Outras opiniões são rejeitadas categoricamente e com firmeza. Outras sugestões, opiniões e pontos de vista alternativos são percebidos como uma provocação e refutados por argumentos irrefutáveis e uma torrente de críticas. O estilo 7.1- não presta qualquer atenção em sua importância e validade. Aqueles que se atrevem a expressá-los, muitas vezes ficam moralmente destruídos sob uma corrente de argumentos ou críticas. Eles geralmente desistem, sentindo que é inútil lutar. Isto é particularmente verdadeiro se o estilo 7.1- tiver poderes de posição. Assim, os outros ficam ainda mais relutantes em falar ou fazer perguntas.

O método de defender seus pontos de vista parece mais uma luta, em que você ganha ou perde. Este gosto pela competição leva a uma situação em que até observações e opiniões corretas não tem absolutamente nenhuma chance de mudar o ponto de vista do líder 7.1-. Desvios da posição original são vistos pelo líder 7.1- como fraquezas que ele evita a qualquer custo. Ele com frequência é demasiado apaixonado ao defender sua opinião, não aceitando argumentos razoáveis contra ela. Nos casos raros em que o líder 7.1- é forçado a mudar de ideia, ele demonstra seu descontentamento e refere-se às circunstâncias: "Ok. Se você acha que é realmente necessário, eu desisto". O estilo 7.1- raramente muda de ideia, mesmo se um ponto de vista alternativo e mais eficiente estiver à mão. As exceções são os pontos de vista das autoridades superiores, que são geralmente aceitos sem uma palavra.

O líder 7.1- é confiante em suas habilidades o suficiente para assumir o risco e dar o primeiro passo na resolução de problemas de qualquer complexidade. A iniciativa do estilo 7.1- define um impulso poderoso para a interação do grupo em geral, mas a natureza dominante e imperativa desta iniciativa bloqueia o envolvimento de outros, reduzindo seu entusiasmo e confiança. Os membros da equipe não sentem seu envolvimento pessoal em alcançar o resultado se não participarem nas ações iniciais.

**Tomada de decisão**

A tomada de decisão, como vimos no capítulo anterior, é um processo complexo que envolve muitas etapas. No entanto, quando o líder 7.1- toma uma decisão, parece muito rápido e simples: "Eu decidi que vamos fazer assim!" Assim, os funcionários veem que o complicado processo de tomada de decisão, paradoxalmente, consistiu em apenas uma etapa, a própria decisão, aprovada sem discussão, consulta e envolvimento dos outros. Eles são simplesmente informados sobre o que devem fazer nesta situação.

A abordagem do líder 7.1- à tomada de decisão é unilateral e incondicional. Mas isso não significa que este estilo de tomada de decisão é sempre ineficiente. O estilo 7.1- muitas vezes alcança o sucesso devido à sua capacidade de tomar decisões difíceis rapidamente. Isto é particularmente valioso em situações de crise e de força maior.

As decisões do líder 7.1- são aceitas quase sem discussão e, em seguida, são declaradas como finais, com a transferência subsequente de orientações claras a cada membro da equipe sobre a implementação. Todo o resto tem que se contentar com algumas orientações sobre a implementação das próximas decisões. Algumas perguntas sobre a implementação ainda podem ser definidas, enquanto que quaisquer dúvidas ou sugestões alternativas não são permitidas.

O líder do estilo 7.1- prefere tomar decisões sozinho, com base em sua própria experiência, conhecimento, autoridade e responsabilidade delegada. Ele toma decisões com elevado enfoque sobre o assunto e é certo que executará o número necessário de etapas consecutivas. Mas ele faz tudo sozinho, sem atrair qualquer um dos membros da equipe. Esta abordagem individualista e direta muitas vezes sofre de falta de integridade ou realismo na percepção do problema, o que posteriormente impede a sua implementação efetiva.

O líder de estilo 7.1- geralmente não envolve quaisquer funcionários no processo de preparação, mesmo aqueles responsáveis pela implementação. Ele pode fazer algumas perguntas ou pedir um relatório necessário para a preparação, mas ele nunca envolve outros em discussões ou lhes diz por que precisa desta ou daquela informação. Sua lógica é a seguinte: "Eu sei o que é melhor." De seus subordinados ele precisa dos fatos, não opiniões. Essa abordagem leva ao conhecimento incompleto do assunto em questão, enquanto os membros da equipe podem fornecer todas as informações necessárias apenas quando sabem o que está acontecendo e sabem realmente por que são solicitados a fazer isto ou aquilo.

A maioria das boas decisões são tomadas em equipes onde há confiança e respeito mútuos. A falta de confiança e respeito leva a uma situação em que mesmo a decisão correta falha em desencadear motivação e envolvimento dos trabalhadores; assim, torna-se "empacada".

O estilo 7.1- acredita sinceramente que a decisão é uma prerrogativa exclusiva dos gerentes seniores, enquanto que tentativas de discutir suas decisões e soluções alternativas provocam seu ciúme. Ao mesmo tempo, a fim de enfatizar o seu direito de tomar decisões, o estilo 7.1- diria: "Desculpe, você não sabe de todos os detalhes", aludindo à sua posição de status e posse de informação disponível para um círculo limitado de pessoas. De acordo com o estilo de 7.1-, apenas a alta gestão pode saber tudo ou quase tudo.

**Crítica**

A crítica do estilo 7.1- é unilateral e não construtiva. Ele está sempre apontando para os erros e pontos fracos dos outros. Assim, de acordo com o estilo 7.1-, ele ajuda os outros a aprenderem com os erros cometidos e a aumentarem a qualidade do trabalho; mas a forma categórica e acusativa do estilo 7.1- normalmente não leva em conta os sentimentos, expectativas e motivações das outras pessoas. Assim, a crítica não funciona, produzindo o efeito oposto: as pessoas tomam uma posição defensiva e perdem o desejo de trabalhar melhor.

Ele pode fazer uma sessão de acusações na reunião geral, "para que todos possam aprender sua lição." O estilo 7.1- sinceramente acredita na eficácia de um método como esse. Sua lógica é simples e direta: todos os trabalhadores irão reconhecer seus erros, então não haverá necessidade de explicar cada caso separadamente e todos chegarão à conclusão correta por si. Mais frequentemente, no entanto, esta abordagem tem um efeito destrutivo, humilhando a dignidade humana dos funcionários e causando medo e ansiedade.

A abordagem do líder 7.1- na crítica não permite que os outros participem da discussão. O líder 7.1- impede os outros de expressarem seus pontos de vista, dando a explicação final: "Você está errado e eu vou lhe dizer por que..." ou "Eu não estou interessado" ou "Você não sabe do que está falando." Da mesma forma, resultados positivos são ignorados, ou comentados com os dentes cerrados. O sucesso é o único tipo de resultado que o líder 7.1- espera, por isso ele considera comentários positivos como um sinal de fraqueza e uma distração do trabalho, levando à complacência.

De todos os tipos de crítica, o 7.1- coloca ênfase especial na crítica a posteriori, quando o trabalho já está feito e é impossível corrigir qualquer coisa. O líder 7.1- raramente tenta descobrir as causas da falha, pois ele se lança com toda sua indignação sobre os trabalhadores que não foram capazes de alcançar bons resultados e, em sua opinião, são eles os culpados pela situação. Após tais críticas, os funcionários ficam muitas vezes desencorajados. Em geral, a crítica do líder de estilo 7.1- não é construtiva: "Pergunto aos outros, mas não gosto quando os outros me perguntam. Eu só faço perguntas significativas para saber se compreendi ou não e só obtenho as informações de que preciso no momento. Eu não preciso me familiarizar com ideias que não coincidem com minha visão sobre o assunto."

O líder de estilo 7.1- gosta de usar perguntas retóricas, que não implicam em qualquer resposta e indiretamente expressam sua atitude negativa, deixando os funcionários com a única opção de se explicar e dar desculpas. Ao ouvir as palavras "Por que você nunca faz nada no prazo?", o membro da equipe não entende completamente o que exatamente não tinha sido feito de forma correta e o que ele precisa fazer para mudar a situação. Assim, o funcionário não sabe como melhorar seu desempenho, mas sim vê a superioridade e atitude negativa veladas do líder 7.1-.

Expressa sob a forma de prescrições categóricas, a crítica do líder 7.1- não revela em que o funcionário estava errado e contém uma indicação direta do que deve ser feito: "Você tem que ser mais esperto", "Eu não vou permitir frustração dos planos do departamento!" Esta forma de crítica normalmente desencoraja os funcionários, causando uma sensação de resistência interna. O líder 7.1- muitas vezes usa outras formas de crítica não construtiva:

repreensões, acusações, sarcasmo e culpa que são particularmente inúteis quando expressas em um tom de desprezo e acompanhadas por gestos e expressões faciais agressivos.

## 4.7 Conclusões

O líder de estilo 7.1- traz determinação, foco em objetivos e oportunidades para o grupo. Ele é confiável no que diz respeito à obtenção de resultados, particularmente no contexto de força maior e escassez de tempo. No entanto, sua forma limitada de considerar as pessoas como um meio de atingir as metas produz efeitos negativos sobre a eficiência da interação. O baixo nível de preocupação com pessoas muitas vezes acaba por agir contra ele e seu potencial organizacional. O estilo 7.1- demonstra coragem, ele não tem medo de dizer nada ou de tomar uma decisão difícil. Ele é bem organizado, geralmente mostra solidez de ação e defende suas opiniões com uma confiança que se assemelha à paixão.

No entanto, suas atitudes, sua convicção de que as pessoas são preguiçosas e passivas e o exagero do seu próprio papel na organização podem anular sua grande preocupação com produção por duas razões. Em primeiro lugar, o líder de estilo 7.1- não entende a importância do envolvimento de outras pessoas no processo de interação, que na verdade é chamado de "equipe". Sua principal preocupação é a conversão dos recursos ($R$) em resultados ($R_e$). Ele não entende que não só ele mesmo, mas também outras pessoas podem trazer ideias criativas, confiança mútua, respeito e apoio à ZONA-I. Isto significa que a determinação e dedicação do estilo 7.1- muitas vezes têm uma visão limitada da missão e valores da organização e uma visão simplificada, unilateral do caminho para alcançar os resultados ($R_e$). Em segundo lugar, a baixa preocupação com pessoas e a compreensão reduzida (às vezes negligência) dos valores da cultura corporativa podem neutralizar a produtividade, pois os membros da equipe ficarão relutantes em implementar cegamente suas decisões individuais. Assim, em vez de compromisso, interesse no resultado e desejo de cooperação mais eficiente, os funcionários perdem a motivação e sentem uma resistência interna frente a quaisquer indicações do líder 7.1-. E tudo isso inevitavelmente afeta o resultado final.

# Estilo 7.1+ Paternalista (determinar e controlar)

5

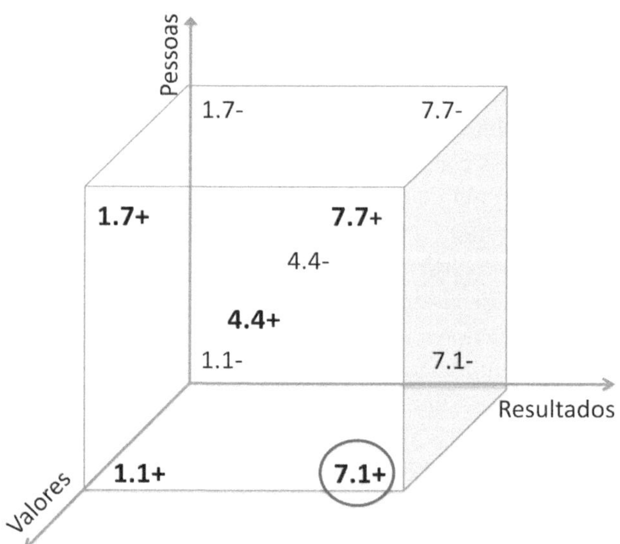


Alta preocupação com produção, baixa preocupação com pessoas, atitude positiva em relação ao trabalho e à organização, trata com indulgência os subordinados, que são percebidos como imaturos e necessitam de cuidados. Não aceita objeções, assume posição de tutoria e proteção. O líder 7.1+ define claramente as fronteiras do comportamento e toma iniciativas, tanto para si mesmo quanto para os outros. Ele aprecia e agradece o apoio da equipe, mas não aceita qualquer objeção.


A. Zankovsky, C. von der Heiden, *Liderança com Synercube*
https://doi.org/10.1007/978-3-662-55606-1_5

## 5.1 Características básicas do estilo 7.1+

O estilo 7.1+ percebe o mundo como ordenado, estabilizado e desenvolvido de acordo com modelos há muito conhecidos, incluindo um modelo de família que define aos pais uma principal tarefa – cuidar, ensinar e, se necessário, punir seus filhos. A identificação com os pais dos membros da equipe nos permite caracterizar o estilo 7.1+ como paternalista (derivado da palavra latina *pater* que significa "pai"). O líder 7.1+ é convencido de que seus subordinados, independentemente da sua idade e habilidades profissionais, são ainda imaturos e dependentes. Eles continuam sendo crianças que necessitam de supervisão e orientação gentil e compreensiva por parte dos pais. Eles podem definir e decidir algumas questões sem importância por si mesmos, mas para os assuntos mais importantes precisam de mentor sábio e experiente, que lhes diz ou indica o que fazer.

À primeira vista pode parecer que a relação entre o líder paternalista e seus colegas, que é semelhante à relação entre pai e filho, deveria ter classificação muito mais alta na escala de "preocupação com pessoas". No entanto, o nível mais alto de preocupação com pessoas significa que a pessoa é capaz de levar em conta e compreender as opiniões, pensamentos e sentimentos de outras pessoas, ouvir com atenção seus problemas pessoais e profissionais e cuidar de seu desenvolvimento e bem-estar. O alto nível de preocupação com pessoas, expressa da forma certa, dá confiança às pessoas e permite que os membros da equipe confiem uns nos outros e comuniquem suas ideias de forma aberta e honesta.

A noção de cuidado do estilo 7.1+ é diferente. O líder 7.1+ é condescendente com todos, independentemente da idade e habilidades profissionais, tratando seus subordinados como crianças imaturas que necessitam de supervisão e orientação dos pais. Portanto, o estilo 7.1+ realmente não considera necessário tratar com cuidado e tentar compreender suas opiniões, pensamentos e sentimentos. Para que? Eles precisam de orientação e ajuda. Ainda não são capazes de lidar com suas prioridades, problemas profissionais e pessoais por si próprios. É o líder 7.1+ que sabe o que eles precisam, o que é certo, quais problemas são ou não importantes.

A natureza real dos cuidados do 7.1+ torna-se particularmente evidente nos casos em que outros não concordam com o papel de pessoas dependentes e imaturas. Eles querem ser levados a sério e tratados com respeito, querem ser ouvidos, querem ter o seu profissionalismo reconhecido, querem confiança, não controle. Numa situação como essa, o líder 7.1+ muitas vezes instantaneamente se transforma em um pai rigoroso, que pode lhes aplicar uma dura palmada.

O líder 7.1+ pode sentir-se francamente e profundamente indignado, pois não pode imaginar porque alguém rejeita seu cuidado paternal. Seus slogans são: "É para o seu próprio bem!" "Me seguir é o melhor para você". E como o pai atencioso muitas vezes sente um rancor contra os filhos que crescem e buscam independência, assim também pode o líder 7.1+ dar uma resposta emocional negativa às tentativas dos membros da equipe de mudar para relacionamentos de paridade e parceria.

O paternalismo é o estilo de liderança mais comum e pronunciado em empresas prósperas. Este estilo é uma espécie de versão "nova e melhorada" do líder autoritário. O líder de estilo 7.1+ mostra força, confiança e coragem que permitem à empresa atingir os resultados desejados e, ao mesmo tempo, cuidar das pessoas que trabalham com eles. Paternalistas são frequentemente considerados como autocratas benevolentes, pessoas que procuram não só controlar o comportamento dos outros, mas também fazê-los sorrir e dizer "obrigado". Esses líderes geralmente têm muita experiência em seu campo e querem compartilhar este conhecimento através da participação em cada evento ou projeto que pode ser útil para os negócios. O paternalista ajuda os outros, mesmo que não peçam ajuda ou que ela seja evidentemente desnecessária. O problema é que, ao fazer tanto, o paternalista cria uma sensação de dependência nos demais, em última análise limitando sua participação em uma causa comum.

O líder de estilo 7.1+ visa elevados padrões de trabalho e espera o mesmo dos outros. Qualquer um que atenda a esses requisitos recebe remuneração sob a forma de prêmios, benefícios e pagamentos. O estilo 7.1+ acredita que um membro da equipe que aceita suas regras deve mostrar bons resultados no trabalho; e o líder 7.1+ apoia e incentiva ativamente estes resultados. Para aqueles que não querem obedecer, o líder de estilo 7.1+ aplica uma atitude bastante diferente, que se expressa através de inspeções mais frequentes e em afirmações como: "Prove-me que você é digno do meu apoio" e "Estou fazendo isso para o seu próprio bem".

Boas intenções não permitem que o paternalista perceba que seu comportamento suprime os outros. Essa cegueira leva ainda para o fato de que as pessoas começam a dizer ao paternalista apenas as palavras que ele quer ouvir: "Acho que é uma boa ideia, chefe". Paternalistas muitas vezes interrompem os funcionários para expressarem suas sugestões e imporem suas ideias. Como resultado, eles não têm nenhum desejo de falar o que pensam, especialmente se o paternalista detém uma posição superior. Aqueles que estão sendo ajudados à força se cansam da presença do supervisor permanente e da interferência em suas vidas; eles não gostam de ver todas as decisões sendo tomadas e todos os frutos sendo colhidos por seu chefe. Eles se sentem como crianças que há muito cresceram, mas cujos pais não querem admitir que já são adultos.

O líder 7.1+ tenta criar um ambiente no qual ele seria reverenciado e respeitado como um líder rigoroso, inteligente e atencioso. Ele também quer ser visto como um mentor, cuidador e "um cara legal" (por exemplo, um gerente sênior paternalista geralmente fala com os funcionários de forma deliberadamente cuidadosa, simpática e atenciosa). O paternalista visa assegurar que as pessoas sejam dependentes dele, para que ele possa decidir por elas: "Eles mesmos estão esperando que eu controle este projeto"; "Com a minha ajuda, eles serão capazes de fazer um grande trabalho neste projeto". A expressão favorita do paternalista é: "Eu acho que você deveria..." e a frase que muitas vezes ele ouve de outros: "Por favor, me diga o que você pensa sobre isso".

O padrão de excelência estabelecido pelo líder 7.1+ pode ser resumido da seguinte forma: "Todo mundo deveria tentar ser como eu". Ele estabelece normas comportamentais e de trabalho que refletem seus próprios valores e expressa desaprovação quando os empregados desviam-se dessas normas. Assim, se o líder 7.1+ prefere qualquer forma particular para formalizar sugestões, ele espera que os funcionários elogiem esta forma e formalizem suas sugestões assim também. Se ele faz sua apresentação usando apenas um certo padrão, os outros o adotam, pois isso será elogiado. O líder 7.1+ pode até mesmo esperar que seus subordinados tenham os mesmos interesses, gosto para se vestir ou forma de discurso. A independência e individualidade dos outros são consideradas como desafios para a perfeição do paternalista; assim ele resiste dizendo: "A ideia é boa, mas é melhor fazer como eu disse". Este tipo de comentário pode ser feito de forma educada ou dura, se implica em desaprovação: "Você está determinado a fazer do seu jeito, estou certo?" No entanto, seu ponto de vista é positivo, já que os valores que ele impõe são os valores ideais da cultura corporativa ideal.

## 5.2 O estilo 7.1+ em cooperação coletiva

Os exemplos a seguir mostram as respostas típicas do líder 7.1+ para diferentes situações.

Se um membro da equipe falha em fazer sua parte do trabalho:

O líder 7.1+ manifesta sua decepção e desaprovação. As consequências do fracasso podem variar de observações destinadas a induzir um sentimento de culpa – "Eu pensei que podia contar com você para isso" - a um aviso – "temos que conversar seriamente sobre o seu futuro em nossa empresa". O grau de punição depende da natureza das relações entre o paternalista e o funcionário. Qualquer um que estiver desfavorecido será condenado e punido mais severamente. Para aqueles que são favorecidos, o líder 7.1+ aplica sanções menos severas, talvez até mesmo incentivo ou elogios: "Acredito que no futuro você vai corresponder".

A resposta do estilo 7.1+ a uma crítica construtiva de um membro da equipe:

Embora o líder 7.1+ não demonstre, ele sempre se sente ofendido por qualquer tipo de crítica por parte de outros funcionários. Ele toma uma declaração crítica como um ataque pessoal e tenta se defender. Se a maioria dos funcionários apoiar o paternalista, ele pode chamar seu adversário de dissidente e aplicar um castigo. No entanto, na maioria das vezes o paternalista simplesmente expressa o seu descontentamento, sua atitude se torna mais fria, ele para de sorrir educadamente e pode até fingir que não percebe o funcionário em questão. O líder 7.1+ deve certificar-se de que suas ações produziram o efeito desejado sobre o "culpado" e em outros que podem querer questionar sua autoridade. Quando o paternalista vê que a lição foi aprendida, ele cai nas habituais relações calorosas. Se a negligência do paternalista sobre a observação crítica leva a resultados negativos, ele pode começar a culpar os outros, para instilar neles um sentimento de culpa: "Isso é o que acontece quando eu não recebo todas as informações que eu preciso com antecedência" ou "Eu trabalho demais e não posso corrigir todos os erros sozinho".

O líder 7.1+ canaliza a energia da equipe numa falsa direção, desviando a atenção das pessoas de O QUÊ seria apropriado na situação e focando QUEM está certo. O verdadeiro padrão de excelência é substituído pela visão pessoal do paternalista. A equipe do líder 7.1+ só é eficaz quando ele é eficaz, pois o paternalista controla os recursos (R) e a relação na ZONA I. O líder 7.1+ toma o controle da informação e coordena as atividades da equipe;

ele também monitora os discursos críticos dos colegas e suas respostas a eles. Este é o mesmo controle unilateral sobre as pessoas que vimos no estilo 7.1-, mas o paternalismo é mais atraente no curto prazo. Em contraste com o estilo 7.1-, paternalistas parecem pessoas amigáveis e solidárias. Paternalistas apelam para as necessidades de segurança das pessoas, oferecendo-lhes cuidado, incentivo e apoio, o que torna um confronto com ele muito mais difícil. Depois de receber esse apoio, acompanhado de intenções sinceras, ninguém quer ferir os sentimentos do paternalista.

Esta limitação de oportunidades, em última instância, provoca ressentimento e indignação dos membros da equipe, porque eles não conseguem realizar seu pleno potencial. Além disso, se o paternalista é o líder da equipe, as pessoas consideram esta uma desvantagem adicional, porque o paternalista pode usar e até mesmo abusar de sua posição. Embora a sua abordagem seja um pouco mais atraente do que a do 7.1-, ainda é um controle primitivo. A pressão do paternalista não permite que os funcionários sejam francos e abertos uns com os outros. Com o tempo, os membros da equipe se cansam da descrença, do tom condescendente e da manipulação e começam a perceber o paternalista apenas como um supervisor egoísta. Isto eventualmente leva à indignação.

Se o líder 7.1+ tem seus "muito queridos", isso contribui para o senso coletivo de injustiça e leva a relações tensas entre aqueles que são favorecidos e os que não são. Os membros da equipe que não pertencem ao "círculo" ficam irritados pelo fato de serem cobrados por um padrão mais elevado do que aqueles que são favorecidos e eles têm de trabalhar mais para atender às demandas excessivas, sem apoio e remuneração. Os "favorecidos" se sentem superiores e se permitem ter um comportamento pretencioso com os outros funcionários, porque eles sabem que o 7.1+ está do seu lado. Essas relações polarizadas criam más condições de trabalho dentro da equipe. Os funcionários ficam mais preocupados com o fato de que eles estão em condições desfavoráveis do que com o trabalho e a promoção.

Para a equipe, os padrões de excelência estão limitados aos objetivos do paternalista. Se o líder 7.1+ toma uma decisão errada, os outros funcionários não só irão sofrer as consequências, mas também podem ser culpados, já que o paternalista não pode admitir o seu erro. E em vez de estarem envolvidos em suas funções, aumentando a eficiência e tentando se sentir pessoalmente envolvidos em uma causa comum, os funcionários concentram toda sua atenção em formas de agradar o líder 7.1+ e não entrar em apuros.

Se o problema for resolvido com sucesso, uma vez que todas as outras alternativas foram ignoradas, o líder 7.1+ recebe todos os cumprimentos e elogios pelo resultado alcançado, apesar de tudo parecer falso. Os "favorecidos" também terão sua parcela de elogios, embora paradoxalmente tenham oferecido menos recursos. Da mesma forma, o trabalho feito pelos "dissidentes" é muitas vezes subestimado ou totalmente ignorado, causando mais ressentimento.

O líder 7.1+ trata os outros mais como membros da família do que como funcionários, o que torna a relação muito pessoal. Como um pai, o paternalista quer ensinar seus "filhos" como trabalhar, usando incentivos e sanções a fim de influenciar seu comportamento. Os funcionários são incentivados a tomar iniciativa e assumir responsabilidades, mas apenas na medida do que é descrito pelo estilo 7.1+ como aceitável. Assim, as pessoas deixam de

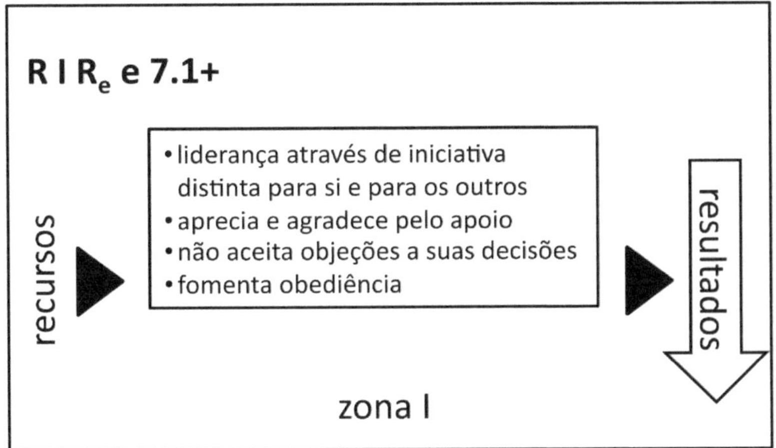


**Fig 5.1** 7.1+

analisar a situação e não sabem como avaliá-la adequadamente. No final, quando há necessidade de expressar suas próprias opiniões, eles se sentem impotentes e indefesos. Eles perguntam em confusão: "O que vamos fazer agora?" E esperam por orientação.

## 5.3 A ZONA I e o estilo 7.1+

A pirâmide hierárquica com o paternalista no topo é a base para o modelo de relacionamento paternalista. O paternalista considera-se responsável por tudo e todos e vê os outros membros da equipe como seus subordinados, cujo trabalho o afeta pessoalmente de forma direta. Isto leva ao fato de que ele tem uma atitude tipo: "Se eu quiser algo bem feito, devo fazê-lo sozinho". Este sentimento de responsabilidade excepcional não lhe permite conceder responsabilidade a outros. As únicas exceções são as pessoas em quem o paternalista confia como em si mesmo (Fig. 5.1).

O paternalista se sente mais confortável quando está em pleno controle da relação. Por exemplo, se o paternalista trabalha no departamento de polícia e a polícia precisa realizar uma operação, ele se comporta de forma muito agressiva, instruindo o resto. Durante a operação, o paternalista considera seu dever controlar tudo: "Quando você estiver pronto, vamos verificar tudo juntos" ou "Informe-me sobre cada passo seu". Ele vai tentar estar lá para ter certeza de que tudo será feito da forma como tinha sido instruído e imediatamente intervirá se o funcionário começa a fazer algo diferente. Ele não dá qualquer oportunidade de fazer qualquer coisa além das instruções e prescrições.

A atitude do líder 7.1+ pode ser difícil de reconhecer, porque o controle e domínio externos podem parecer discretos e o observador casual pode considerar as relações bastante normais. As pessoas que trabalham com o paternalista entendem rapidamente o que devem fazer para evitar punições. Um paternalista insatisfeito vai, em primeiro lugar, demonstrar sua insatisfação não verbalmente, então ele irá articular um aviso na forma de uma breve análise do que está acontecendo, ou observações suaves que na superfície não parecem ser opressivas ou controladoras. O paternalista pode sorrir e dizer em voz simpática e gentil: "Fiquei surpreso quando soube que você não concorda com o meu plano. É interessante você não ter usado a oportunidade que eu te dei". Tal tom quase benevolente cria a impressão de um líder amigável, solidário.

Outra razão pela qual é difícil reconhecer um paternalista sob o disfarce da benevolência é pelo fato de que sua pressão torna-se uma força motriz positiva para o processo de trabalho organizacional, aparentemente tudo parece bem, as pessoas parecem felizes e interessadas. Mas em tal atmosfera os membros da equipe se tornam dependentes de elogios e cumprimentos, vivenciando desconforto. Uma vez que essas relações estejam estabelecidas, o paternalista não precisa de punição severa para obter os resultados desejados, pois a falta de elogios em si é castigo suficiente.

Se um indivíduo não puder ser manipulado pelo paternalista, ele usa a ajuda de seus fiéis seguidores e toma medidas destinadas a persuadir o impertinente e fazê-lo consentir. Dependendo do relacionamento atual, tais ações podem variar de leves a muito pesadas. Em alguns casos, é suficiente recusar o apoio amigável, em outras situações uma observação basta. Às vezes o total controle pode ser punição, ou uma exclusão da participação num projeto. Se o paternalista não tem certeza se pode contar com a lealdade de um membro da equipe, ele pode transferi-lo para outro departamento ou até mesmo demiti-lo. Tais medidas duras são consideradas como úteis, porque elas também intimidam o restante, caso de repente eles decidam questionar a hegemonia do paternalista.

Em última análise, o comportamento do líder 7.1+ é destrutivo, porque os membros da equipe desenvolvem um senso de dependência. Com o tempo, eles param de se esforçar para fazer o que é necessário e passam a fazer o que o chefe quer. Eles se sentem oprimidos e desenvolvem uma atitude face ao trabalho que pode ser expressa da seguinte maneira: "Eu sei o que preciso fazer para sobreviver aqui" ou "Não importa se estou certo ou não, se o meu acerto pode levar a um conflito".

## 5.4 Cultura e valores 7.1+

*Cultura patriarcal*

Todo o trabalho está sendo realizado para servir os interesses da organização. O líder 7.1+ define um exemplo de eficiência pessoal no trabalho e espera alta motivação e os melhores esforços dos funcionários. Ao mesmo tempo, um resultado médio não é bem-vindo. O estilo 7.1+ delega tarefas, mas não deixa espaço para a implementação real dessas tarefas. Ele supervisiona e adverte sobre possíveis erros e, portanto, torna impossível qualquer espontaneidade no comportamento dos funcionários. O líder 7.1+ está convencido da infalibilidade e infinidade do seu conhecimento e confia inteiramente em si mesmo. O líder 7.1+ exige e elogia o bom trabalho, incentiva os membros da equipe a agirem de acordo com suas expectativas e espera uma resposta de gratidão em troca. As pessoas que contradizem o líder 7.1+ ou questionam suas recomendações ou críticas são avisadas sobre a inadmissibilidade de tal comportamento. O líder 7.1+ espera admiração e aprovação, ele não permite que as pessoas o contradigam. O líder 7.1+ está até mesmo disposto a perdoar erros, mas não oposição. O estilo 7.1+ foca o sucesso da empresa e todos os seus esforços são dedicados a isso. A alta preocupação com resultados e valores e, ao mesmo tempo, o foco nas pessoas fracas, se manifestam no trabalho diário na forma de comportamento seletivo com as pessoas e percepção seletiva dessas pessoas. O estilo 7.1+ quer mostrar sua autoridade, ele gosta do papel de líder, espera elogios e honrarias dos outros e acredita que esta é a única maneira de alcançar bons resultados. O líder 7.1+ é convincente, informado, confiante, generoso, exigente e rigoroso.

*Confiança.* A principal característica do líder 7.1+ é sua identificação com os pais dos membros da equipe, que são percebidos como imaturos e dependentes. Independentemente da idade e profissionalismo, eles ainda permanecem em grande parte filhos para ele, que precisam de supervisão e orientação gentis e compreensivas. Portanto, eles devem confiar no líder 7.1+ de forma total e completa, enquanto ele não pode confiar em pessoas imaturas. Eles podem ser confiáveis para resolver e definir questões sem importância, mas para as mais importantes eles precisam de mentor sábio e experiente, que lhes diga o que fazer. Apenas os funcionários que viriam até o líder 7.1+ buscando aconselhamento e apoio são totalmente confiáveis. Assim, a confiança é substituída pela dependência imatura de uma figura de autoridade e medo de não justificar sua boa vontade e cuidado. Relações assimétricas do tipo "pai-filho" não permitem estabelecer a confiança real, criando um clima de incerteza, ansiedade e medo, que é parcialmente neutralizado pelo sincero desejo do líder 7.1+ de atingir as metas organizacionais e fornecer apoio completo para a equipe.

*Justiça.* O estilo 7.1+ está convencido de que ele é uma pessoa eminentemente justa. Suas soluções e abordagens são certamente justas já que ele, melhor do que os funcionários, sabe do que eles precisam e o que eles merecem. O líder 7.1+ sinceramente deseja apenas o bem a seus subordinados. Em prol da justiça superior, os membros da equipe não só devem seguir seu conselho, mas também sentir gratidão por ele. Os funcionários que fazem seu trabalho diligentemente podem merecer especial gratidão do pai e se tornar "os queridinhos" do chefe. Mas, mesmo neste caso, eles devem respeitar as regras de bom comportamento definidas pelo paternalista. Aqueles que não querem assumir o papel de crianças merecem uma punição "justa".

*Comprometimento.* O estilo 7.1+ considera o compromisso com a organização como obediência cega e estrita observância das instruções e conselhos de uma figura de autoridade. De acordo com o líder 7.1+, os funcionários devem perceber sua organização (departamento, grupo) como sua própria família e identificar-se com seus papeis determinados pelo *pater familias*, ou seja, pelo líder 7.1+. Além disso, se as ideias, interesses e objetivos individuais dos funcionários refletem os pontos de vista e opiniões do líder 7.1+, eles serão levados em consideração e apoiados. Em um caso diferente, o líder 7.1+ explica claramente todos os inconvenientes de sua posição para o membro da equipe e sugere a única maneira certa. Assim, a identidade da pessoa na organização é reduzida ao papel de uma pessoa insegura e imatura, que precisa de cuidados constantes. No entanto, os funcionários que aceitaram esses papéis vivenciam um compromisso sincero com seu líder e seu departamento.

*Responsabilidade.* O estilo 7.1+ é caracterizado pela orientação sobre os objetivos e valores estáveis e confiáveis da organização. Particularmente, diz respeito a situações e departamentos em que os funcionários estão dispostos a aceitar o papel atribuído pelo líder 7.1+. Como regra geral, esse papel não é aceito pelos membros da equipe com elevado profissionalismo, experiência e necessidade de independência e autonomia. Neste caso, conflitos graves são inevitáveis; superá-los exige um esforço considerável de ambos os lados. O estilo 7.1+ está comprometido com alta responsabilidade social, com base na atitude básica de ajudar e apoiar os outros (de acordo com seu próprio entendimento subjetivo). O líder 7.1+ é intimamente convencido de que a organização é obrigada a cooperar com as instituições públicas e participar na resolução de problemas sociais.

*Integridade.* Integridade na compreensão do líder 7.1+ é expressa no desejo aberto e sincero de apoiar os membros da equipe e ajudá-los a se tornarem mais eficientes (de acordo com sua própria compreensão subjetiva). Se um membro da equipe assume o papel atribuído pelo líder 7.1+, a atitude é altamente orientada para a abertura e honestidade. Por que se esconder e se envergonhar, se somos uma boa família? No entanto, a falta de confiança real e a manutenção de informações organizacionais importantes apenas para uso pessoal impactam negativamente a transparência e abertura nos relacionamentos. No caso de um conflito que é inevitável quando o papel de criança é rejeitado, a situação muda drasticamente: a abertura e transparência são transformadas em ações fechadas e secretas dos lados opostos. Portanto, o quadro geral do desempenho organizacional torna-se bastante controverso, causando ansiedade e estresse.

## 5.5 Cultura e poder 7.1+

*Concentração no poder da posição e de especialista*

*Punição.* O estilo 7.1+ raramente usa a punição como um mal necessário que deve ser tolerado e usado para bons propósitos de educação. A gama de punições é bastante estreita e é geralmente limitada a meios relativamente suaves: desaprovação, comentários e reprimenda paternal. A punição pode ser expressa na privação do cuidado e atenção por parte do líder 7.1+. Muitas vezes o líder 7.1+ explica o que é bom e o que é ruim e, portanto, o agressor tem uma segunda chance para se comportar corretamente e ser perdoado. Um comportamento como esse leva ao fato de que os membros da equipe evitam expressar suas próprias ideias por medo de perder o favorecimento. Este tipo de poder é em maior medida representado potencialmente: "Bem, se você não entender da forma mais fácil, podemos falar seriamente". O grau de punição não depende de uma escala real de erro ou má conduta, mas da vontade ou falta de vontade do "infrator" de assumir o papel de criança e voltar ao sistema de papeis habitual.

*Recompensa.* O estilo 7.1+ considera a recompensa como um meio eficaz de educação. Com base na crença de que todos os funcionários não são maduros o suficiente e não estão prontos para trabalhar de forma independente, o estilo 7.1+ faz da recompensa aos funcionários sua prerrogativa exclusiva: ele define quem é digno de recompensa e em que esta recompensa consistirá. Portanto, os critérios para as recompensas são muitas vezes mal conectados às realizações reais dos funcionários. Ao recompensar um funcionário por um bom trabalho, o líder 7.1+ o faz com algum subtexto: não é apenas pelos resultados, mas também pelo comportamento e respeito corretos. Ele recompensa e põe como exemplo apenas aqueles que incondicionalmente aceitam o papel de uma criança e rigorosamente seguem suas instruções.

*Posição.* A posição de status na organização reflete em grande parte a posição de pai do líder 7.1+ na vida em geral. Portanto, ele não está tentando enfatizar sua posição, pois ele a considera algo inquestionável. Ele não tenta manter uma distância da equipe, reivindicando um relacionamento próximo, quase familiar. Ele tem que enfatizar sua autoridade apenas se um sistema de papeis "pai-filho" não for aceito por um membro da equipe. O poder de persuasão da posição do líder 7.1+ é que, impondo sua opinião, ele está baseando-se em seu conhecimento, experiência e desejo sincero de ajudar a encontrar a melhor solução.

*Informação.* A troca de informações com o estilo 7.1+ pode parecer um diálogo, mas na verdade é um padrão de cima para baixo, utilizado principalmente para a transmissão de instruções, conselhos e orientações aos subordinados. O volume de informações não se limita ao conteúdo das tarefas organizacionais e muitas vezes inclui temas e questões extra organizacionais, até mesmo a vida pessoal. Acreditando que as informações pessoais não são relevantes para o ambiente organizacional, alguns funcionários explícita ou implicitamente rejeitam tal intervenção em suas vidas pessoais. O estilo 7.1+ prefere deixar as informações organizacionais importantes para uso pessoal, supondo que os funcionários não estão prontos para tratá-las corretamente. Algumas informações são, por vezes, deliberadamente distorcidas, a fim de reforçar a posição do paternalista. Informações que não correspondem aos pontos de vista e intenções do líder 7.1+ são ignoradas ou rejeitadas. Contra-argumentos são geralmente sujeitos a reformulação, a fim de cumprir com a ideia original do líder 7.1+.

*Especialista.* Como regra o estilo 7.1+ tem alta competência profissional e experiência, ele é bem organizado e focado em alcançar metas elevadas. Ele sinceramente compartilha dos objetivos e valores da organização. Ele não tenta mostrar sua supremacia. A ideia de seu alto status, experiência e profissionalismo reduz a motivação intrínseca para buscar novos conhecimentos. O líder 7.1+ não considera seus subordinados como fonte de novos conhecimentos e habilidades. Ele foca constantemente o treinamento e desenvolvimento dos seus subordinados, mas somente se estiver de acordo com suas ideias.

*Referência.* O estilo 7.1+ tenta ser um modelo de líder experiente, sábio e bem sucedido, que está preocupado com uma causa comum e compartilha os resultados mais do que ninguém na organização (departamento, grupo). É em virtude de sua experiência, qualidades pessoais e profissionais que ele se torna um mentor sábio que pode ajudar todos os membros da equipe a se saírem bem não só no trabalho, mas na vida em geral. Essa mentalidade pode ser percebida pelos funcionários tanto de forma positiva como negativa. Um desejo sincero de ajudar e apoiar e a grande experiência e profissionalismo permitem que o líder 7.1+ aja como uma figura de referência para os funcionários que estão de acordo com uma determinada função. Relutância em assumir esse papel implica em conflitos e perda da influência da referência.

## 5.6 Habilidades de cooperação do estilo 7.1+

**Resolução de conflitos**

Para o líder 7.1+ o mundo é uma família respeitável que tem tradições e vive feliz, sem conflitos internos e contradições graves. O conflito ameaça a autoridade do líder 7.1+ e sua capacidade de alcançar bons resultados, portanto o representante deste estilo tende a superar o conflito pela força, decidindo unilateralmente e explicando o potencial destrutivo de situações de conflito para todos. O 7.1+ percebe o conflito como um mal-entendido: a equipe apenas não entende completamente o que é certo e como se comportar.

Ele acredita que o conflito é um sinal de fraqueza para a organização, para ele mesmo e para os outros. Bons funcionários, de acordo com o paternalista, rapidamente percebem que, ao seguir suas instruções, imitando-o e sentindo um profundo sentimento de gratidão, eles escolhem uma estratégia ideal. É a única forma de garantir o sucesso da organização. Se eles resistem, argumentam, expressam crítica e dúvidas, isso é considerado comportamento infantil, imaturo, que só vai prejudicar a todos. O líder 7.1+ considera o conflito inadmissível, uma vez que viola a harmonia da cultura patriarcal. A resposta do líder 7.1+ é trazer a situação para seu controle e resolver o conflito com base em sua visão e status.

O líder 7.1+ se considera responsável pela redução de todas as contradições entre os membros da equipe. Ele incentiva os funcionários a serem leais e está pronto para puni-los ou recompensá-los, a fim de fomentar cooperação comum e apoio mútuo. O líder 7.1+ resolutamente bloqueia quaisquer objeções e dúvidas sobre suas instruções.

A resolução de conflitos está baseada na autoridade do líder 7.1+ e em um sistema de recompensas e punições que ajuda a controlar o comportamento dos funcionários. O paternalista se apresenta como um modelo e se sente no direito de levar as pessoas até onde elas, em sua opinião, deveriam estar. Elogios, privilégios e recompensas são usados para estabelecer a ordem e os membros da equipe logo percebem que não há outro caminho, exceto apoiar o paternalista. Isto normalmente leva ao fato de que a equipe cria uma atmosfera de falta de sinceridade com o paternalista. Eles fingem que expressam apoio ao paternalista e aprovam suas ações, mesmo que muitas vezes internamente não concordem com ele. Isso lhe dá uma falsa sensação de confiança de que tudo o que ele está fazendo é certo. O ego do paternalista é ainda mais forte sem feedback adequado, porque ninguém quer expressar sua discordância com o paternalista e, assim, provocar um conflito com ele.

Quando surge um conflito, o paternalista se esforça para não perder sua autoridade, para não distorcer a sua imagem de "líder respeitado." Uma vez que o líder 7.1+ não gosta de se envolver em conflitos que possam pôr em dúvida sua autoridade, as primeiras tentativas de resolver o problema geralmente são leves: comentários feitos de forma educada e expressões de desaprovação. Esta técnica muitas vezes funciona porque os funcionários entendem muito bem o humor de seu chefe bem e sabem o que está por vir. Portanto, eles muitas vezes comentam sobre seu humor e planos em suas costas: "Fique longe dele hoje, ele está de mau humor" ou "Ele está de bom humor hoje. Tente aproximar-se dele com sua sugestão, certamente ele irá aprová-la."

Se a desaprovação amena de um conflito não funcionar, o líder 7.1+ começa a agir de forma mais decisiva. Pode haver observações abertas ou comentários de desaprovação dissimulados durante uma reunião geral. O paternalista não gosta de fazer comentários de desaprovação, porque viola o seu modelo de organização como uma família patriarcal coesa. Portanto, ele sinceramente expressa sua preocupação e pesar sobre o conflito e "problemas terríveis", na esperança de fazer os funcionários lamentarem o que aconteceu, bem como perceber todas as más condutas e erros.

Se isso falhar em extinguir o conflito, o líder 7.1+ adota medidas mais rigorosas para punir os "agressores". A punição é normalmente expressa no estigma associado àqueles que não conseguem se acalmar e parar o conflito, então os agressores ficam privados da benevolência paternalista. Se o conflito assumir o palco, o líder 7.1+ é forçado a usar o último argumento e punir publicamente o culpado. É improvável que o paternalista perdoe rapidamente. O culpado pelo conflito terá que trabalhar duro para restaurar a atitude anterior do chefe.

Se o líder 7.1+ cruza com um conflito entre seus subordinados ele voluntariamente serve como um árbitro, descobrindo a posição dos lados em oposição e encorajando a paz baseada em concessões. Ele usa todas as oportunidades para explicar e convencer a equipe da inadmissibilidade do conflito e possíveis danos tanto para a organização como um todo como para cada uma das partes em conflito.

#### Competência comunicativa

A alta preocupação com produção e baixa preocupação com pessoas faz com que o 7.1+ use um estilo de comunicação de mão única, de cima para baixo, que não implica em diálogo e feedback. No entanto, o alto foco em uma causa comum, nos ideais e valores da cultura corporativa, torna mais eficiente a comunicação do líder 7.1+ com os funcionários em comparação com a comunicação do estilo 7.1-; o modelo paternalista de uma organização familiar expressa mais os interesses e valores da maioria dos funcionários do que o modelo autoritário. A convergência de valores e os cuidados com a causa comum são parcialmente compensados pela comunicação unilateral. No entanto, a falta de feedback torna impossível um ajuste do comportamento do próprio líder 7.1+ e deixa as informações para os funcionários, que são necessárias para alcançar bons resultados, fora do foco de atenção.

A comunicação, de acordo com o estilo 7.1+, executa duas funções importantes:

1. Estabelecer e alcançar a meta;
2. Reforçar a estrutura paternalista ("pai-filho") que, conforme o líder 7.1+ acredita, é a única adequada.

A primeira função é fornecer uma declaração clara das metas e objetivos, coordenando a interação, gestão e controle; a segunda é convencer os funcionários de que somente a vontade de seguir as instruções, o profundo respeito e a confiança nas palavras e ações do chefe podem garantir o sucesso da organização como um todo e de cada funcionário individualmente.

O estilo 7.1+ tende a implementar estas funções com sucesso e, portanto, realmente acredita que tem uma competência comunicativa extremamente elevada: ele pode sempre formular uma meta de forma adequada e clara e convencer os outros de que esta meta é o caminho certo. Percebendo outros como imaturos e dependentes, o líder 7.1+ despreza implicitamente suas opiniões e sentimentos; ele acredita que sua capacidade e profissionalismo podem ser exibidos somente graças ao seu apoio.

O estilo 7.1+ precisa de informações de outras pessoas para alcançar bons resultados e, ao mesmo tempo, fortalecer e consolidar sua posição. Ele incentiva e apoia a busca de tais informações e evita a discussão de questões que não estão relacionadas com os resultados, ou podem ameaçar sua autoridade. O paternalista tenta influenciar aqueles cuja opinião difere do seu ponto de vista e fará o seu melhor para convencê-los a descartar suas opiniões e partilhar das dele.

O líder 7.1+ geralmente não procura uma troca de informações intensiva e não considera necessário esclarecer a situação em sua totalidade. Ele tem um grande interesse nos resultados do trabalho e nas pessoas, mas as perguntas não são objetivas e completas, assim, elas não contribuem para o desenvolvimento comum (sinergias). O líder 7.1+ é tão confiante em sua experiência e conhecimento, que não atribui grande importância à opinião dos outros. As pessoas ao redor do paternalista respondem o que ele quer ouvir e não o que realmente deve ser dito para o bem da causa. Como resultado, a interação e comunicação definidas pelo líder 7.1+ são eficazes apenas no que se refere a recursos (R). Além disso, esses são os recursos que o paternalista trouxe pessoalmente, enquanto que a opinião dos outros sobre qualquer assunto não foi levada em conta.

O padrão de comunicação definido pelo líder 7.1+ suprime a independência e a criatividade de outras pessoas. O objetivo da comunicação é o desejo de se certificar de que as pessoas que "ajudam" entendam claramente o que precisam fazer. O paternalista faz perguntas muito cuidadosamente e muitas vezes em um tom condescendente. Elas são projetadas para certificar-se mais uma vez de que está claro o que o paternalista quer: "Agora repita o que eu disse e vamos nos certificar de que entendemos de forma idêntica" ou "Vamos insistir nisso novamente".

Depois de ouvir uma ideia interessante, o líder 7.1+, como de costume, não presta atenção, mas faz anotações em seu caderno, ou simplesmente se lembra dela. Posteriormente, ele pode voltar a esta sugestão, percebendo que ela corresponde a... seus próprios pensamentos. O líder 7.1+ sinceramente reivindicará seu direito de autoria da ideia: ele não pode admitir que alguém seja mais inteligente, criativo ou mais informado do que ele. Um funcionário "criança" oferecendo informações valiosas, de acordo com o líder 7.1+, é simplesmente um imbróglio.

As perguntas são formuladas especificamente, a fim de certificar-se de que todos entendam tudo corretamente. Outras ideias e opiniões são permitidas, mas são tratadas como algo que leva às mesmas conclusões e ideias que foram sugeridas pelo líder. O líder 7.1+, em última análise, toma todas as decisões sozinho. Funcionários e colegas estão envolvidos na discussão de soluções apenas para melhor compreender os aspectos importantes associados à decisão. O líder 7.1+ tenta formular a solução de tal forma que todos que estão associados com a tarefa aceitam sem uma discussão mais aprofundada e correm para implementá-la.

A busca por informações do paternalista é unilateral. Ele não gosta quando alguém lhe faz perguntas ou expressa dúvidas sobre suas ideias e iniciativas. O líder 7.1+ muitas vezes descarrega um número excessivo de perguntas sobre o trabalho dos membros da equipe. No entanto, estas questões soam mais como orientações e instruções. Portanto, a resposta típica é: "Como é que eu vou fazer isso?" Ou "Você poderia explicar isso mais uma vez?"

Esta abordagem de comunicação reduz o nível de confiança mútua e respeito entre as pessoas. As pessoas se sentem cautelosas e indecisas, ou ficam em oposição velada contra o líder.

### Posicionamento ativo

O líder 7.1+ apresentará suas ideias e pontos de vista com confiança, assertividade e autoridade, esperando que os outros se juntem a ele. Ele defende fortemente seus pontos de vista e, se alguém tiver quaisquer dúvidas, enfatiza que sua posição baseia-se principalmente nos interesses e objetivos comuns para benefício dos próprios funcionários.

O estilo 7.1+ ouve as opiniões dos outros, mas as discussões são permitidas apenas se esses pontos de vista coincidem pelo menos parcialmente com o que já foi sugerido pelo líder. Os desvios à ideia original são raros. Se melhores alternativas forem encontradas, elas são completamente verificadas e adotadas com relutância – em casos excepcionais.

O líder 7.1+ imediatamente começa a defender seu ponto de vista e o faz com convicção. Já que o paternalista se sente superior aos outros membros da equipe, ele defende suas opiniões e ações com confiança e poder. Mesmo quando ouve o ponto de vista oposto, ele ainda não vê qualquer necessidade de compreendê-lo seriamente. Pelo contrário, ele tem certeza de que sua opinião apenas fornece os resultados desejados para toda a equipe. A necessidade de ser adorado faz com que o paternalista espere constantemente por elogios e admiração dos outros.

Iniciativas são expressas em tom didático, que lembra a relação pai e filho, "Você deveria..." "Eles precisam ..." "Nós temos que ..." Espera-se que os funcionários fiquem felizes em aceitar a palavra do líder 7.1+, de preferência com admiração. Além disso, o paternalista tenta certificar-se de que os funcionários entendam sua declaração, enfatizando os principais pontos: "Isto é muito importante" ou "O que vou dizer agora é muito importante". O paternalista pode repetir isso para ter certeza de que todos o ouviram: "Vocês entendem o que eu quero dizer?" ou "Está claro?"

Ao articular suas ideias, o líder 7.1+ as impõe e suprime as iniciativas dos outros, mas isso geralmente é feito de uma forma cuidadosa que não ofende ou aliena os outros membros da equipe, como no caso da iniciativa tomada pelo líder 7.1-. O paternalista se baseia em sua autoridade e entusiasmo: "Eu já refleti sobre este assunto e tenho um plano." Quando o trabalho começa, ele monitora constantemente o processo de implementação de suas ideias, oferecendo sua liderança e assistência.

Uma desvantagem importante deste estilo de liderança é a dependência impulsionada pela tutoria e posição ativa de "pai". Os membros da equipe podem discutir sugestões e oferecer alternativas, mas o paternalista tem sua visão clara de como as coisas devem ser feitas e ele raramente permite fazer quaisquer alterações. O líder 7.1+ é tão sincero, convincente e agradável, que os outros começam a cair no seu charme. Meses passam antes que uma pessoa que teve uma ideia razoável perceba que o paternalista facilmente o convenceu; e essa pessoa pensa tristemente: "Bem, por que não fui capaz de defender minha posição? Afinal de contas, teríamos sido capazes de alcançar resultados significativamente melhores!"

Os funcionários às vezes encontram formas de "evitar" a hiper iniciativa do líder 7.1+, usando truques que permitem que o paternalista atribua as ideias de outras pessoas a si mesmo e, assim, as realize. Entretanto, tais tentativas são geralmente um desperdício de tempo e esforço e, além disso, você tem que encontrar pessoas que passarão voluntariamente seus méritos para os outros.

A depreciação da posição ativa e a dependência que o estilo 7.1+ provoca nos outros frequentemente levam a problemas graves em situações de emergência. Acreditando que os membros da equipe não são capazes de tomar as decisões corretas em condições extremas, o líder 7.1+ sempre pede para informá-lo imediatamente sobre o que aconteceu, para que ele possa dar orientações. Ao mesmo tempo, os funcionários esperam pacientemente por suas soluções sem iniciar qualquer ação. Se o paternalista não estiver lá e não puder ser alcançado, todo o trabalho para, porque ninguém quer assumir a responsabilidade (pois é possível cair em desfavor).

Mesmo que o líder 7.1+ expresse iniciativas valiosas usando sua vasta experiência e conhecimento, em última instância, sua abordagem tem um impacto negativo sobre os outros. As pessoas não sentem a necessidade de exercer sua atividade e defender sua posição, sentindo que suas ações são sempre manipuladas pelo líder. Para aqueles que concordam em estar sob rigoroso controle e assumir o papel do funcionário imaturo e dependente há pouca chance de crescimento profissional e trabalho por si mesmo. E aqueles que querem ter mais liberdade e responsabilidade inevitavelmente se encontrarão em oposição ao paternalismo, assim reduzindo ou parando sua eficácia no desenvolvimento profissional e pessoal.

### Tomada de decisão

A tomada de decisão é unilateral e por si só. O líder 7.1+ sinceramente acredita que sua opção é a melhor. No entanto, em contraste com o estilo 7.1-, o paternalista não é tão direto, categórico e inequívoco. O líder 7.1+ pede aos outros suas opiniões, discute pontos de vista alternativos, ouve tudo com atenção, mas na verdade a decisão já foi tomada.

Ele discute outras sugestões apenas para demonstrar a exatidão da sua própria decisão, para sentir a admiração e gratidão dos funcionários, em vez de fazer uma avaliação objetiva dos pontos fortes e fracos das soluções propostas. Portanto, resumindo a discussão, o líder

7.1+ diz: "Obrigado por suas sugestões, mas eu acho que nós deveríamos fazer o seguinte (e explica sua decisão). Espero que todos vocês concordem."

Durante a discussão, o paternalista primeiramente pergunta àqueles com maior probabilidade de ter o mesmo ponto de vista. Aqueles que são propensos a questionar a decisão ou mesmo rejeitá-la serão percebidos de forma negativa, suas palavras serão ignoradas ou mesmo desacreditadas. Esta abordagem permite que o paternalista sinta satisfação, pois a decisão parece ser coletiva. De fato o paternalista pergunta aos outros somente para encontrar seu apoio.

O líder de estilo 7.1+ encara a tomada de decisão com grande responsabilidade; ele cuidadosamente analisa o problema e realiza um trabalho de análise aprofundada necessário para identificar todas as alternativas possíveis. No entanto, a atitude inadequada e depreciativa com as ideias de seus subordinados não permite levar em conta todos os fatos e fatores importantes que reduzem a qualidade das decisões. Isso subsequentemente impacta a eficácia das atividades conjuntas.

Apesar das discussões realizadas, aqueles que devem implementar a decisão realmente não participam realmente de sua elaboração e não se sentem envolvidos no trabalho. Portanto sua motivação diminui e suas informações úteis são perdidas.

O paternalista se orgulha de ter tomado uma decisão firme e definitiva; ele considera tal determinação adequada e útil: "Eu tenho grande experiência, tenho algo a oferecer e eu quero apenas o melhor para todos os funcionários". Tomar decisões ao invés dos outros faz com que o paternalista se sinta confortável e confiante: "Nossa família está bem!"

### Crítica

A crítica do líder de estilo 7.1+ é sempre unilateral e condescendente, muitas vezes apresentada de forma bastante suave e educada. O paternalista acredita estar fazendo um bom trabalho dando instruções, conselhos e orientações e espera gratidão em troca. Ele acredita que, ao criticar os outros, faz apenas bem para eles, mesmo se as observações forem desagradáveis. No entanto, a crítica ao paternalista não é permitida. Os funcionários que estão no nível mais baixo da hierarquia organizacional não estão autorizados a expressar sua avaliação e suas observações são geralmente rejeitadas ou não levadas em conta. Tais restrições permitem que os funcionários articulem apenas dois comentários "críticos": eles podem dizer ao paternalista que "está tudo bem" ou "está tudo ótimo."

O próprio paternalista é extremamente sensível a críticas de qualquer tipo e costuma ter uma reação defensiva, mesmo frente a uma observação ou sugestão leve. O líder 7.1+ resiste à crítica, mesmo que ela seja válida. Então ele se lança sobre o "promotor" para puni-lo ou desacreditá-lo. Tudo isso faz do paternalista uma força perigosa e destrutiva no grupo, especialmente se ele for o líder da equipe, porque as pessoas têm medo de entrar em conflito com autoridades.

Uma forma de crítica do 7.1+ que se deve em grande parte à sua profunda identificação com os valores e objetivos da organização é o desejo de instilar um sentimento de culpa: "Eu te avisei". Preocupando-se sinceramente com o sucesso da organização e considerando que ele faz uma contribuição decisiva para os resultados, o paternalista está convencido de que as pessoas que não concordam com ele são os culpados pelo fracasso ou falta de eficácia da organização.

Esse tipo de crítica é o reverso da medalha, que tem como sua face uma declaração categórica: "Você tem que fazer isso...". O líder 7.1+ suprime radicalmente outras opiniões quando acredita que só o seu envolvimento pessoal pode garantir um resultado de sucesso. Ele está sempre disposto a apontar para os erros de outros e, além disso, atribuir o erro à violação de suas instruções. Quando isso acontece, o paternalista certamente usa esta oportunidade para convencer os funcionários a memorizarem as instruções: "Talvez da próxima vez você me ouça e não cometa o mesmo erro novamente." Afirmações como "Eu te disse isso" inicialmente não admitem a ideia de que o paternalista pode compartilhar da responsabilidade dos outros pelos erros.

Assim como outras manifestações do estilo paternalista, a crítica baseia-se na necessidade de reconhecimento e admiração dos outros. O líder 7.1+ quer ser admirado como um líder forte e capaz e se ele for apoiado e admirado, ele pode ser muito forte e destemido na superação de quaisquer problemas. Ele se sente responsável por seus fiéis seguidores e faz de tudo para ajudá-los; ele vai assumir trabalho adicional, trabalhar até a exaustão, sacrificando algo pessoal.

Se o paternalista, em vez de apoio e admiração, ouvir pelo menos a mínima crítica, sua fé em si mesmo se extingue rapidamente. Sem reconhecimento e apoio, o líder 7.1+ torna-se vulnerável e impotente. Sua confiança esconde uma pessoa desprotegida, que espera muito de si próprio e dos outros. Ele precisa criar uma imagem de superioridade, mas ao fazer isso define exigências elevadas e, por vezes, irrealistas. Ele deve sempre tomar suas próprias decisões, para superar todas as expectativas e alcançar resultados elevados.

O paternalista carece de um dos componentes mais importantes necessários para a crítica bem-sucedida e construtiva: o reconhecimento de parceria equitativa. Se ele admite a possibilidade de crítica de mão dupla terá de agir com outros membros da equipe em condições de igualdade, o que em si é fundamentalmente inaceitável para a visão de mundo patriarcal.

## 5.7 Conclusões

Como regra geral, o líder de estilo 7.1+ é um indivíduo dotado e até mesmo talentoso. No entanto, ele exige muito de si mesmo e, ao mesmo tempo, tem dificuldade em aceitar ajuda de outros, porque tem medo de mostrar fraqueza. O estilo 7.1+ exige devoção e lealdade de seus colegas: "Você está comigo ou contra mim". Como resultado, ele controla completamente os outros, ou está em absoluta subjugação ao outro. Paternalistas parecem orgulhosos ou dotados de um senso de superioridade sobre os outros, ou impotentes e dependentes dos outros, o que por sua vez os impedem de vivenciar a fé nas pessoas, respeito e satisfação em parcerias.

O líder 7.1+ quer ser o melhor para si mesmo e para todos os outros. Claro que atender a essas demandas elevadas é totalmente irrealista; como consequência, o paternalista tem que se equilibrar constantemente entre o sucesso e o fracasso completo. Nas organizações de hoje, em que o sucesso de toda a equipe deve ser muito maior do que a soma dos esforços de seus membros individuais, o paternalista está condenado. Ele não consegue descer ao nível do resto da equipe e define a distância entre ele e os outros membros da equipe em vez de se juntar a eles, a fim de vivenciar todos os benefícios do trabalho em equipe e sinergia.

# Estilo 1.7- Adulador ("à sua disposição!" "às suas ordens!" submisso, agradável)

6

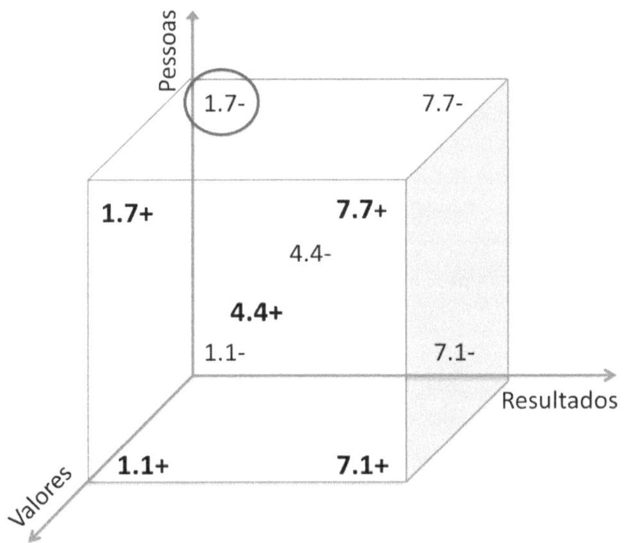


Baixa preocupação com produção, alta preocupação com pessoas, indiferença em relação ao trabalho e à organização, ansiosos para agradar a todos e apreciar uma atitude positiva. Desejo de conviver bem com as pessoas a qualquer custo, de acordo com as circunstâncias. Fuga de conflitos e discussões, falta de sinceridade, sendo um adulador e buscando sempre agradar em prol de seus próprios fins pessoais, que nem sempre são claros para a pessoa de estilo 1.7-.


A. Zankovsky, C. von der Heiden, *Liderança com Synercube*
https://doi.org/10.1007/978-3-662-55606-1_6

## 6.1 Características básicas do estilo 1.7-

A pessoa de estilo 1.7- tem certeza de que o mundo todo é um palco e todos os homens e mulheres meros atores. Por isso é melhor não confiar nas pessoas. O mais seguro na vida é usar uma máscara de adulador e ficar numa cápsula bem protegida, não deixando ninguém entrar. Na opinião do 1.7- todas as pessoas são presunçosas por natureza e pode-se contar com a lisonja para não se preocupar demais com questões menores. Estar pronto para ficar bem com alguém não é igual a estar pronto para prestar apoio real e colaborar. Tal comportamento é voltado principalmente para manipulação. O medo de ser envolvido abre o caminho para o nervosismo, tensão e alarme mascarados com um sorriso. O estilo 1.7- é altamente focado em pessoas, não em resultados. A pessoa 1.7- é boa em detectar as emoções de outras pessoas, seus objetivos e aspirações pessoais, ela conhece a forma como esta ou aquela decisão afeta qualquer um. Internamente, o 1.7- está muito distante de problemas reais e questões organizacionais, tendo assim grandes possibilidades de manipulação. O 1.7- é bom em contar piadas, é educado e sempre pode ouvir qualquer pessoa, expressando sinais de cuidado e simpatia, que são assumidos como fatos. A baixa prioridade dos resultados destaca a indiferença do 1,7- para com os objetivos da organização e seu trabalho em geral. Consequentemente, as relações de tal pessoa não são sinceras e são superficiais. É, portanto, impossível alcançar resultados significativos. Tais pessoas são fracas em aumentar a eficiência em meio a forte concorrência.

Pelas mesmas razões, o 1.7- pode não instalar relações confiáveis e produtivas com seus subordinados, nem com seus colegas. O que eles podem instalar parece de bom potencial no início, mas logo tudo fica pior e a produtividade inevitavelmente diminui.

A frase-chave do 1.7- é: "O que posso fazer por você? Por favor, me diga o que você acha disso". No entanto, o 1.7- não é capaz de evitar problemas. Em vez de se concentrar em suas causas e soluções, ele presta toda a atenção às emoções e preferências das pessoas ao seu redor. O trabalho é substituído por discussões, não importa em que direção. Se alguém fica com raiva, o 1.7- tenta acalmá-lo e exibe simpatia e aplausos de todas as maneiras possíveis. Se alguém estiver satisfeito, o 1.7- fica também. O 1.7- avalia rapidamente o humor de todos os presentes e responde a quaisquer mudanças com incentivo, apoio e elogios.

## 6.2 O estilo 1.7- em cooperação coletiva

Aqui estão alguns exemplos de comportamentos típicos do 1.7- numa organização.

*Um colega não consegue lidar com seu trabalho*

Primeiramente, o 1.7- faz o seu melhor para evitar conflitos. Assim que surge um conflito, o 1.7- o desloca para o campo interpessoal. A discussão concentra-se em minimizar a tensão em vez de resolver os assuntos mais importantes. O 1.7- acredita que para motivar todos a participarem na resolução do problema, é suficiente conversar pessoalmente com cada membro da equipe. Enquanto isso, o fato de não tomar partido nunca é pronunciado pelo 1.7- diretamente. O 1.7- espera que pistas sutis sejam boas o suficiente para fazer com que entendam. Mesmo no caso de algum problema surgir repetidamente, o 1.7- não entrará em conflito. Se a equipe não estiver satisfeita, ele pode assumir até algumas funções extras, a fim de reduzir a tensão. Se o conflito tornar-se inevitável, o 1.7- prefere abdicar e passar autoridade para outra pessoa, ou limita as medidas de resgate às mais superficiais, que não podem mudar nada.

*Reação a críticas construtivas de um colega:*

O 1.7- começa imediatamente a se desculpar de forma autocrítica por seu erro: "Lamento muito ter te desapontado. Como pude deixar esse absurdo acontecer!" Não se deve esperar qualquer contra-argumento ou objeção. Em seguida, o 1.7- pede conselhos, fica feliz em recebê-los e continua encorajando os outros a procurarem a melhor forma de superar as dificuldades.

Uma equipe de pessoas 1.7- é o lugar perfeito para se divertir, mas essa equipe não percebe totalmente seu potencial. Seus membros não acreditam que a cooperação pode ser um bom meio de acalmar conflitos e tentam apoiar um ambiente confortável e agradável. Eles querem que todos sejam felizes e todas as discussões são dedicadas aos humores do outro. As diferenças de opinião são ignoradas, as divergências são tratadas com a ajuda de declarações positivas e qualquer acordo deve ser celebrado. O lema do estilo 1.7- é: "Se você não consegue dizer algo agradável, não diga nada". Essa abordagem pode parecer produtiva em curto prazo, mas é inútil em longo prazo. A única motivação pessoal real e profunda vem da possibilidade de lidar com conflitos e superar problemas. Isso é o que faz as pessoas se unirem e confiarem umas nas outras, a sinceridade e o comportamento aberto são melhores para aprimorar as relações do que simples elogios mútuos.

Em uma equipe 1.7- a atenção das pessoas é em grande parte dedicada às relações entre colegas. Consequentemente, a atmosfera de tal equipe carece de exatidão dos fatos, precisão, senso comum e pegada de negócios. Tal equipe não é capaz de agir adequadamente em face de circunstâncias instáveis, ou de descobrir problemas e resolvê-los, porque tem medo de prováveis brigas, discussões e assim por diante. Elogiar uns aos outros repetidas vezes torna os membros de tal equipe autoconfiantes demais, mas a produção do seu trabalho na verdade não é tão boa. Enquanto a atividade não produtiva não é avaliada corretamente ou totalmente ignorada, a equipe não faz nada além de reproduzir padrões de comportamento errados e cometer os mesmos erros repetidamente. Isso continua até a situação ficar pior.

Outra característica importante das relações em uma equipe 1.7- é a bondade excessiva. A equipe alcança o estado de prosperidade universal, em que apenas palavras de aplausos são pronunciadas e ouvidas. Qualquer resultado é bem-vindo. Ninguém está interessado na avaliação precisa da sua qualidade e em chegar a conclusões importantes. Em vez disso, a equipe dedica-se totalmente às exibições de aprovação e apoio mútuos, mesmo que a atividade tenha sido incorreta e a produção não tenha atingido as expectativas. Assim que alguém chama a atenção para a baixa produtividade, é acusado de tentar destruir a equipe e de insultar as pessoas. Tais esforços são geralmente ignorados, mas às vezes o "apontador de falhas" é de alguma forma isolado dos outros. Apesar da presunção e bondade excessiva, mais cedo ou mais tarde virão sinais de depressão, pois ninguém é questionado sobre coisas importantes ou motivado o suficiente.

**Fig 6.1** 1.7-

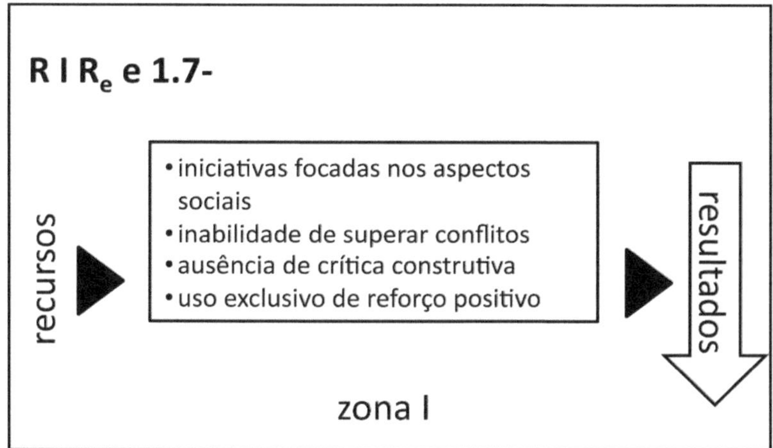


## 6.3 A ZONA I e o estilo 1.7-

O estilo 1.7- cria relações que são acolhedoras e amigáveis, mas muito superficiais. Tais relações são muito diferentes de cooperação "forte" com base na confiança mútua, respeito e sinceridade. Colegas podem trabalhar juntos por anos e se comunicar todos os dias, mas muitas vezes não se tornam amigos, pois o nível de confiança e respeito mútuos continua baixo.

O 1.7- gera elogios constantemente. Mesmo se uma ideia soar mal ou parecer absolutamente errada, ele não vai cancelá-la. Seu lema é "De qualquer forma, algo agradável tem de ser dito". As relações acabam sendo sempre mais importantes, são apoiadas no nível de amizade e visam fazer todos felizes. Em tais condições, o conflito é indesejado e parece ser algo insuperável, já que todos tem medo de perder a atmosfera de bondade e simpatia. A equipe tenta amaciar todas as controvérsias. Eles acalmam aqueles que discutem e lhes dizem que discussões não são boas. Quanto mais fortes as relações pessoais, menos as pessoas querem enfrentar desafios. (Fig. 6.1)

Eles pensam: "Não vou estragar nossa amizade maravilhosa; Não quero ser ofensivo".

Sua falha em analisar o comportamento não produtivo e os problemas recém-surgidos leva a uma diminuição da produção ($R_e$). Os recursos mais importantes não são solicitados, uma vez que a equipe não considera várias opiniões e não analisa toda a gama de cenários. Assim, essa equipe nunca ganha a experiência necessária para enfrentar desafios, que é realmente a melhor motivação em condições sérias de trabalho. Tal equipe também não adotará decisões corretas e esforços sinérgicos. Em vez disso, a equipe 1.7- irá cooperar como se estivessem dentro de uma casa de vidro que pode entrar em colapso depois de qualquer movimento errado.

## 6.4 Cultura e valores 1.7-

*Característica básica: ser complacente e indiferente*

*Confiança.* A pessoa 1.7- gosta de dizer que confia totalmente em seus colegas e que a confiança desempenha o papel mais importante na relação entre as pessoas. No entanto, não passam de palavras. Na verdade, este estilo rejeita a confiança como valor e como princípio. Ele acha que as pessoas são presunçosas por natureza e que se pode facilmente viver uma vida boa com a ajuda de servilismo e bajulação. Não se deve confiar nos outros e a forma mais segura de viver é usar a máscara de uma pessoa de palavras comedidas e obsequiosa, além de ficar numa cápsula bem protegida onde ninguém pode entrar. A ânsia aberta por agradar alguém não prevê cooperação e apoio genuínos, pois é destinada à manipulação. O medo de ser envolvido leva a tensões, nervosismo e alarme que é encoberto com um sorriso. O 1.7- tem esperança de que uma tarefa será concluída por si ou por alguns colegas, ou de que ninguém realmente quer que aquilo seja feito.

*Justiça.* O estilo 1.7- está convencido de que a equidade e a justiça têm a ver apenas com contatos pessoais e as conexões não estão associadas com as obrigações dos colegas na organização. É por isso que o 1.7- considera justo estimular atividades e comportamentos que ajudam a completar tarefas organizacionais e apoiar um ambiente calmo e confortável. Definitivamente a produção não é a prioridade. Deveres reais da equipe são empurrados para a área de questões secundárias. Eles podem retornar ao topo somente após alguma pressão de superiores. Muitas vezes essa pressão e controle são vistos como injustos e imerecidos. Além disso, qualquer medida destinada a criar condições confortáveis e qualquer prevenção do envolvimento real no cumprimento dos calendários da organização são consciente ou inconscientemente vistas como justas e bem fundamentadas.

*Comprometimento.* Pessoas 1.7- mostram devoção à sua equipe, mas na verdade são totalmente indiferentes aos seus problemas e às questões organizacionais em geral. Elas permanecem apenas porque têm medo de ficar muito tempo desempregadas. O 1.7- pensa que o comprometimento e a identificação com a organização são máscaras que todos vestem para fazer seu próprio negócio. Em poucas palavras, o 1.7- não se identifica com o negócio da organização, mas com a atmosfera de conforto que é tão atraente. Assim, a devoção e a identidade no final acabam por ser imaginárias e não tocam os motivos e incentivos genuínos para fazer isto ou aquilo.

*Responsabilidade.* O estilo 1.7- é geralmente não confiável em todas as situações, pois trabalha apenas devido à pura necessidade e não foca a produção verdadeira de alta qualidade. Sua confiabilidade melhora um pouco quando algo realmente ameaça o seu bem-estar. A responsabilidade social do 1.7- é puramente declarativa: a atenção é concentrada principalmente na imagem positiva que é criada para impressionar em primeiro lugar os altos executivos. O 1.7- é interiormente indiferente à filosofia de responsabilidade social, que requer alguma cooperação e participação da equipe para enfrentar desafios sociais. Do ponto de vista do 1,7-, esses desafios não o tocam. As questões de responsabilidade social são levadas em conta apenas quando ele tem que atender de alguma forma as demandas dos altos executivos.

*Integridade.* Ser aberto e transparente é visto pelo 1.7- como seguir a etiqueta das máscaras. As máscaras de pessoas educadas e gentis devem ser aceitas como faces reais e nunca devem ser retiradas. O 1.7- pensa que esta condição torna a cooperação mais fácil. Qualquer outra informação, inclusive sobre o trabalho, é considerada perigosa e até mesmo prejudicial. É por isso que o estilo 1.7- considera irrelevante discutir problemas, compartilhar notícias verdadeiras, manter discussões honestas sobre os erros e reconhecê-los. A situação geral da atividade organizacional, seu sentido, desenvolvimento e resultados são totalmente incertos para os colegas, o que leva à falta de entusiasmo, ansiedade e desconfiança.

## 6.5 Cultura e poder 1.7-

*Foco no incentivo e no poder das informações*

*Punição.* O estilo 1.7- raramente recorre à punição como forma de influenciar e mudar o comportamento dos funcionários. Como o 1.7- não se importa com os resultados, a punição não se justifica. Se utilizada, ela assume as formas mais gentis e tem funções em grande parte defensivas: proteger-se do provável envolvimento e maiores problemas. Funcionários consideram um castigo do 1.7- tão improvável que até mesmo se aventuram a contar piadas sobre isso.

*Recompensa.* O estilo 1.7- olha para as recompensas como os principais meios de influência, mas não associa as recompensas aos resultados obtidos. Eles partem da crença de que as pessoas são, por natureza, insinceras, presunçosas e escondem suas verdadeiras intenções. Assim, o 1.7- tem certeza de que o principal objetivo do incentivo é construir relações amigáveis e suaves, que permitam trabalhar sem muito esforço, da forma mais habitual. Encorajamento e incentivos existem e são aceitos como forma inteiramente merecida e natural de interação organizacional, certamente não associados com os resultados obtidos.

*Posição.* Status e posição em uma organização não são muito importantes para o 1.7- e vêm da distribuição formal das funções. Esta distribuição é muitas vezes pouco clara e mal fundamentada. Ao tentar superar a relutância dos funcionários, ao tentar fazer as coisas e implementar as instruções, o estilo 1.7- raramente enfatiza seus poderes oficiais, porque raramente dá quaisquer instruções. As ambições de carreira do 1.7- são muito moderadas e ele tenta destacar que as relações da equipe são baseadas na equidade e proximidade por todos os meios. Além disso, o 1.7- gosta de falar sobre democracia organizacional, na qual todos fazem seu trabalho por conta própria, sem qualquer controle "mesquinho". Consequentemente, todos ficam contentes, não importa se as realizações são boas ou ruins. Um caso excepcional é uma situação em que o 1.7- enfrenta exigências categóricas vindas de cima, que têm de ser cumpridas dentro de um determinado tempo. Mas, mesmo neste caso, o 1.7- só consegue dizer "Eu sou seu chefe, eu sou responsável por tudo. Vamos fazer alguma coisa para não sermos criticados o tempo todo".

*Informação.* A troca de informações do 1.7- vem, em primeiro lugar, para a construção de um ambiente confortável e tranquilo. Informações preocupantes de qualquer tipo são excluídas da comunicação. O conteúdo da comunicação e seu volume não têm muito a ver com a essência da atividade organizacional ou com as metas estabelecidas. Atender as exigências mínimas é suficiente. Concentrado na criação de um ambiente positivo, o 1.7- reage negativamente às questões que concebem respostas perturbadoras e comprometem a harmonia. É por isso que as informações são colhidas de forma muito superficial e só em caso de extrema necessidade. Além disso, o 1.7- prefere manter dados organizacionais realmente importantes e não os transmitir a qualquer pessoa e/ou deixá-los sem consideração quando não há controle de um chefe maior e nenhuma responsabilidade pessoal.

*Especialista.* A competência profissional do estilo 1.7- é bastante elevada (por vezes demasiadamente alta) ou bastante baixa. No primeiro caso, por causa da baixa motivação e indiferença para com os objetivos da equipe, o 1.7- pode não fazer nem mesmo uso parcial de sua competência. Neste último caso, ser indiferente a qualquer resultado definitivo torna-se uma forma de defesa psicológica e serve para esconder a incompetência, confusão e medo dos outros. Em ambos os casos a competência é usada não para o trabalho, mas para criar um ambiente calmo e positivo. O estilo 1.7- certamente não está inclinado a ensinar os outros, ou compartilhar habilidades e conhecimento.

*Referência.* O estilo 1.7- tem poucas qualidades carismáticas. Em circunstâncias complicadas ou difíceis, quando é necessário assumir a responsabilidade, liderar as pessoas e incentivá-las, o 1.7- parece comum e indiferenciado entre outros funcionários. A falta de participação real no enfrentamento dos desafios organizacionais não permite que o 1.7- seja um líder genuíno na superação de dificuldades. Em eventos sociais, por exemplo em festas corporativas, o 1.7- se comporta de forma diferente: ele brilha com energia positiva e inspira todos a resolverem problemas organizacionais, financeiros ou de qualquer outra natureza. A indiferença interna para com os objetivos organizacionais e a falta de vontade de resolver os problemas, essencialmente, não permitem que o 1.7- aja como modelo e exemplo para outros membros da equipe.

## 6.6 Habilidades de cooperação do estilo 1.7-

### Resolução de conflitos

O estilo 1.7- faz o seu melhor para evitar tudo o que possa causar divergências e conflitos, pois qualquer conflito ameaça a atmosfera pacífica e suave da equipe/organização. Se um conflito ocorre, o 1.7- tenta desviar a atenção dele. Ele tenta acalmar as pessoas, incentivá-las e agradá-las, ou assume toda a responsabilidade pelo conflito. O 1.7- tende a esconder o conflito embaixo do tapete e deixar os funcionários se sentirem seguros, permitindo que evitem a responsabilidade por seus erros e seu trabalho. Ao mesmo tempo, ele tenta parecer confiante e finge que nada aconteceu.

É mais típico do 1.7- suavizar um conflito do que resolvê-lo. Ele evita conflitos, solicitando ajuda e acordo mútuos e muito raramente expressa discordância. Ele cuida de humores dos outros com muito cuidado e oferece apoio emocional, se necessário. Mesmo quando o 1.7- discorda, ele pode aceitar outra opinião a fim de preservar a harmonia das relações. Ele raramente investiga as raízes dos conflitos e quase nunca os avalia com base em fatos ou análises. Em vez disso, ele tranquiliza os lados em discussão e considera isso suficiente.

Se não houver nenhuma esperança de evitar o conflito, o 1.7- tenta antes de tudo acalmar os colegas que divergem. Aqui ele é muito criativo e convincente: ele convoca o olhar para os aspectos positivos da situação e o fim da discussão. Ele tenta mudar todo o foco para as circunstâncias e subestima a dimensão do problema: "Foi tão difícil para ele", "Eu sei que ele não quis dizer isso". Ele tenta atrair a atenção para questões menos controversas, assumindo um tom de brincadeira: "Bem, alguém está sério demais aqui, hein?" Outra abordagem é apelar à tolerância: "Não é fácil sobreviver na situação de hoje, então vamos ajudar uns aos outros" ou "Nós podemos ceder um pouco nesse assunto, não podemos?" Além disso, o 1.7- pode fazer com que os colegas sintam vergonha do conflito e, em seguida, propor que façam as pazes, a fim de restaurar o clima de amizade.

Se as tentativas de suavizar as controvérsias falharem, o 1.7- se mantém longe do conflito, isentando-se de responsabilidade: "Não tenho nada a ver com isso" ou "Não era uma decisão minha". O estilo 1.7- olha para um conflito como uma ameaça clara para as boas relações.

De acordo com o 1.7-, a interação não pode ser aprimorada através da resolução de um conflito. Mesmo quando o 1.7- sabe sobre o conflito, ele prefere manter a paz temporária e instável em vez de revelar o conflito e resolvê-lo. A abordagem dominante é: "Podemos lidar com isso mais tarde" ou "Tudo o que precisamos é nos acalmar, não é?"

Um outro tipo de comportamento deste estilo é bem descrito pelo provérbio "Eu não vejo nada, não ouço nada e, portanto, não digo nada". Assim, comportamentos ineficazes e problemas são escondidos ou ignorados e nunca se tornam um problema a ser discutido. Mais tarde, se esses problemas vierem a tona, ele agirá com relutância em sua análise, levando a consequências ainda piores.

A resolução de conflitos do 1.7- é considerada difícil por mais de uma razão. Não existem critérios predefinidos para avaliar a atividade da equipe. Todos preferem começar a trabalhar inspirados pelo simples entusiasmo. Eles acreditam que planejar qualquer coisa com antecedência e com critérios claros diminui a motivação dos funcionários. "Se as pessoas são talentosas e trabalham com entusiasmo, o resto vem por si mesmo um pouco mais tarde". Enquanto não houver critérios, qualquer crítica parece a opinião arbitrária de alguém. Na verdade, a crítica deve correlacionar o comportamento real com algum critério ideal. É por isso que é difícil avaliar a produtividade da equipe: não há padrões a se manter, não há nada de que se afastar ao mudar padrões de comportamento e aprimorá-los. Em resposta a críticas ou a uma observação, um funcionário que realiza precariamente suas funções pode simplesmente dizer: "Há algum documento dizendo o que devo fazer?"

## Competência comunicativa

A competência comunicativa do 1.7- é bastante boa e permite-lhe estabelecer e apoiar relações que parecem boas. Ele tende a ser benevolente e faz muitas perguntas, é amigável e hospitaleiro. Ele se preocupa com todos os funcionários e visa o estabelecimento de relações pessoais harmônicas com eles. Tal estilo exibe uma compreensão sutil das pessoas e suas necessidades. Isso permite que o 1.7- olhe profundamente para o comportamento das outras pessoas para prever suas reações a essas ou aquelas circunstâncias. No entanto, os motivos genuínos de utilizar a capacidade de comunicação e de troca de informações do 1.7- estão longe da melhoria da eficiência organizacional e obtenção de melhores resultados. O principal objetivo do 1.7- na busca de informações não é avaliar se o trabalho é bem feito ou não, mas ter certeza de que o clima atual da equipe ainda é harmônico e ainda há lugar para aprovação mútua. O 1.7- depende de informações para obter uma resposta à questão principal: "Qual é a sua atitude em relação a mim?" Ele não se importa tanto com a questão "O que devemos fazer para lidar com a tarefa da maneira ideal?" é por isso que as perguntas feitas por uma pessoa 1.7-, apesar de expressarem aprovação, compreensão e simpatia, tem a ver com coisas que tem apenas uma relação distante com a atividade da equipe. O estilo 1.7- passa muito tempo falando com as pessoas sobre seus desejos, pensamentos e sentimentos e não contribui para a melhoria das suas qualidades profissionais. Além disso, ele bloqueia a atividade profissional porque distrai a atenção dos propósitos.

O 1.7- confia em sua competência comunicativa para descobrir quais medidas serão aceitas e quais repelidas. Ele toma iniciativa somente depois disso e de acordo com isso. O 1.7- prefere obter informações indiretamente. Ele não quer parecer persistente ou repressor. Se alguém comete um erro no projeto, o 1.7- não realiza uma investigação direta. No começo, ele descobre como o culpado se sente, pois a reação deve ser uma demonstração de apoio e encorajamento: "Ouvi dizer que houve um problema hoje?" Essa abordagem permite que o 1.7- conduza a discussão mais aprofundada sozinho. Na melhor das hipóteses, o culpado admite seu erro. Neste caso, o 1.7- pode lidar sem quaisquer palavras negativas e pode tentar restaurar um ambiente confortável imediatamente: "Eu tenho certeza que as coisas não são tão ruins. Somente aqueles que não fazem nada não cometem erros. Todos nós trabalhamos muito, então isso é apenas um pequeno erro".

Esta forma indireta de obter informações requer muito tempo, já que você tem que esperar até que as pessoas comecem a lhe dizer tudo. Eles podem até não saber o que dizer e, então, o 1.7- não descobre nada, ou obtém dados distorcidos. Além disso, tal abordagem prevê uma revelação de pensamentos e emoções de outras pessoas, em vez de fatos e argumentos. Enquanto a situação não for absolutamente urgente, o 1.7- pode se manter calmo e complacente. Ele diz: "Estamos um pouco chateados com os resultados dos nossos esforços, mas apesar disso, estamos cheios de otimismo e esperança pelo melhor" ou "Não acho que haja com que se preocupar. Não temos mais controvérsias".

#### Posicionamento ativo

O 1.7- defende ativamente apenas as opiniões que dificilmente podem ser contestadas. Se não comprometer as relações amigáveis e influenciar bem a equipe, ele defende sua opinião abertamente e com sinceridade. Assim que o 1.7- identifica discrepâncias, ele desiste de seu ponto de vista e tenta suavizar as controvérsias surgidas, mudando para outro tópico. Ambientes em que a discussão e colisão de opiniões diferentes são inevitáveis, onde se tem que tomar partido, fazem com que o 1.7- perca a motivação, o interesse e a posição ativa para articular e defender seu ponto de vista. De um modo geral, ele não tem um ponto de vista. Ele não expressa ideias que possam causar um debate e tenta permanecer completamente neutro.

No entanto, o 1.7- pode defender sua opinião de forma ativa e entusiástica caso ele possa incentivar uma atmosfera amigável na equipe e diminuir as tensões nas relações. Ele mostra simpatia e compaixão e cuidadosamente traça comentários positivos em relação a si mesmo. Ele está pronto para oferecer ajuda, mas na maioria dos casos não são mais do que palavras.

Se a situação inclui controvérsia ou leva a um conflito, o 1.7- não deseja agir ativamente na defesa de seu ponto de vista. Seu entusiasmo pode surgir apenas se ele sentir apoio, reconhecimento e incentivo. Tal padrão de comportamento retarda seu progresso, pois o 1.7- está sempre ocupado com a avaliação das emoções dos outros em relação à questão controversa. Outra razão para a baixa eficiência de tal abordagem é a falta de atenção para os critérios e padrões para alcançar resultados. Em vez de formular noções particulares do que deve ser feito e como, o 1.7- concentra-se em preferências e emoções individuais. Assim, ele não consegue organizar um esforço universal circunspecto focado num determinado resultado, já que cada participante confia em seu próprio ponto de vista sobre tais critérios. O 1.7- não conhece o valor da elaboração e utilização de critérios universalmente eficazes.

Para manter um tom de relacionamento positivo, o 1.7- primeiro pede a opinião das outras pessoas antes de emitir a sua própria: "O que você acha que devo fazer?", "Eu gostaria de saber sua opinião antes de dizer alguma coisa" ou "Eu valorizo muito sua opinião e não quero que nossa amizade seja ameaçada por nada". Tais declarações claramente comunicam aos outros que as principais prioridades são a paz e a harmonia.

Mesmo quando existe um apoio evidente e o 1.7- se sente confiante, ele expressa sua opinião com muito cuidado, pois ele tem medo de parecer indiscreto. Como resultado, ele parece incerto e evasivo, uma pessoa que expressa seu ponto de vista assim: "Isso é uma proposta, nada mais que isso..." ou "Isso pode soar estranho, mas suponho que..." Suas declarações geralmente incluem palavras como talvez, provavelmente, na ocasião em que etc. Tal comportamento abre o caminho para facilitar a retirada em caso de um conflito.

O 1.7- é o campeão quando há coisas agradáveis para fazer, por exemplo, relatar uma conquista de sucesso, falar sobre prêmios e bônus, novos compromissos ou aumento da oferta. Ele gosta de fazê-lo e o faz com orgulho e grande inspiração.

O 1.7- tenta não tomar quaisquer iniciativas se houver divergência de interesses. Em tais casos, ele prefere deixar a iniciativa para outras pessoas e assistir o conflito a certa distância. Assim, ele pode evitar tomar medidas que poderiam causar descontentamento ou rejeição de outras pessoas. O ponto principal de sua iniciativa é descobrir do que as pessoas gostariam e propor novas medidas de acordo com suas demandas. Para ele, a questão "O que as pessoas querem" é sempre mais importante do que "O que é melhor para o nosso negócio?" Não importa o quanto afete o resultado final ($R_e$), o 1.7- está pronto para sacrificar a produção para manter as relações positivas.

O 1.7- tem um ponto de vista positivo e em grande parte passivo. Se os superiores estabelecem padrões elevados, o 1.7- tenta alcançá-los incentivando e animando seus colegas. Em geral, ele ignora as exigências e padrões que considera excessivos. Sua lógica é agir sem sobrecarregar ninguém com detalhes desnecessários. Por exemplo, se existirem correções a serem feitas, ele não vai dizer uma palavra, pois pensa: "E se ninguém realmente precisar de nossas correções, então por que devemos falar sobre isso?" A falta de critérios definidos e padrões de qualidade o deixam sem visão sobre o comportamento errado ou as iniciativas desnecessárias dos outros. É por isso que o 1.7- quase não precisa de crítica construtiva. E é assim que a ilusão de um bom trabalho a ser elogiado pelo 1.7- aparece com prazer.

### Tomada de decisão

O estilo 1.7- tenta não tomar decisões, pois ele espera que outra pessoa assuma esse dever, ou mesmo que não haja necessidade de qualquer decisão. Na verdade, ele raramente toma uma decisão sem conversas preliminares com os colegas, nas quais ele pode descobrir o que eles pensam sobre o assunto.

O 1.7- toma decisões destacando a concordância de outras pessoas que também ajudaram a preparar a decisão. Ele adia decisões impopulares ou passa o direito de tomá-las a outra pessoa, caso tais decisões comprometam as relações existentes.

O 1.7- não tem pressa para tomar decisões, esperando até que todos concordem com ele e até que as circunstâncias sejam boas para sua implementação. Se as circunstâncias forem boas o suficiente, o 1.7- substitui a tomada de decisão por longas discussões, das quais muitas pessoas participam. Ele não tem critérios claros ou uma ordem particular de tomada de decisão. Como resultado, as discussões se tornam caóticas e sua agenda é bastante instável. Por exemplo, uma reunião dedicada a um novo software pode facilmente se transformar em um bate-papo de duas horas sobre uma ampla gama de questões e não há nem uma estrutura estável, nem critérios para a eficiência da reunião. O 1.7- quer envolver o maior número de funcionários possível na discussão, pois assim ele poderia contar com a vontade da maioria quando uma decisão for finalmente tomada. Para chegar a tal acordo, ele passa muito tempo fazendo perguntas. Ele recebe respostas e recomendações que são úteis para ele. Isso continua até que o 1.7- garanta que obteve o máximo de apoio e que a decisão que está por vir não destruirá a preciosa atmosfera positiva e amigável na equipe.

Na tomada de decisões o 1.7- é muito dependente de outras pessoas. Ele gosta quando os critérios de tomada de decisão são elaborados por pessoas acima dele. Ele não quer ser responsável pela decisão e ter que lidar com as suas consequências no caso de estar errado.

Ao tomar decisões, o 1.7- está dividido entre o desejo de demonstrar poder e sua dependência dos outros. Ele quer tomar uma decisão que por um lado agrade a equipe e seus funcionários e, por outro lado, atenda às demandas de seus chefes. Mas, como a necessidade de boas relações interpessoais é bastante elevada, as decisões são tomadas principalmente em favor da equipe, pois com a equipe o 1.7- tem relações mais estreitas e imediatas.

Se o processo de tomar uma decisão particular tem alguma controvérsia interna, ele é retardado ou para completamente. Assim que uma discussão descobre novos problemas, o

1.7- procura por soluções alternativas que seriam aceitáveis para seus colegas. Isso inevitavelmente leva a novas discussões – geralmente face a face – destinadas a chegar num acordo. Todo o processo é bastante cansativo e a decisão sofre atraso severo ou desiste-se dela. Se houver alguma chance de encontrar uma alternativa, o 1.7- pode fazer o seguinte:

- escolher a variante que é aceitável para a equipe, mas não tem qualquer utilidade para o resultado,
- adiar ainda mais a tomada de decisão e esperar até que todos se esqueçam dela,
- passar a responsabilidade pela decisão e suas consequências para outra pessoa, lavando as mãos.

### Crítica

O estilo 1.7- evita crítica construtiva apropriada e comunicação mútua adequada. Ele incentiva e elogia outras pessoas quando algo positivo está acontecendo, mas nunca fala sobre nada negativo. Ele recebe bem a crítica "positiva" e se sente desconfortável quando tem que dizer palavras desagradáveis.

O 1.7- recorre à crítica positiva o tempo todo. O fato de ser em grande parte voltado para pessoas e não resultados faz com que ele pronuncie críticas reais apenas em conversas pessoais. Assim, ele é capaz de rastrear as emoções de seu interlocutor. É por isso que ele prefere falar de forma confidencial. Sendo um líder, ele declara política de portas abertas e mostra estar pronto para falar a qualquer momento. Problemas pessoais não podem ser pequenos problemas indignos de algumas palavras. O 1.7- demonstra compaixão e oferece sua ajuda, mas na verdade raramente são mais do que palavras. Ele presta especial atenção às emoções e sentimentos de outras pessoas e acredita que é necessário apoiá-las com sua simpatia. Essa estratégia permite-lhe pedir ajuda de outras pessoas em seus próprios assuntos pessoais, já que ele sempre as ouve e cuida delas.

A qualidade e a profundidade da crítica do 1.7- são limitadas pela escala de emoções pessoais, humores e preferências. Normalmente, não existem critérios concretos para o cumprimento de tarefas e padrões de qualidade. As observações se resumem apenas a palavras positivas. Se um colega levanta quaisquer preocupações ou parece insatisfeito, o 1.7- se torna um líder "encorajador". Ele incentiva os outros e os convence a se concentrarem nos aspectos positivos da situação atual e inspirá-los com firme convicção de que o problema será superado. O principal slogan é "sorria e tenha paciência!" Os esforços de tal líder são para nivelar várias opiniões, em vez de analisá-las.

Se tal conduta encorajadora não servir de ajuda, o 1.7- afasta-se do problema e tenta não interferir mais. Ele demonstra compaixão, mas evita quaisquer conversas que possam comprometer a paz e a harmonia. Portanto, o 1.7- tenta ficar a uma distância do conflito e evitar a responsabilidade pela sua resolução. Embora ele ouça os lados que estão discutindo, ele aconselha todos a se absterem de ações potencialmente problemáticas. O 1.7- ignora os passos errados de outras pessoas, como se o seu lema fosse "Não veja nada, não ouça nada, não diga nada". Ele evita qualquer crítica.

Estar pronto para parecer apenas positivo acrescenta-se à abordagem mencionada acima também. Quanto mais problemas surgirem, maiores os esforços do 1.7- para inspirar outras pessoas com autoconfiança e destacar suas vantagens em outras esferas. Desvantagens e ineficácias são ignoradas e os colegas são informados sobre seus talentos, habilidades e o muito apreciado trabalho o tempo todo. Não há espaço para a crítica negativa, mesmo que seja correta, construtiva e que tal atitude seja compartilhada por outros, porque o 1.7- poderia desagradar alguém. Se os erros e problemas não puderem ser ignorados, a crítica serve para incentivar a autoconfiança da pessoa culpada, apesar de seus erros: "Embora você tenha tido azar desta vez, você é tão talentoso! Se eu fosse você, não me preocuparia com isso". Tal atitude superficial com os problemas priva as pessoas de uma oportunidade de perceber seus pontos fracos e aprimorá-los.

Uma pessoa 1.7- não é útil quando as pessoas precisam de apoio para superar seus problemas ou obstáculos. Em circunstâncias difíceis, ela não consegue realmente elevar seu espírito de luta e dar-lhes autoconfiança. O 1.7- esbanja palavras de louvor, sempre encontra nuances positivas mesmo em fracassos, mas ele não consegue inspirar todos a superarem o fracasso e utilizá-lo para o aprimoramento.

## 6.7 Conclusões

Enquanto o 7.1- tenta imediatamente converter os recursos ($R$) em resultados ($R_e$) ignorando as relações, o 1.7- ignora tanto os recursos ($R$) quanto os resultados ($R_e$), concentrando toda sua atenção em si mesmo e em sua posição na ZONA I. Em resumo, o objetivo ideal do estilo 1.7- é uma vida calma em equipe, sem conflitos e problemas. Este propósito inevitavelmente interfere com os objetivos gerais da organização. O 1.7- tenta resolver isso através da construção de relações amigáveis e positivas na ZONA I. Na verdade, ele não consegue. Quanto mais esforços são feitos para estabelecer tais relações, para salvar a si mesmo e os colegas de conflitos e controvérsias, maior a decepção no final. Como crianças mimadas, eles ficam saciados com elogios constantes e esperam por mais e mais elogios e apreciam a irresponsabilidade. Depois de algum tempo uma equipe do tipo 1.7- perde o controle sobre a influência que exerce sobre os outros. Eles se acostumam com aplausos constantes. Normalmente, tudo se transforma em desilusão quando a equipe tem que enfrentar a dura realidade.

# 7 Estilo 1.7+ Entusiasta de coração mole (não se preocupe, vai ficar tudo bem)

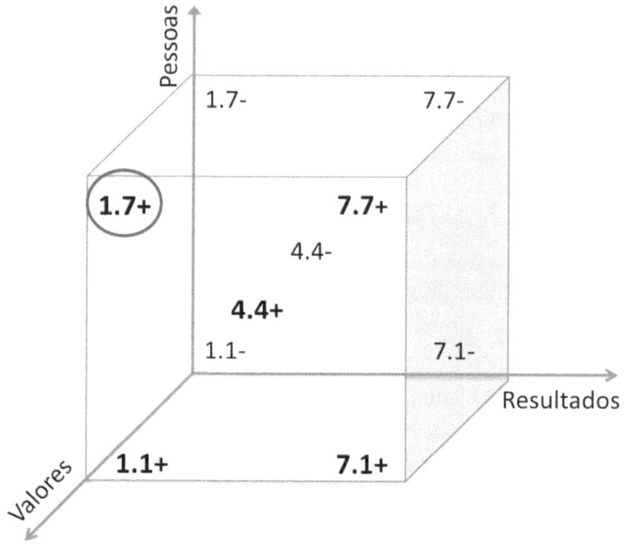


Pouca preocupação com a produção, alta preocupação com pessoas, atitude de interesse pelo trabalho da organização, ânsia de criar uma atmosfera de amizade, confiança e entusiasmo. Domínio de otimismo irracional e fantasias sobre planos e tarefas reais, sonhos impossíveis. Os colegas são motivados com ênfase sobre os aspectos positivos e socialmente significativos do trabalho.


A. Zankovsky, C. von der Heiden, *Liderança com Synercube*
https://doi.org/10.1007/978-3-662-55606-1_7

## 7.1 Características básicas do estilo 1.7+

O estilo 1.7+ tem como características típicas ser compassivo, amigável, cuidadoso e cauteloso, está sempre se desculpando. O 1.7+, assim como o 1.7-, combina pouco cuidado com os resultados e bastante atenção às pessoas. Mas os dois estilos são muito diferentes em sua orientação de valores culturais. O estilo 1.7- é indiferente ao trabalho, às pessoas e à organização, ele não confia em ninguém e sua vontade de agradar a todos e causar uma boa impressão é em grande parte uma máscara e um meio de proteger-se do envolvimento na vida organizacional. Para o 1.7+ o trabalho, as pessoas e a organização são de grande valor, ele é dedicado à organização, confia nas pessoas e sinceramente acredita que tudo vai dar certo e que os resultados serão ótimos. Ele é sempre positivo e quer contribuir para o negócio da equipe, embora nem sempre entenda que medidas práticas são necessárias. Suas prioridades são a amizade, a inspiração geral e o otimismo das pessoas. Estas prioridades são tão fortes que os propósitos do trabalho são conduzidos para a periferia do seu campo de visão. Ele acredita firmemente que as boas relações certamente levarão a grandes resultados. Ele quer todos alegres, satisfeitos e deseja compartilhar sua firme crença de que tudo está sendo feito corretamente e vai levar a bons resultados. Não se deve desanimar e sim apoiar relações amigáveis e gentis. Ele pensa que estar focado em emoções positivas, acreditar no sucesso final e formar relações amigáveis e de confiança são as coisas mais importantes em uma organização. Para ele, o êxito dos resultados ($R_e$) se correlaciona com o grau de satisfação e inspiração dos colegas, então o 1.7+ está sempre cheio de otimismo e ocupado com o estabelecimento de relações positivas na equipe. Além disso, ele tenta estar sempre presente para encorajar a todos, compartilhar energia e oferecer ajuda e apoio, se necessário, mesmo em detrimento de todo o trabalho. Assim, para um curto período de tempo, o líder 1.7+ pode parecer um profeta carismático que pode inspirar as pessoas com a crença e o otimismo para alcançar grandes realizações. Mas a falta de orientação prática para resultados logo deixa claro que o 1.7+ é um otimista de coração mole e um sonhador incorrigível, para quem o mundo imaginário é mais importante do que o real. Uma pessoa 1.7+ sempre oferece seus serviços, sua ajuda e é até ansiosa por sacrificar seus interesses pessoais em prol do bem comum: a organização deve prosperar e avançar, os funcionários devem estar felizes e satisfeitos. Mas essas palavras justas raramente são implementadas, porque os fins não são alcançados por si próprios e grandes expectativas, assim, não chegam a nada.

O 1.7+ é invariavelmente positivo, confiante, culto e cuidadoso. Ele tende a olhar para tudo de forma positiva, seu otimismo muitas vezes não tem fundamento e ele é ansioso por agir em favor da organização e seus colegas. Todas essas características tornam o 1.7+ uma pessoa agradável para se comunicar e lidar, mas por outro lado, ele é bastante suscetível a manipulações, pois em sua inspiração e confiabilidade nem sempre é capaz de interpretar as reais intenções das outras pessoas.

O 1.7+ é um tipo totalmente positivo, mas o seu calcanhar de Aquiles é a falta de foco em resultados. Ele percebe a importância da obtenção de resultados e convoca os outros a lutarem por realizações significativas, mas sua atenção é o tempo todo deslocada para as pessoas e para manter uma atmosfera amigável e entusiasta. É por isso que tarefas e eficiência se tornam inferiores. É por isso que os planos e deveres reais permanecem em grande parte sonhos e esperanças vazias, em vez de serem alvos de trabalhos práticos e objetivos. As boas intenções sinceras do 1.7+ frequentemente permanecem como castelos no ar e sua inspiração se transforma em maquinações ociosas. O 1.7+ tem alta fidelidade organizacional, é capaz de estabelecer bons relacionamentos, interpretar as emoções e intenções das pessoas, mas infelizmente não traz tanta realização quanto poderia. A falta de foco em resultados contrabalança a afiada atenção para com as pessoas e os colegas são distraídos dos propósitos da organização. No final, os relacionamentos são calorosos e amigáveis, mas bastante vazios e sem conteúdo. Tais relacionamentos não possuem um propósito e não ajudam a mover a organização para frente. Assim, há muitas equipes onde as coisas boas se articulam o tempo todo e as pessoas estão cheias de esperanças e entusiasmo, mas estas equipes ao mesmo tempo não estão prontas para enfrentar dificuldades e aumentar a eficácia em meio a forte concorrência.

## 7.2 O estilo 1.7+ em cooperação coletiva

O estilo 1.7+ sente um medo constante de ser rejeitado. Uma das situações mais difíceis para ele é de um conflito inevitável, quando ele tem que suportar a crítica e irritação de outras pessoas. A raiva e a crítica podem não ser contra ele, mas o 1.7+ sofre de acentuada ansiedade e profundo mal-estar de qualquer maneira. Ele tenta fazer o seu melhor para restaurar a paz e harmonia o quanto antes.

O medo de ser rejeitado na maioria das vezes se torna aparente em meio à crítica e comunicação mútua. Se tiver que tomar parte em uma conversa sobre os pontos fracos de alguém, ele utilizará muitas palavras de pesar e otimismo sem fundamento. Qualquer forma de crítica é considerada inaceitável, a menos que contenha otimismo e apoio claros ou latentes. O mesmo é válido para a crítica em relação a outras pessoas. O 1.7+ acha difícil falar diretamente sobre os pontos fracos e erros de alguém, por isso muitas vezes ele encobre suas observações com elogios e evita os aspectos objetivos da crítica construtiva.

Por exemplo, o 1.7+ fala sobre resultados não completamente sem falhas com o chefe do projeto. Ele pode dizer: "Você trabalhou muito neste projeto. No entanto, o resultado acabou não sendo tão bom quanto esperávamos. Mas estou certo de que teremos muitas chances de demonstrar do que somos capazes!" Depois de tal "crítica", até mesmo o funcionário mais negligente pode concluir: "Ah sim, o trabalho que fiz não é mesmo tão ruim!"

Acima de tudo, o 1.7+ tem medo de que todos os esforços para construir uma equipe calorosa e amigável podem ser em vão por causa de seu próprio erro. É por isso que quando ele ouve observações críticas não faz uso delas para melhorar, mas sim começa a queixar-se por ter decepcionado alguém. Depois disso, ele imediatamente tenta encontrar algum fundamento para otimismo, já que tem medo de tristeza. Ele tenta olhar para a situação de outro ângulo e restaurar o otimismo e relacionamentos anteriores. Ele critica a si mesmo e cuida dos outros. Nesses casos, pode-se ouvi-lo dizer: "Eu me pergunto como posso ter ignorado algo tão importante!", "O que eu penso disso? Eu deveria ter previsto tudo quando comecei este negócio" ou "A culpa é totalmente minha". Tais declarações são feitas para fazer os outros confirmarem que está tudo bem, pois é muito importante para o 1.7+ restaurar seu estado de espírito positivo e ter certeza de que seus colegas compartilham de seu otimismo.

Problemas, pontos fracos e erros são suavizados e postos de lado sem análise detalhada; a atmosfera otimista e as relações amigáveis são imediatamente restauradas. O 1.7+ preocupa-se tanto com a possibilidade de cometer um erro que possa comprometer o futuro brilhante da organização e os bons relacionamentos com outras pessoas que, assim que se recupera, ninguém se atreve a lembrá-lo do erro ou de dizer qualquer coisa crítica. É melhor não reparar no erro, ou reportá-lo de uma maneira indireta, porque a crítica direta é tão dolorosa para o 1.7+ que ele não pode aceitá-la objetivamente.

O estilo 1.7+ conhece bem as pessoas, mas em geral é muito positivo na sua atitude para com elas e para com a organização. É por isso que muitas vezes ele não consegue detectar as intenções, ambições e motivações genuínas das pessoas. Ele acha que elas compartilham de seus próprios interesses e propósitos. Ele também é bastante crédulo e todas estas características podem ser aproveitadas pelos colegas mais manipuladores. Eles podem fingir partilhar dos valores e preocupações do 1.7+, perseguindo silenciosamente seus próprios objetivos. Se tiverem cuidado suficiente, podem se sentir seguros.

O estilo 1.7+ não sente a necessidade de obter sucesso através de seus próprios esforços. Ele não confia em si mesmo o suficiente e tenta passar a responsabilidade a todas as outras pessoas ao mesmo tempo, criando boas condições para os preguiçosos e condições difíceis para os que trabalham duro. Os primeiros trabalham muito pouco, pois veem a chance de não assumir responsabilidade e os últimos trabalham demais, pois se sentem responsáveis por todos.

Quanto ao seu próprio trabalho, o estilo 1.7+ tenta fazê-lo estritamente dentro do volume planejado. Mas ele o faz não devido ao seu cuidado com os resultados futuros. Primeiramente ele tem medo de estragar suas relações com os superiores. Em outras palavras, ele não depende de bons relacionamentos para cumprir tarefas, mas tem de atingir resultados que lhe permitam apoiar as boas relações.

O 1.7+ raramente gera novas ideias criativas devido ao seu medo de cometer um erro que poderia afetar negativamente as boas relações. Ao mesmo tempo, os colegas são estimulados verbalmente a trabalhar de forma produtiva, pois a obtenção de resultados pode garantir o entusiasmo e uma atmosfera agradável. No entanto, estas instruções gerais quase nunca se desdobram em tarefas e ações. São apenas palavras. Se não houver metas traçadas para o trabalho, não haverá ambição, vontade ou esforço. As metas são estabelecidas dentro de um escopo moderado e alcançável, porque seu cumprimento deve ser alegre para o líder e seus colegas, acredita o 1.7+.

O estilo 1.7+ reúne informações para demonstrar que as coisas estão indo bem. O 1.7+ conta com o apoio mútuo para manter um clima pacífico e positivo, mesmo quando uma discussão leva a problemas e casos controversos. Assim, as controvérsias são suavizadas ou deixadas de lado. O estilo 1.7+ aceita facilmente a responsabilidade por seus colegas.

Ele acredita que para melhorar a cooperação não é ruim mudar de comunicação empresarial para relações amigáveis mais estreitas.

Partindo de seus valores, o estilo 1.7+ tem certeza de que todas as pessoas são igualmente bondosas e positivas. Se tudo correr bem, o 1.7+ encoraja seus colegas com muitos elogios. Se tudo não correr tão bem, sua atitude permanece constantemente positiva e ainda com algum incentivo.

## 7.3 A ZONA I e o estilo 1.7+

O estilo 1.7+ tende a criar uma atmosfera que é caracterizada não só pela cordialidade e simpatia, mas também por um certo grau de confiança, respeito e sinceridade. Por outro lado, essa equipe geralmente não visa resultados definitivos e esse estilo não tem o sinergismo que apareceria em condições de cooperação "forte" e proposital.

Colegas podem trabalhar juntos por muitos anos, comunicarem-se todos os dias e serem amigos. No entanto, muitas vezes sentem que lhes faltam confiança mútua e respeito completos, pois todos suspeitam que apesar das grandes expectativas potenciais e superestimadas, a produção real é novamente e repetidamente bastante moderada.

O 1.7+ é uma fonte inesgotável de entusiasmo, esperança e crença. Mesmo que a situação se torne quase impossível e um problema pareça insuperável, ele não se dá ao luxo de ficar triste. Ele tenta encontrar algo de positivo e inspirador. Seu lema é "Tudo vai se resolver, vai dar tudo certo se nos animarmos e preservarmos nossas relações". As relações harmônicas, a confiança e a crença firme em um final feliz se tornam mais importantes do que os objetivos da organização e as tarefas atuais. Em meio a tudo isso, muitas vezes não há espaço para uma análise deliberada de problemas, conflitos e críticas mútuas, que são substituídos por expectativas alegres e otimismo sem embasamento. A equipe tenta suavizar todas as diferenças de opinião, acalmar aqueles que discutem e convencê-los de que não há necessidade prática nos argumentos. Quanto mais fortes as relações pessoais e o entusiasmo, menos as pessoas querem enfrentar dificuldades práticas. Aqui o 1.7+ segue o slogan "Por que vamos estragar nossos relacionamentos agradáveis se tudo acaba bem?"

O excesso de otimismo injustificado minimiza a capacidade de analisar padrões de comportamento ineficientes e os problemas decorrentes. Assim, torna os resultados ($R_e$) piores, o que por sua vez estraga o tom geral de inter-relações (I). Apesar de ter valores corretos e foco nas pessoas, os recursos mais importantes (R) não são reclamados, pois a equipe se esquece dos objetivos organizacionais, ignora controvérsias e conflitos que inevitavelmente aparecem e não prevê alternativas para contornar os eventos (Fig. 7.1).

Consequentemente, tal equipe nunca adquire a experiência necessária para alcançar resultados definitivos e solução de problemas. Sem essa experiência qualquer atividade perde o sentido e a direção. Além disso, essa equipe não aprende a tomar as decisões corretas e alcançar sinergia. Em vez disso, as pessoas 1.7+ sempre cooperam como se vivessem num mundo feliz, sem problemas e discrepâncias, onde os resultados resultam de esperanças e expectativas, sem muito esforço.

**Fig. 7.1** 1.7+

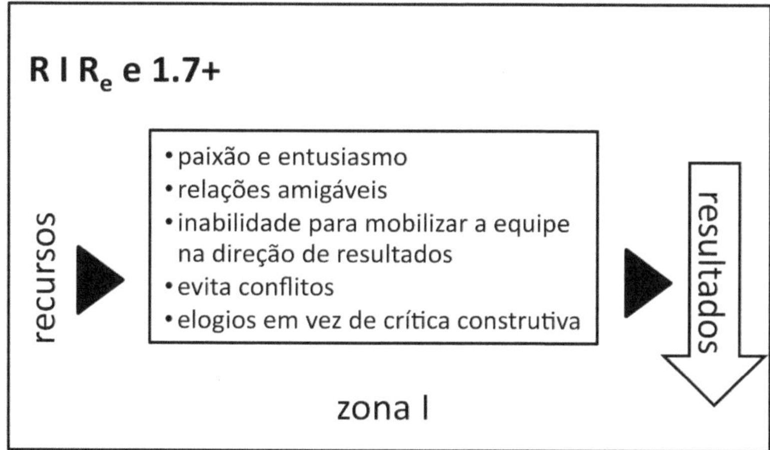


## 7.4 Cultura e valores 1.7+

*Cultura de bondade, otimismo e sonhos impossíveis.*

*Confiança.* O 1.7+ acredita que as pessoas são decentes e dignas de confiança por natureza. Trabalho, pessoas e empresa são de grande valor, ele é dedicado à sua empresa, confia nas pessoas e acredita sinceramente que tudo vai correr muito bem. O 1.7+ tem sempre espírito positivo. Caso se depare com desonestidade e trapaças, ele as considera má sorte e não atribui importância. Ele é ingênuo o suficiente para confiar em pessoas que o desapontaram muitas vezes. Anseia por contribuir com os negócios da equipe, mas na verdade ele não entende como contribuir. Assim, ele passa muitas tarefas-chave para outras pessoas e espera sinceramente que elas saibam o que fazer. Sua prioridade número um é uma atmosfera amigável; ele é confiante e cheio de otimismo. Este estilo é tão dominado pela credulidade que muitas vezes cai em manipulações. Isso vai tão longe ao ponto de desculpar manipulações e não se opor a elas em absoluto.

*Justiça.* O estilo 1.7+ está convencido de que a equidade deve ser vista apenas no contexto das relações de amizade e confiança em que todos se inspiraram e acreditam que as realizações vão exceder as expectativas. Se tal atmosfera existe e é mantida e houver otimismo e esperança pelo melhor, a realização dessas esperanças e planos é a forma suprema de justiça. O 1.7+ é um entusiasta de coração mole e um sonhador incorrigível, o mundo imaginário é mais importante para ele do que o real. Da mesma forma, sua noção de justiça é bastante artificial. Ele tem pouca conexão com a escala de sua participação e a de seus colegas nas realizações da empresa. Problemas reais da empresa são deslocados para a periferia de sua atenção e são focados de novo apenas quando a diferença entre as expectativas superestimadas e as realizações reais fica tão grande que é absolutamente impossível continuar ignorando-a. Enquanto a diferença não for tão grande, o estilo 1.7+ prefere incentivar mesmo os resultados mais medíocres. Ele acredita que todos merecem elogios porque cada um trabalha tão duro quanto pode, de acordo com suas habilidades, possibilidades e anseios. O 1.7+ considera justo não punir ninguém, mesmo por grandes erros e sim desculpá-los devido a circunstâncias desfavoráveis.

*Comprometimento*. Pessoas do estilo 1.7+ são sinceramente dedicadas à sua organização, mas sua devoção tem algumas peculiaridades. Eles realmente se preocupam com problemas de toda a equipe e de cada um de seus membros. Mas o estilo 1.7+ identifica-se mais com os relacionamentos pessoais e amigáveis na equipe e com a atmosfera de inspiração e entusiasmo do que com os resultados da atividade. É pelos relacionamentos harmoniosos que ele se esforça. Devoção e identidade organizacionais podem ser assumidas pelo 1.7+ apenas no caso de haver uma conexão emocional clara com a empresa com base em relações de amizade e expectativas alegres. Assim, comprometimento e devoção organizacionais, assim como identidade, transformam-se numa espécie de dependência emocional no final e não tocam os motivos profundos e objetivos pessoais dos padrões de comportamento organizacional.

*Responsabilidade*. O estilo 1.7+ é mais ou menos confiável em todas as situações. Sua confiabilidade é baseada numa orientação de valor cultural positiva e alta devoção à empresa. Estranho, mas verdadeiro, o estilo 1.7+ é mais dedicado quando existe uma ameaça real de romper relações de amizade e estragar o ambiente de otimismo e alegria tão altamente apreciados pelo 1.7+. Em outras palavras, o estilo 1.7+ ganha melhor eficiência e confiabilidade não devido a relações harmônicas, mas por causa de tais relações! Assim, a cultura 1.7+ é confiável principalmente na esfera das relações humanas. A responsabilidade social do 1.7+ é muito alta e é um dos elementos-chave de seus valores culturais: o 1.7+ compartilha profundamente da filosofia de responsabilidade social que exige cooperação e participação na solução de problemas sociais. Do ponto de vista do 1.7+, tais problemas são extremamente importantes, mas geralmente sua participação efetiva em sua abordagem é apenas de palavras e frases feitas. As questões de responsabilidade social geralmente entram em seu campo de visão só se ele tiver que responder a exigências de superiores.

*Integridade*. Para o estilo 1.7+, integridade e honestidade consistem numa atmosfera calorosa e amigável, onde colegas encorajam e inspiram uns aos outros e desfrutam do processo de trabalho, não importa o resultado. Tal integridade é bastante peculiar: como regra, apenas emoções positivas são demonstradas e questões negativas permanecem inferiores ou são completamente ignoradas. As pessoas do tipo 1.7+ estão ansiosas para responder positivamente, elas convencem umas às outras a se comprometerem e passarem a responsabilidade para outras pessoas. Em tal equipe é prática comum agradecer a crítica positiva e apresentar desculpas em resposta à crítica negativa. É por isso que o panorama geral da atividade organizacional, seu sentido e desenvolvimento não são concentrados na produção, mas no próprio processo de trabalho e tudo isto leva a um uso irracional dos valiosos recursos pessoais e coletivos.

## 7.5 Cultura e poder 1.7+

*Foco nas recompensas e no poder da informação*

*Punição.* Por natureza, o estilo 1.7+ rejeita a punição como instrumento de influência e ferramenta para mudar o comportamento dos membros da equipe. Ele tenta abster-se de punir alguém por todos os meios. Ele acredita que todos os funcionários são decentes por natureza e tentam fazer o seu melhor. Mesmo que cometam erros graves, não é culpa deles, mas um efeito de circunstâncias fatais. Se o 1.7+ tiver que punir alguém, ele o faz da forma mais suave e inofensiva, com desculpas e palavras pacíficas. O 1.7+ também dirá que a punição não é de sua vontade, nem de sua iniciativa, mas sim 'ordens de cima'. "Eu nunca teria prestado atenção nisso, mas você entende que eu sou obrigado a fazê-lo. Por favor, vá com calma, tudo vai se ajeitar".

*Recompensa.* O estilo 1.7+ olha para recompensas como um meio natural de formar uma atmosfera calorosa e amigável na equipe. Ele acredita firmemente que todas as pessoas são, por natureza, decentes e trabalhadoras e merecem elogios e recompensas, não importa como trabalhem e quais resultados obtenham. É por isso que o 1.7+ anseia por elogiar as pessoas, ele as elogia excessivamente e as encoraja mesmo que os resultados estejam distantes do esperado. A falta de uma orientação intencional para resultados concretos leva a uma falta de critério de acordo com os quais se possa avaliá-los. Tais critérios não são discutidos com antecedência, eles simplesmente não estão definidos. É por isso que os funcionários se acostumam com aplausos, mesmo que as realizações sejam mínimas. Eles ficam confusos quando por algum motivo não recebem uma recompensa.

*Posição.* A importância de sua posição e status na empresa é para o 1.7+ a oportunidade de contribuir para a formação de relações amigáveis e harmônicas na equipe, organizar festas corporativas, dar presentes e defender os direitos dos trabalhadores. O estilo 1.7+ dificilmente destaca sua autoridade oficial. Ele prefere alcançar relações próximas e amigáveis com seus colegas e criar uma atmosfera de união na equipe. Ele faz o seu melhor para insistir sobre igualdade e compreensão. Ele acredita que todos os seus colegas são decentes e trabalhadores e raramente lhes dá instruções diretas. Ele acentua a importância das relações harmônicas e muitas vezes ninguém está encarregado de fazer o trabalho corretamente. O 1.7+ não tem ambições de carreira exageradas, mas ao mesmo tempo é cheio de esperança de que seus superiores apreciem a atmosfera e as relações formadas na equipe graças aos seus esforços. Assim, ele espera ser promovido a uma posição mais alta. O 1.7+ tem que exercer sua autoridade oficial apenas no caso de existirem exigências categóricas de cima sobre a produção definitiva. Mas, mesmo em tal caso, ele só pode dizer: "Eu raramente peço a você alguma coisa, mas agora é absolutamente necessário. Claro, se você aprecia a nossa equipe, nossa amizade e o seu chefe, você não quer que outra pessoa seja nomeada em vez de mim."

*Informação.* A troca de informações no caso do 1.7+ vem, em primeiro lugar, para a formação de um ambiente amigável e entusiasmado na equipe. É por isso que o 1.7+ está sempre ansioso por reunir e aceitar informações positivas e tem o prazer de informar aos outros em detalhe sobre as coisas que ajudam a fortalecer tal ambiente. Informações negativas são apresentadas de tal forma que é difícil detectar seu significado real. É por isso que a informação é acumulada de maneira bastante superficial e ocorre apenas em caso de necessidade. Informações que imediatamente tem a ver com trabalho, deveres e produção são recolhidas apenas em caso de pedidos insistentes de cima. O 1.7+ prefere não passar informações negativas a ninguém sem antes avaliá-las bem por conta própria. Como regra geral, após sua análise a informação negativa adquire uma aparência bastante positiva e otimista.

*Especialista.* O estilo 1.7+ é muito competente na esfera da formação de relacionamentos positivos e um ambiente organizacional próspero. Sua competência profissional, contudo, não é tão alta. Mesmo no processo de aquisição de novos conhecimentos e habilidades, ele é focado em relacionamentos mais do que nos objetivos definitivos de estudar. É por isso que ele não tem autoconfiança a respeito de suas próprias qualidades profissionais e tenta compensar isso transferindo a responsabilidade para outras pessoas através da formação de relações próximas e amigáveis. Consequentemente, ele não é capaz de agir de forma independente. Sua atividade está focada não nos processos organizacionais e sua melhoria, mas nos sentimentos, emoções e humores dos colegas. Partindo de seus valores culturais, o estilo 1.7+ destaca a necessidade de ensinar e treinar os funcionários o tempo todo e ele contribui para os ensinar e treinar, mas a falta de suas próprias habilidades e conhecimentos não lhe permite ensinar aos outros através do exemplo.

*Referência.* Devido a seus valores culturais, humor positivo constante e encanto pessoal, o estilo 1.7+ tem poder de referência bem demonstrado. Mas depende muito de situações particulares e tem pouco a ver com os principais objetivos e tarefas da organização. O melhor de todas as suas qualidades carismáticas se mostra em reuniões corporativas, quando o 1.7+ pode incentivar a equipe com sua energia, paixão e discurso emocional e convencer todos das oportunidades brilhantes que tem em mente. Seu poder de referência também é forte nos casos em que os esforços da organização trazem bons resultados em meio a um conjunto positivo de circunstâncias, boa sorte e condições de mercado bem sucedidas, combinadas com os erros dos rivais, fatores macroeconômicos, políticos, etc. Em tais condições, o estilo 1.7+ é visto como um líder ideal e até mesmo profético por algum tempo, alguém que pode construir uma equipe harmônica e, além disso, alcançar resultados impressionantes. Mas assim que a competição for muito difícil e for necessário garantir produção máxima o tempo todo, a falta de uma orientação para produção constante e bem demonstrada destrói tanto as maravilhosas oportunidades prometidas pelo 1.7+ quanto sua influência carismática. Todos começam a ver que as palavras e promessas do 1.7+ não condizem com o estado real dos negócios. Embora ele torne a vida da equipe positiva, seja educado, agradável e gentil para se lidar, em situações difíceis da vida organizacional sua capacidade de aceitar a responsabilidade e liderar pessoas acaba por ser nada mais do que palavras.

## 7.6 Habilidades de cooperação do estilo 1.7+

**Resolução de conflitos**

Qualquer conflito é uma ameaça para o estado de espírito positivo e otimista do estilo 1.7+. Sua atitude em relação a conflitos é negativa. Para ele, os conflitos são um mal inevitável e ele tenta evitar conflitos ou negá-los se ocorrerem. Quando a equipe estiver em perigo de um conflito, o estilo 1.7+ faz o seu melhor para minimizar o desacordo surgido e proteger as relações harmônicas e amigáveis – como ele as vê – as quais está ansioso para criar e apoiar. O principal meio de solucionar problemas é pedir aos membros da equipe para se acalmarem e abordarem o desacordo surgido com leveza, pois as coisas não estão indo tão mal e muito em breve tudo vai se assentar e ficar bem.

Se o conflito se tornar mais e mais agudo e não houver nenhuma maneira de evitá-lo, o 1.7+ tem que investigar suas raízes. Partindo de seus valores culturais, ele sente que conflitos não resolvidos são um sério obstáculo para a construção de uma equipe harmônica e tem que ser de alguma forma superados. Ele não evita tocar no conflito em conversas, ele está pronto para falar sobre ele, mas nunca chega a uma análise profunda e não procura cuidadosamente as melhores maneiras de resolvê-lo. Sua noção geral do conflito: uma ameaça para as relações harmônicas e a atmosfera entusiástica e alegre. É isso que ele está pronto para discutir com seus colegas. Nenhuma outra medida é tomada para lidar com o conflito. Tudo permanece no nível da visão teórica e declarações de que os conflitos em geral são prejudiciais, inadmissíveis e infundados.

O estilo 1.7+ acredita firmemente que tão logo as relações harmônicas tenham sido criadas e as pessoas estiverem unidas por aspirações otimistas, não deve haver nenhum motivo para controvérsias e conflitos. É por isso que, em sua opinião, um conflito é um fenômeno prejudicial, infundado e antinatural. Quando ocorre um conflito, o estilo 1.7+ tenta desviar a atenção dele. Ele acalma os colegas e os incentiva. Ele traça cuidadosamente as mudanças nos humores da equipe e se sentir a tensão aumentar, ele tenta neutralizá-la e convencer os lados conflitantes de que seu desacordo é algo sem importância e irreal. Ele não tenta analisar o desacordo, ele não compara os dois pontos de vista com base em fatos. Em vez disso, ele tenta persuadir os lados argumentando não existir um verdadeiro conflito, já que não há lugar para conflitos numa equipe 1.7+, onde todas as pessoas estão bem e tudo é bom para sempre.

Se não houver chance de evitar um conflito, o 1.7+ tenta acalmar os colegas. Ele é muito convincente e criativo quando fala sobre as consequências negativas e desastrosas do conflito e demonstra as vantagens e aspectos positivos de relacionamentos amigáveis e calmos. Ele faz referência às circunstâncias infelizes, subestima a escala de desacordos surgidos e imagina um futuro maravilhoso onde todos os conflitos são resolvidos por si mesmos. No final, se o 1.7+ sente que o conflito surgido pode tornar-se uma ameaça real para seu sistema de relações de amizade, ele pode usar não só a persuasão: "Seus insultos e injúrias mútuas são mais importante para você do que a minha atitude gentil e amigável?" Aqui os lados conflitantes começam a perceber que relações amigáveis e gentis na equipe são tão importantes para o 1.7+ que, a fim de salvá-las, ele pode apelar para medidas mais rigorosas.

O 1.7+ não vê qualquer potencial positivo em conflitos. Ele não enxerga que um conflito pode vir a ser uma oportunidade de melhorar a eficiência da interação. É por isso que as razões profundas do conflito são ignoradas e não são discutidas. Mais tarde tal falta de vontade de analisar as razões muitas vezes leva a consequências ainda mais graves e negativas. Como regra geral, o estilo 1.7+ não define critérios claros de avaliação da eficiência. Todos preferem dirigir-se ao trabalho na base do puro entusiasmo. Eles pensam que planejamento e critérios claros diminuem a ânsia dos funcionários por trabalhar duro. O princípio é: "Se as pessoas são talentosas e trabalham com entusiasmo, o resto vem sem esforços adicionais". Enquanto não houver critérios definidos, qualquer observação parece uma opinião subjetiva e nada mais. Enquanto isso, um comentário deverá associar o comportamento real com uma amostra do ideal e compará-los. É por isso que a avaliação da eficiência é bastante difícil, pois não existem padrões de comparação e melhoria.

### Competência comunicativa

A competência comunicativa do estilo 1.7+ é bastante elevada e permite-lhe estabelecer e apoiar relações calorosas e amigáveis com outras pessoas. Suas características típicas são o otimismo contagiante, o jeito amável, a empatia, educação e atenção ao interlocutor e ele pode facilmente definir relações calorosas e amigáveis com seus colegas. O estilo 1.7+ tem uma compreensão sutil das pessoas, suas necessidades e interesses, o que lhe permite compreender profundamente suas motivações e prever seu comportamento.

O estilo 1.7+ pode estabelecer intercâmbio intensivo de informações em seu departamento. As notícias se espalham livremente, muitas vezes através de conversas informais em uma atmosfera amigável e agradável. Os objetivos da coleta de informações e de sua análise pelo 1.7+ tem, como regra, pouco a ver com a tarefa de alcançar excelentes resultados organizacionais e não estão associados com a avaliação da qualidade da produção. O objetivo é formar e aprimorar as relações harmônicas e a atmosfera de entusiasmo universal e inspiração.

Uma pessoa 1.7+ usa ativamente a busca e coleta de informações para excluir fatores que poderiam provocar qualquer conflito coletivo e representar uma ameaça para o ambiente calmo e otimista. A comunicação normalmente não toca em questões como o aumento da eficiência e coloca pressão sobre coisas como a qualidade das inter-relações, o humor positivo e as expectativas alegres. É por isso que questões como "Quais são os resultados que temos de alcançar e como?" São substituídos por "O que devemos fazer para melhorar nossos relacionamentos?" Em outras palavras, a atenção do 1.7+ é em grande parte concentrada em perguntas e coisas que não têm nenhuma conexão imediata com os objetivos da atividade organizacional. Consequentemente, o estilo 1.7+ passa muito tempo falando com as pessoas sobre os seus desejos, sentimentos e pensamentos e não contribui para a melhoria da sua atividade profissional e até a prejudica, porque a atenção dos funcionários é distraída das tarefas definidas.

O 1.7+ usa seu charme e eloquência impressionante para controlar a direção para a qual as discussões levam a equipe e os guia como quiser para evitar questões polêmicas que possam provocar um conflito e causar tensão indesejada.

Se alguém comete um erro ou uma imprecisão no seu trabalho, o 1.7+ não faz nenhuma tentativa de analisar e descobrir as verdadeiras razões. A primeira coisa a ser feita pelo 1.7+ é avaliar como o erro pode afetar a atmosfera da equipe. Se ele não prevê quaisquer consequências negativas, apenas queixa-se um pouco ou ignora completamente o erro. Se o erro pode causar crítica e conflito, o 1.7+ tenta restaurar uma atmosfera amigável e gentil, dizendo: "Tenho certeza de que isso aconteceu devido a circunstâncias ruins e em geral está tudo bem. Não devemos ceder ao pânico e começar a brigar por causa de ninharias. Tudo vai se resolver e podemos esperar um futuro maravilhoso!"

A comunicação do estilo 1.7+ visa o intercâmbio de informação em termos de emoções e sentimentos das pessoas. Fatos e processos organizacionais são questões secundárias. Apenas em uma situação crítica que pode destruir as relações harmônicas, tão importantes para o 1.7+, ele pode se concentrar na produção e resolver os problemas.

**Posicionamento ativo**

O estilo 1.7+ defende apenas opiniões que não podem causar objeções e conflitos sérios, que ajudam a fortalecer as relações calorosas e amigáveis e formar expectativas otimistas. Ele defende sua opinião abertamente e com convicção, se isso não ameaçar as relações de amizade e influenciar as outras pessoas de forma positiva. Se o 1.7+ prevê objeções, ele tenta suavizar as divergências aparentes e persuadir os outros de que sua posição é focada nos interesses de toda a equipe e é benéfica para todos. Se uma discussão ou colisão de opiniões diferentes for inevitável, se for necessário tomar partido, o estilo 1.7+ tem motivação e energia suficientes para articular e apoiar seu ponto de vista. A orientação de valores do 1.7+, que coincide com os interesses da equipe, dá a ele uma grande vantagem em defesa de seu ponto de vista. A convicção interna de que seu ponto de vista é o ponto de vista da equipe e até mesmo de toda a sociedade, permite que o 1.7+ influencie significativamente as opiniões e comportamentos dos outros membros da equipe.

O 1.7+ defende sua opinião ativamente e com entusiasmo, enquanto estiver certo de que isso é bom para o bem-estar geral. Se a situação se tornar aguda e puder se transformar em um conflito que poderia ameaçar as relações na equipe, ou se o estilo 1.7+ for acusado de motivos pessoais ou parciais, ele está pronto para desistir de sua opinião. Ele pode voltar a defendê-la somente se sentir o apoio da maior parte da equipe.

A fim de não comprometer as boas relações, o estilo 1.7+ muitas vezes procura saber das opiniões de outras pessoas antes de dizer o que pensa. "Eu não gostaria que a minha opinião influenciasse seu ponto de vista. Para mim é muito importante saber das suas opiniões, cada opinião. Eu sou um membro da nossa equipe, como cada um de vocês". Tais declarações evidenciam aos outros que a prioridade é a paz e a harmonia. Quando há apoio evidente e o 1.7+ se sente autoconfiante, ele expressa abertamente sua opinião, fala com confiança e pode até ser intrusivo. Como resultado, os colegas que poderiam expressar outra opinião preferem manter-se em silêncio.

Quando se trata de organizar as festas da empresa, entregar presentes, relatar as realizações de sucesso, prêmios, novos compromissos e aumento de ofertas, o 1.7+ está entre os mais ativos. Ele gosta muito de fazer tudo isso, com orgulho e inspiração. Se ele traz essa energia para a vida empresarial, suas iniciativas tornam-se uma "busca pelo arco-íris". Assim, ele pode propor aumentar o desempenho planejado (o que é difícil de fazer, mesmo sem qualquer aumento) ou lançar um novo projeto que de forma objetiva não é realista. Estes flashes de iniciativa do 1.7+ nada tem a ver com a orientação para a produção, como se poderia pensar. Eles refletem um respingo excessivo de otimismo fracamente embasado e fantasia. Nesses casos, os colegas trocam olhares que significam "Alguém o detenha!"

A falta de propósitos definidos e critérios claros de qualidade não deixam o estilo 1.7+ avaliar objetivamente o seu próprio ponto de vista e a atividade, bem como outros pontos de vista e a atividade de outras pessoas. Ele não pode avaliar objetivamente o trabalho da equipe em geral. É por isso que existem tantos castelos de areia e ilusões de desenvolvimento positivo e futuro brilhante.

**Tomada de decisão**

O estilo 1.7+ toma decisões com grande cautela. Ele tenta evitar descontentamento ou ameaças ao clima psicológico positivo na equipe. A tomada de decisão não deve provocar conflitos e discussões. Deve agradar a todos. O estilo 1.7+ evita tomar decisões antes de discutir a questão com todos e antes de estimar os pontos de vista e atitudes de seus colegas. Normalmente a decisão finalmente tomada não é a melhor. O 1.7+ prefere escolher as variantes com as quais todos concordam. Tais decisões ajudam a tornar o clima mais positivo e a evitar conflitos e contradições.

O 1.7+ é ansioso para escolher as decisões que garantam resultados aceitáveis e contribuam para a amizade coletiva e o otimismo. Ele prefere adiar decisões impopulares ou transfere a responsabilidade pelos passos que possam prejudicar as relações harmônicas e o clima organizacional positivo.

O 1.7+ leva bastante tempo para tomar decisões difíceis que podem levar a resultados diferentes. Ele prefere esperar até que todos os detalhes sejam esclarecidos ou as condições sejam mais vantajosas. Em qualquer outra circunstância o processo de tomada de decisão é retardado por longas discussões, das quais pessoas demais participam. Ele não tem nenhum esquema ou critérios definitivos para a tomada de decisão. Assim, não há controle adequado sobre as discussões e a questão inicial é logo esquecida.

No processo de tomada de decisão o estilo 1.7+ não é suficientemente independente. Ele tende a correlacionar suas decisões com a opinião dos executivos superiores e com os documentos organizacionais o tempo todo. Assim, suas decisões tem maior peso e lhe permitem não se preocupar com as consequências que podem resultar no caso da decisão não se provar correta.

Para o 1.7+ é mais importante basear a decisão na aceitação de todos. Esta condição e o próprio processo de tomada de decisão são mais importantes para ele do que os resultados que trarão. Ele tenta tomar uma decisão que, por um lado reforce o sistema de relações organizacionais harmônicas e, por outro lado, satisfaça as exigências da diretoria. Claro que é muito difícil alcançar tais decisões e o processo é bastante cansativo e desconfortável para o 1.7+.

### Crítica

A crítica e o feedback do 1.7+ geralmente não são amplos e construtivos o suficiente. Ele é muito positivo em sua avaliação da produtividade medíocre de seus colegas e sempre quer incentivá-los e elogiá-los, mesmo que eles não mereçam totalmente. A atitude de valores positivos do 1.7+ o faz encontrar aspectos positivos em qualquer trabalho e qualquer realização. Ele se sente desconfortável quando tem que soar negativo. Assim, o estilo 1.7+ é sempre positivo em sua crítica.

A grande preocupação com as pessoas e a preocupação geral com os valores organizacionais fazem o estilo 1.7+ evitar o feedback aberto e objetivo, mesmo para os membros da equipe mais descuidados. Ele tem medo de prejudicar a atmosfera geral moral e psicológica da equipe. É por isso que ele pode tentar articular a crítica negativa somente quando fala privativamente. Mas, mesmo neste caso, tal crítica se assemelha a compaixão e condolências. Ele tenta ser cuidadoso com os sentimentos e emoções das outras pessoas, suas avaliações e declarações são muito suaves e ele sempre diz algumas palavras de simpatia e apoio para resumir sua crítica. Tal abordagem torna possível apoiar relações comparativamente amáveis até mesmo com os colegas mais descuidados, mas não os faz mudar seu comportamento e atitude com o trabalho de forma alguma. Consequentemente, os funcionários mais dedicados e eficientes têm de suportar mais funções.

O 1.7+ normalmente formula a crítica em forma de elogio. As diferenças entre avaliações são geralmente suavizadas, a fim de não comprometer as boas relações. As raízes dessas diferenças não são profundamente analisadas pela mesma razão. Com isso, o estilo 1.7+ tenta se concentrar nas coisas que são fáceis de realizar e que podem ajudar a melhorar o humor otimista e apoiá-lo. Tarefas desagradáveis e difíceis são discutidas com relutância e superficialidade.

Em sua crítica e feedback, o 1.7+ mostra sua preocupação especial em olhar para uma pessoa sem qualquer ligação com a qualidade do seu trabalho. Em outras palavras, o assunto principal da crítica – a qualidade do trabalho do membro da equipe – não é abordado e permanece na periferia da atenção do 1.7 +.

Quanto ao seu próprio trabalho, o 1.7+ aceita de bom grado a crítica e feedback positivos. Observações e sugestões objetivas e negativas são recebidas com aceitação e desculpas, se necessário.

A qualidade da crítica do 1.7 + e sua profundidade são limitadas por suas próprias noções e sentimentos positivos. Quando não existem critérios claros para a conclusão de tarefas, a crítica é muitas vezes deslocada para falar de questões não organizacionais e não sobre o trabalho em si. Se alguém levanta preocupações sobre a qualidade do trabalho, o estilo 1.7+ tenta trazer emoções positivas e convence os outros a se concentrarem nos aspectos positivos da situação atual e pensarem sobre futuras melhorias.

Quanto mais problemas surgem, maiores os esforços do 1.7+ para convencer outras pessoas de que elas deveriam ser mais autoconfiantes e restaurar as expectativas perdidas. O mote principal do estilo 1.7+ é manter o otimismo e a esperança em qualquer circunstância. Se alguém precisa de ajuda para superar suas falhas ou obstáculos, o estilo 1.7+ pode geralmente oferecer apenas um meio: a crença passiva de que tudo vai se resolver depois de algum tempo. Ele não é capaz de organizar as pessoas e liderá-las quando precisam ser ativas na superação de problemas em condições difíceis. O 1.7+ diz muitas palavras de elogio e incentivo e sempre encontra algo positivo, mesmo numa falha, mas não consegue propor formas adequadas de solucionar problemas.

## 7.7 Conclusões

Enquanto o estilo 7.1- tenta converter os recursos (*R*) em resultados ($R_e$) imediatamente, ignorando as relações entre as pessoas, o estilo 1.7+ ignora resultados ($R_e$), mas tende a usar todos os recursos (*R*) para formar relações harmônicas e amigáveis na ZONA I. Em resumo, o objetivo principal do estilo 1.7+ é uma vida organizacional alegre, harmônica e sem conflitos, cheia de entusiasmo e expectativas positivas. Este propósito é certamente utópico e, inevitavelmente, interfere com os objetivos, tarefas e também as condições reais com as quais a organização funciona. O estilo 1.7+ tenta superar esta controvérsia através da construção de relações amigáveis e positivas e de um clima agradável e entusiasmado na ZONA I. É claro que ele não tem sucesso. Quanto mais esforços são investidos em estabelecer relações positivas e em livrar-se de conflitos e diferenças, em inspirar as pessoas por suas realizações futuras, mais decepção vem no final. Como sonhadores incorrigíveis, os funcionários confortam-se com esperanças irracionais e elogios constantes. Eles fazem muito pouco para implementar seus planos e transformar sonhos em realidade. Toda vez que a realidade clareia suas mentes, o 1.7+ se lembra por um curto período de tempo que a verdadeira prioridade é a produção e que é necessário corrigir seus comportamentos e táticas. Se tais correções não acontecerem, a equipe no final tem que enfrentar grande decepção frente à dura realidade organizacional assim que ela se mostrar. No entanto, o estilo 1.7+ tem influência encantadora sobre seus colegas e os orienta para relações harmônicas e oportunidades futuras (que mais frequentemente falham do que se tornam realidade, tendo, no entanto, um forte potencial motivador).

# Estilo 4.4- Formalidade (equilíbrio e meio termo)

8

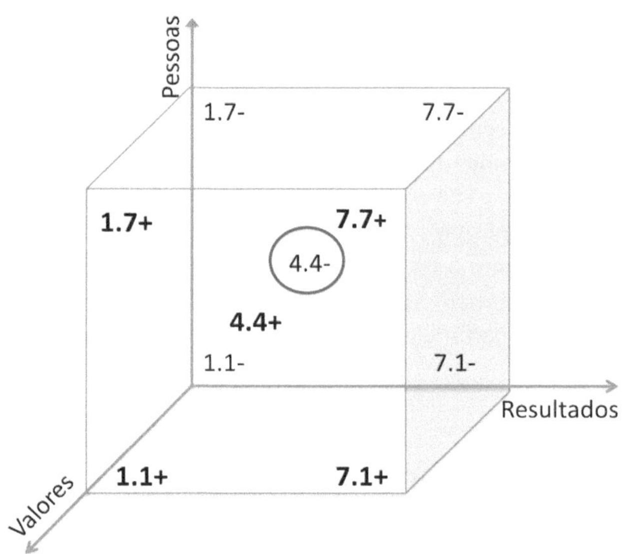


O estilo 4.4- é caracterizado pela preocupação moderada com a produção e as pessoas e por uma atitude formal e indiferente em relação ao trabalho e à organização. Ele tende a evitar tudo que for novo. Ele tenta evitar qualquer risco, quaisquer conflitos e gosta de fazer o seu trabalho de acordo com as regras e instruções. Seu comportamento e forma de pensar são dominados por conservadorismo. Ele gosta de seguir as instruções com precisão e tem medo de coisas novas e incomuns.


A. Zankovsky, C. von der Heiden, *Liderança com Synercube*
https://doi.org/10.1007/978-3-662-55606-1_8

## 8.1 Características básicas do estilo 4.4-

Os estilos 4.4+ e 4.4- são ambos caracterizados por uma preocupação moderada com as realizações da empresa, bem como com as pessoas. Eles são semelhantes, mas se compararmos sua preocupação com os valores, eles são opostos. O estilo 4.4- é indiferente à organização e evita tudo que é novo, até mesmo os menores riscos e conflitos. Para implementar e defender esta orientação de valores, o estilo 4.4- tende a fazer tudo em estrita conformidade com as regras e instruções e se sente muito confortável quando segue as ordens e regulamentos habituais. Em um conflito ele procura pelo meio termo, tentando levar em conta a opinião da maioria, a experiência e o estado habitual das coisas. Olhando para trás, para o passado e clamando por ordem na empresa, o estilo 4.4- gosta de dizer: "Nós nunca fizemos isso!", "Nós sempre trilhamos este caminho", "Essas inovações não vão trazer nada de bom".

O principal medo e o principal inimigo do 4.4- é a probabilidade de mudanças e reformas. O 4.4- acredita que o único padrão de atividade adequado é aquele comprovado pelo tempo e pela experiência, mesmo que ele tenha problemas e pontos fracos evidentes.

O estilo 4.4- tenta fazer tudo num nível satisfatório e moderado, o que é por algum motivo admitido pelos executivos superiores e é absolutamente correto para o 4.4-. Ele evita tomar quaisquer decisões que possam levar a consequências arriscadas ou ambíguas e prefere focar decisões que são adequadas para todos e baseadas em métodos comprovados. Em tais casos, até mesmo se algo der errado, a responsabilidade recai não só sobre o 4.4-, mas ainda mais sobre o sistema organizacional e as normas comumente aceitas. "Não é minha culpa! Este erro é um acidente. Sempre funcionou." Essa abordagem é orientada politicamente e permite seguir um caminho confiável e bem conhecido e evitar riscos.

## 8.2 O estilo 4.4- em cooperação coletiva

Quando um dos funcionários não consegue lidar com o seu trabalho, uma pessoa 4.4- espera e não se compromete com nada, pois ela acredita que o problema pode se resolver sozinho. Suas ações não têm quaisquer objetivos definitivos e não são muito claras para seus colegas. Por exemplo, o chefe 4.4- pode marcar uma reunião, mas ele não diz a ninguém o seu tema, ele diz: "Ouvi dizer que espera-se que façamos mais e melhor. Suponho que alguém pode querer dizer algo sobre isso". Tal abordagem permite-lhe levantar a questão, sem assumir qualquer responsabilidade por possíveis conflitos. Ele também não aborda ninguém em particular. Ele espera que alguém vá falar em razão da pergunta e terá que dar todas as respostas. Se as circunstâncias forçarem o 4.4- a falar, ele evitará conclusões independentes e, como regra, fará uma referência aos regulamentos da empresa. O estilo 4.4- pode perguntar aos funcionários o que ele deve fazer, mas se alguém propuser uma ideia interessante e desafiadora, o 4.4- tentará ignorá-la ou rejeitá-la com base na experiência ou tradições corporativas.

Uma equipe 4.4- se baseia em regras e critérios formais. Colegas "adequados" são elevados e promovidos de acordo com a sua conformidade com os critérios formais ou sua capacidade de "jogar os jogos". Os outros apenas têm que esperar por uma chance.

As ações das pessoas são determinadas pela cautela e pelas regras. Confiança e respeito existem, mas são bastante reservados e formais. É por isso que as pessoas não se sentem autoconfiantes e agem com muita cautela. Assim, qualquer ação que exige mais tempo e dedicação pessoal para o trabalho diminui. As pessoas sentem que estão distantes do processo de trabalho do qual participam. Ideias criativas são perdidas ou distorcidas por causa da comparação mecânica com as regras e critérios formais.

## 8.3 A ZONA I e o estilo 4.4-

Equipes 4.4- abrigam muita fofoca, pois o 4.4- se esforça muito para evitar discussões públicas. Ele prefere falar com as pessoas em particular e só depois apresentar uma questão à consideração aberta.

Em vez de uma discussão objetiva e aberta, muitas questões são analisadas mesmo sem a participação dos diretamente envolvidos, e tal análise é muitas vezes baseada em observações de terceiros e conversas privadas. De qualquer forma, para a maioria das pessoas isso significa claramente que ninguém deve se apressar para articular sua opinião, é melhor guardá-la para si. Esse tipo de cautela do estilo 4.4- leva a distorções de informação, porque muitas vezes as pessoas fazem suposições e tiram conclusões baseadas em boatos ou dados incompletos. Colegas tornam-se tão desconfiados, que qualquer pergunta direta os preocupa e eles se sentem desconfortáveis, tentando evitar dar uma resposta substancial. Tudo isso prejudica a eficiência dos processos organizacionais e é necessário muito esforço para restaurar as relações e manter a eficiência do trabalho, pelo menos em um nível moderado e satisfatório.

A partir do momento em que tal exemplo é dado, todos começam a segui-lo e, em seguida, rumores substituem uma discussão bilateral aberta e honesta, em que as pessoas possam compartilhar suas divergências e considerá-las juntas. Em uma equipe 4.4- a única forma aceitável de discussão é o meio termo, a concessão e a opinião da maioria. Assim, o meio termo raramente contém o sentido essencial. Não é um meio de tornar o conflito menos agudo, mas um instrumento para cessá-lo a qualquer custo.

A alienação interna e falta de lealdade muitas vezes levam à imitação de discussões ao invés de considerar os problemas de forma aberta e sincera. Pessoas que apresentam diferentes pontos de vista numa discussão pública são criticadas por trazerem novos problemas, retardarem o processo e serem egoístas. Na verdade, elas se comprometem com a atmosfera habitual da equipe, que é educada, mas muito formal e desprovida de sinceridade, onde ninguém pode quebrar as regras inabaláveis.

Aderir a regras formais permite que o 4.4- se sinta autoconfiante e seja um membro pleno da equipe. Mas outras pessoas entendem que as regras são usadas como um escudo contra novos argumentos. As pessoas sentem que não podem apresentar suas opiniões:

**Fig. 8.1** 4.4-

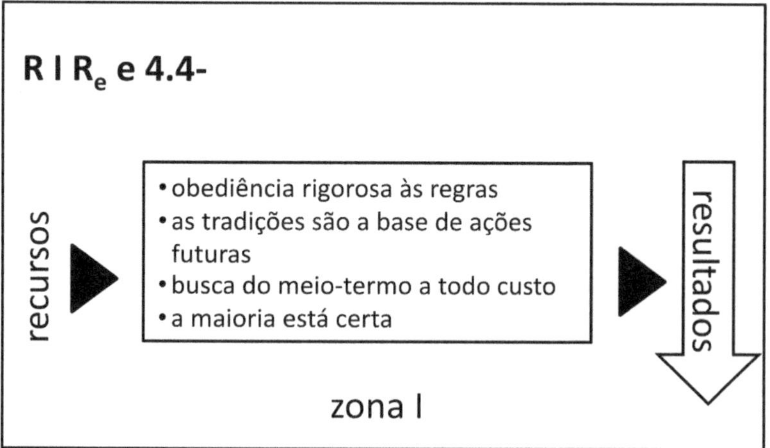


ideias razoáveis e propostas criativas são rejeitadas por causa de regras outrora estabelecidas. Na melhor das hipóteses, pode-se propor algumas ideias, mas não se pode influenciar a maioria. A sincera devoção ao trabalho e a procura das decisões certas são sempre substituídas por regras formais e referências à experiência do passado: "Em tais situações, é preciso agir apenas de acordo com os regulamentos!" ou "É isto que sempre fizemos antes."

Uma pessoa 4.4- acredita que o equilíbrio e o meio termo são estratégias mais corretas de cooperação do que todos os riscos relacionados com a criatividade das pessoas e o alto nível de envolvimento. Não importa que os resultados ($R_e$) não sejam tão bons quanto poderiam ser. Se houver um conflito, a reação do 4.4- não é uma análise de fatos evidentes, mas sim rapidamente suavizar a opinião oposta por meio de concessões e alcançar o equilíbrio entre as diferentes necessidades das pessoas envolvidas na discussão (Fig. 8.1).

O estilo 4.4- considera que um acordo rápido é uma vitória de ambos os lados, em que cada um deles recebe uma parte do que reivindicava. Mas tal abordagem leva a decisões vagas e frágeis e, no final, as pessoas se sentem enganadas. Para o estilo 4.4- é mais importante que cada um dos lados da discussão obtenha alguma coisa. Ninguém deve continuar a discordar ou mostrar descontentamento abertamente. Independente da decisão tomada ter sido correta, a pessoa 4.4- evita a separação extrema entre vencedores e perdedores. Embora as partes conflitantes se acalmem por um tempo, o conflito vai despertar novamente mais tarde ou vai continuar a se deteriorar. Isso afetará negativamente as relações entre colegas.

A pessoa 4.4- não consegue perceber as vantagens da cooperação de equipe genuinamente sinérgica, por causa de sua atitude insincera, cautelosa e indiferente.

## 8.4 Cultura e valores 4.4-

*Características básicas: regras e critérios formais. Medo do novo e de quaisquer mudanças*

*Confiança.* Na cultura 4.4- somente regras formais e métodos comprovados merecem confiança. A confiança excessiva também é apreciada pelas instruções de executivos superiores, que são aceitas sem crítica ou análise. Quanto às pessoas, aquelas em quem vale a pena confiar são as que seguem estritamente as regras e padrões tradicionais e também as de status elevado. "Por que deveríamos discutir qualquer coisa, se nos foi dito para fazer assim?" Tudo de novo causa rejeição aguda e desconfiança, mesmo que as desvantagens do que é antigo sejam evidentes: "Vamos ver onde tudo isso vai nos levar! Todos vocês vão se arrepender". As pessoas que geram novas ideias originais causam desconfiança e inimizade constantes.

*Justiça.* O estilo 4.4- considera justo apoiar e recompensar aqueles que se comportam e agem em estrita conformidade com as regras e regulamentos formais estabelecidos. Se alguém não for capaz de cumprir os regulamentos, é justo evitar e punir esse tipo de comportamento. A maneira mais justa de lidar com conflitos para o 4.4- é a concessão, em que cada lado fica pelo menos com um mínimo de benefícios. Se for necessário tomar uma decisão que não corresponde aos padrões tradicionais, podem ser essencialmente injustos e desonestos. Mas mesmo os compromissos insalubres e as decisões injustas, na opinião do 4.4-, são justos porque são feitos por uma questão de bem-estar da maioria e ajudam a proteger o estado atual das coisas. A principal prioridade é preservar o status quo.

*Comprometimento.* O estilo 4.4- identifica-se não com a empresa e os seus funcionários, missão e objetivos, mas com o conjunto de regras e normas formais que ele adotou no momento de socialização organizacional. As pessoas do estilo 4.4- tem a sua própria maneira de se dedicar à empresa. Elas identificam a empresa com o conjunto inabalável de regras e negam categoricamente a possibilidade de quaisquer alterações. Com isso, reconhecem apenas esta forma de compromisso e identidade e pensam que ela é compartilhada pela maioria das pessoas.

*Responsabilidade.* De acordo com o 4.4-, a confiabilidade é a possibilidade de compreender e prever o comportamento das pessoas. Em sua opinião, isso só é possível no caso de todas as pessoas respeitarem rigorosamente o conjunto de regras e regulamentos. Nesse caso seu comportamento se torna legível e previsível: eles agem de acordo com as regras definidas e esquemas formalizados bem comprovados. Eles se baseiam no fato de que anteriormente fizeram o mesmo e foram bem sucedidos. As formas e métodos outrora estabelecidos tornam a vida realmente compreensível e confiável. Mudanças e coisas novas, ao contrário, a tornam incerta e imprevisível. A necessidade de mudança não é levada em conta. O estilo 4.4- raramente pensa que novos tempos podem exigir mudanças. A principal estratégia é seguir as regras, garantir o funcionamento estável do sistema e se mover na direção definida, sem quaisquer alterações ou riscos. A responsabilidade social do estilo 4.4- se resume à estrita observância das normas sociais que são consideradas verdades inabaláveis. Aqueles que se desviam delas ou negam as regras estáveis são considerados pelo 4.4- irresponsáveis e pouco confiáveis.

*Integridade.* O 4.4- enxerga a transparência e a integridade como o cumprimento gradual e rigoroso de métodos habituais bem comprovados. Com isso, se algo ultrapassa as restrições, é ignorado ou estimado negativamente. Quaisquer inovações são vistas como uma violação do curso correto de eventos e, portanto, rejeitadas. Coletar informações e analisa-las é algo restrito pelos parâmetros estabelecidos pelas regras e pelos superiores. O feedback do 4.4- é muito reservado ou adquire a forma de queixas para outras pessoas. Falhas e erros de outras pessoas são explicados como desvios das instruções. Se o próprio 4.4- tiver que desafiar as regras, tais desvios serão justificados por circunstâncias externas. Nessa ocasião o 4.4- tenta desculpar-se, em vez de encontrar verdadeiras razões e argumentos.

## 8.5 Cultura e poder 4.4-

*Foco na ênfase sobre os aspectos formais do status quo e no poder de especialista*

*Punição.* A principal prioridade para o 4.4- é a observância meticulosa e consistente das regras e normas existentes. Aqueles que quebram as regras e se dão ao luxo de se desviar de sua estrita observância devem ser punidos, não importam as razões e circunstâncias. A punição deve ser desprovida de subjetividade, precisamente regulada e também deve garantir o funcionamento estável e habitual do sistema. A punição está associada com a observação das regras, não com os resultados.

*Recompensa.* O estilo 4.4- tem uma atitude bastante fria quanto a recompensas. Ele acredita firmemente que todos devem seguir as regras e regulamentos estabelecidos com exatidão. É por isso que aqueles que o fazem não merecem completamente uma recompensa, porque estão fazendo o que devem fazer. Desnecessário dizer que aqueles que quebram as regras ou as desafiam não merecem qualquer recompensa e são maus funcionários por predefinição. Se houver qualquer recompensa, ela não tem nenhuma associação próxima com os resultados do processo de trabalho. O estilo 4.4- tem como objetivo resultados que não excedem um nível moderado. Aqueles que se esforçam por realizações de destaque deixam o 4.4- desconfiado e vigilante. Ele começa a suspeitar que eles queiram obter algo especial, privilégios.

*Posição.* Para o estilo 4.4-, o poder da posição é extremamente importante e é considerado um elemento-chave do sistema organizacional, que se encontra na base do sistema de regras e regulamentos organizacionais. Todos os níveis da hierarquia organizacional preveem uma gama definida de direitos oficiais dentro dos quais um gestor deve agir. O estilo 4.4- é muito bem informado sobre sua autoridade oficial e está ansioso para usá-la em toda sua extensão para que os funcionários não se esqueçam da necessidade de observar as regras organizacionais. Em seu comportamento, o 4.4- torna clara a diferença entre seu relacionamento com os subordinados, colegas e chefes. Os primeiros, em sua opinião, devem seguir as regras estabelecidas com toda exatidão e atenção. Os últimos personificam o sistema e, assim, suas instruções e decisões se tornam regras inegáveis para os subordinados.

*Informação.* O principal recurso informacional do 4.4- é a documentação organizacional que regula a atividade de toda a organização e de cada funcionário em particular. O estilo 4.4-, melhor do que ninguém, sabe com o que cada pessoa deve se ocupar, que direitos e deveres os colegas tem e onde sua própria responsabilidade termina. Esta informação permite que o estilo 4.4- não só se proteja de muitos problemas e tarefas atuais, mas também reforce sua própria posição. O intercâmbio de informações continua, a fim de preservar o status quo. A comunicação com os subordinados trata de lembrá-los de que é obrigatório seguir as regras e normas. O estilo 4.4- aceita as instruções dos superiores, sem especificações e sem entusiasmo. Ele tenta cumprir suas tarefas formalmente, num nível aceitável. A comunicação mais intensiva do 4.4- acontece com colegas do mesmo nível hierárquico. Destina-se a preparação bem cronometrada contra inovações e mudanças.

*Especialista.* O estilo 4.4- é acima de tudo competente na esfera do conhecimento técnico jurídico: ele é muito bom em instruções, regras e diretrizes organizacionais; ele é um especialista nas abordagens e métodos tradicionais bem comprovados. Essas pessoas muitas vezes têm conhecimento e habilidades profissionais bastante profundos que, no entanto, não são enriquecidos ou renovados. O pensamento dominante é que todas as coisas corretas são conhecidas há muito tempo e não há necessidade de inventar a bicicleta. O conhecimento e as habilidades disponíveis são considerados suficientes e perfeitos. Ele parte do pensamento de que em sua área de negócio não pode nem deve aparecer nada de novo. Em sua opinião, métodos inovadores são arriscados demais e, como regra, nunca se mostram úteis e mais frequentemente causam erros e problemas indesejados.

*Referência.* Como regra geral, o estilo 4.4- tem um poder de referência muito restrito, já que em qualquer situação ele age de acordo com as regras e regulamentos estabelecidos. Tal estratégia é realizada pela convicção de que conhecer regras significa conhecer as melhores práticas. Como resultado, as outras pessoas começam a olhar para o 4.4- como uma pessoa segura de si e sem brilho, que faz o trabalho sem sinceridade e sem emoção. Nos casos em que o 4.4- tem de recorrer a colegas para completar tarefas urgentes e difíceis, seus apelos não causam aumento de motivação. Para muitas pessoas o 4.4- personifica as regras formais e sem rosto que muitas organizações têm de suportar, especialmente as grandes.

O estilo 4.4- não quer diferir dos outros de qualquer forma e é por isso que, apesar de sua indiferença para com a empresa, ele não quer ser um mau trabalhador. Ser um mau trabalhador significa atrair muita atenção, receber observações, conflitos com outros funcionários e, no fim, participar ativamente na vida organizacional. Uma pessoa 4.4- vai preferir a eficiência moderada, as relações normais com colegas e a exata observância das regras estabelecidas - em suma, tudo que puder garantir uma vida calma, sem conflitos. A falta de confiança mútua, respeito e sinceridade não o deixam construir relacionamentos confiáveis e harmônicos. Em vez disso, ele constrói relacionamentos baseados em seguir as instruções de acordo com o lema "a paz ruim é melhor do que a guerra boa".

A necessidade de estar distante de outras pessoas e de esconder seu ponto de vista indiferente não deixa o 4.4- articular abertamente seus próprios pontos de vista. Em vez disso, seus próprios pontos de vista são substituídos por fatos comumente conhecidos e regras estabelecidas. Se o estilo 4.4- tem que expressar sua opinião sobre um caso, é bastante difícil para ele e desanimador para os outros. Ele se sente autoconfiante e confortável somente quando as inter-relações são baseadas apenas em princípios formais.

## 8.6 Habilidades de cooperação do estilo 4.4-

### Resolução de conflitos

A atitude do estilo 4.4- com relação a conflitos é muito negativa. Um conflito é considerado como uma das mais graves ameaças para uma vida estável e sem complicações. No fundo do seu coração o 4.4- acredita firmemente que se as pessoas seguissem estritamente as regras e abordagens estabelecidas, não haveria qualquer razão para oposição e conflitos na empresa. Além disso, qualquer conflito carrega o perigo de ficar profundamente envolvido em problemas organizacionais. Isso exige uma atitude criativa e não indiferente, que é evitada pelo 4.4- por todos os meios. É por isso que ele prefere manter-se longe de conflitos, comportar-se de forma neutra e esperar que o problema se resolva. Uma pessoa 4.4- foca decisões do tipo que não aguça as diferenças. Ele conta com as regras formais que foram aprovadas na organização há muito tempo para questões semelhantes. Ele convida os colegas a fazerem concessões a fim de restaurar a calma e a indiferença.

Se o conflito for inevitável, o estilo 4.4- pode reconhecê-lo e tomar todas as medidas possíveis para erradicá-lo. Com isso, a principal forma de resolver um conflito é buscar um meio termo em quaisquer condições. O objetivo é livrar-se do confronto surgido com a ajuda de algumas concessões de ambos os lados. A concessão deve ser apoiada pela maioria. Na opinião do 4.4- o apoio da maioria justifica qualquer concessão: "Isto é o que a maioria decidiu!"

Em caso de conflito, o estilo 4.4- não entra na análise dos fatos evidentes ou razões profundas para as controvérsias. Ele imediatamente tenta suavizar as opiniões opostas, à procura do equilíbrio de interesses e necessidades de ambos os lados. O estilo 4.4- tenta chegar a um meio termo o mais rapidamente possível e ele apresenta um cessar-fogo temporário como uma vitória significativa de ambos os lados, como um "ganha/ganha": ninguém perde tudo, cada um ganha pelo menos alguma coisa.

Um meio termo sem uma análise aprofundada das razões internas para o conflito leva a soluções ambíguas: parece que o conflito foi eliminado e há algum alívio, mas ao mesmo tempo, há alguma insatisfação e descontentamento. No final, ambos os lados sentem como se tivessem sido enganados. O estilo 4.4- percebe isso, mas não se sente responsável por uma solução de problemas melhor e mais produtiva.

Para ele, a coisa mais importante é a regulação formal e, pelo menos, estabilidade externa e fictícia. Ele prefere tal variante a uma investigação difícil das raízes do conflito. Se ambos os lados do conflito ganharem um pouco, eles vão restringir o seu desacordo e descontentamento por pelo menos algum tempo. Embora as partes em conflito possam se acalmar por um tempo, essa tática é desprovida da possibilidade de utilizar o conflito como recurso para o desenvolvimento organizacional: como regra, ele reacende novamente mais tarde e prejudica as inter-relações na ZONA I.

A pessoa 4.4- faz o seu melhor para evitar conflitos e planeja com cuidado qualquer outro passo. Ela conta com as normas, regulamentos e experiência da empresa, bem como a opinião da maioria e nunca terá que se opor à maioria. Seu principal lema é: "É mais seguro manter-se longe de um conflito do que se arrepender mais tarde" e "Ainda que o conflito não tenha sido totalmente eliminado, fiz o meu melhor".

Embora conflitos por vezes sejam desagradáveis, eles são bastante significativos e ajudam a concentrar-se no desenvolvimento, além de aumentarem a preocupação com a produção. Um conflito dá a oportunidade de comparar as opiniões e crenças de pessoas diferentes e ver se algum deles é útil em termos de produtividade da empresa. Uma ideia valiosa pode aparecer e ser benéfica, não importa quem a traz à tona, nem como ela incomoda outras pessoas. Analisar e solucionar um conflito em seu início significa eliminar problemas bem rapidamente. Teria sido muito melhor do que perder tempo construindo uma crônica de conflitos através de concessões intermináveis. Mas o estilo 4.4- faz o seu melhor para evitar conflitos, considerando-os definitivamente destrutivos.

Para o 4.4- qualquer conflito significa a vitória de uma pessoa e a perda de outra. É por isso que um conflito representa uma ameaça para a estabilidade habitual: o perdedor pode opor-se ao estado atual das coisas e exigir mudanças. O que é pior, se o conflito se agravar, ambos os lados podem tornar-se contrários à ordem habitual. É por isso que o estilo 4.4- tem que se equilibrar entre "a cruz e a espada". Em geral a luta do 4.4- é para eliminar o confronto a todo custo. Assim, ele é obrigado a procurar acordos em vez de uma solução realmente construtiva. E o 4.4- pensa: "Se cada um conseguir uma pequena parte do que quer, é melhor do que não ganhar nada". Sob qualquer circunstância o 4.4- prefere determinar "O que é aceitável para todos?" em vez de "O que é certo?"

Se o conflito se arrasta, o estilo 4.4- tenta ficar o mais distante possível. Ele acredita sinceramente que tenta lidar com isso da melhor maneira. Mas na verdade, ele simplesmente parte de precedentes passados e nada mais. Ele pensa: "Por que não podemos parar de discutir e chegar a um acordo?" Ou "Devemos consultar um árbitro sobre esta questão". Outra forma possível de lidar com o conflito é separar os lados em conflito tanto quanto possível. Parece para o 4.4- que o conflito está, portanto, esgotado de uma vez e para sempre e a equipe está novamente em paz. Na verdade, o conflito simplesmente torna-se latente, na melhor das hipóteses. Na pior das hipóteses, ele retorna com nova energia porque as partes não tiveram oportunidade de apresentar sua opinião e encontrar a resposta certa.

#### Competência comunicativa

O estilo 4.4- é caracterizado por um nível moderado de competência comunicativa. Sua ânsia de seguir as regras e normas estabelecidas anteriormente afeta consideravelmente sua competência comunicativa, restringindo-a com obstáculos formais e processuais. O estilo 4.4- reúne informações ativamente para aprender sobre opiniões e emoções das outras pessoas, o que o ajuda a apoiar relações de trabalho normais com todos.

A troca de informações permite que o estilo 4.4- estime quão suave e estável o processo de trabalho está. Ele também cuida do cumprimento de instruções, normas e regulamentos.

Ele pode falar sobre tais questões de forma profusa e agradável, bem como sobre os novos procedimentos e documentos. Esta é a esfera na qual ele é ótimo e está ansioso para compartilhar seus conhecimentos e experiência com todos, inspirando-os a discutirem e fazerem perguntas. Ninguém é páreo para ele aqui.

Outros temas são de muito menor interesse para ele, apesar de sua experiência poder ser bastante boa também. No entanto, suas opiniões em relação à maioria dos problemas são baseadas nas opiniões dos seus colegas e no conjunto de regras. As opiniões dos colegas são tomadas como mera informação e ele não tece qualquer comentário.

Se houver diferenças de opinião, o 4.4- começa rapidamente a reunir informações, mas ele não compartilha seus pensamentos com ninguém. Ele reconhece a presença de outros pontos de vista diferentes do seu, que ainda não foi articulado. Como o estilo 1.7-, o estilo 4.4- reúne informações de forma ativa, mas a busca é superficial. O objetivo de colher informações é detectar o ponto de vista da maioria e não determinar as melhores formas de superar o problema. A busca de informações acontece primeiro em conversas e discussões privadas. Assim, o 4.4- pode discutir a questão com cada membro da equipe individualmente. Ele faz perguntas como:

1. "O que você sente nessa situação?" (para entender o humor do interlocutor)
2. "Para onde você acha que tudo isso vai nos levar?" (para aprender sobre uma das possíveis variantes)
3. "O que você acha que está acontecendo em nossa equipe?" (para estimar o estado das relações coletivas)
4. "Suponho que a maioria de nós pode gostar dessa decisão. O que você acha?" (para estimar a popularidade desta ou daquela proposta).

Em cada um desses casos, o 4.4- evita abrir sua opinião até que descubra qual variante é a mais popular, ou receba instruções de cima.

Um 4.4- muitas vezes reúne informações indiretamente para obter os dados necessários, sem estar envolvido no problema e sem ter que apresentar sua opinião. Antes disso, ele tenta analisar a experiência anterior com esses problemas: ele consulta os colegas que podem atuar como especialistas. Mas essas consultas não são eficientes o suficiente. O estilo 4.4- formula suas perguntas indiretamente, de forma neutra e imparcial: "Sei que você teve alguma experiência de promoção de produtos para uma nova região". Ou "Não sabemos qual direção tomar agora". Tais perguntas nada dizem ao interlocutor sobre a verdadeira finalidade da conversa.

As perguntas do estilo 4.4- são caracterizadas por duas peculiaridades. Em primeiro lugar, elas são muitas vezes perguntas abertas (ou seja, possibilitam várias respostas) e são, ao mesmo tempo, bastante evasivas, porque o 4.4- não quer entrar em conflito. Por exemplo, um funcionário de forma confidencial conta ao 4.4- que outro funcionário critica um certo ponto da política atual. Nesse caso, o 4.4- vai reunir informações através de perguntas evasivas: "Eu ouvi muito sobre a nova política que devemos aceitar. O que você acha disso?" ou "Ouvi dizer que você está preocupado com algo na nova política que devemos aceitar". Uma pergunta mais eficiente e direta seria algo como: "Ouvi dizer que você não concorda com os princípios de responsabilidade na nova política. O que exatamente lhe causa preocupações?" O estilo 4.4- supõe que as pessoas devem dar-lhe as informações necessárias e para obtê-las se deve apenas fazer algumas perguntas vagas e guiar a conversa na direção certa.

Em segundo lugar, o 4.4- não conta a ninguém o que pensa até que uma decisão se torne evidente. Portanto o 4.4- adquire o papel de mediador. O 4.4- não discute as opiniões pessoais de seus colegas sobre a nova política. Sua abordagem cautelosa o protege de situações difíceis e lhe permite colher todas as informações que tem a ver com a questão. Se perguntado diretamente sobre sua opinião, ele responde "Ok, eu posso dizer-lhe apenas o que descobri sobre esta questão" ou faz referência às regras organizacionais: "Na nossa empresa, nesses casos, sempre fizemos o seguinte. Não é minha invenção. Esta prática tem se provado correta pelo tempo e a experiência". Tais palavras permitem que o 4.4- apoie aqueles que compartilham a opinião da maioria.

**Posicionamento ativo**

O estilo 4.4- compara sua opinião às expectativas dos seus chefes e às opiniões da maioria da equipe. Ele prefere não exibir sua opinião até que perceba claramente as possíveis consequências de seu ponto de vista, ou enquanto não seja totalmente apoiada por outras pessoas. Assim, ele pode mais tarde apresentar a opinião que é apoiada pelos superiores, bem como pelos funcionários. Ele pode dizer: "Levando em conta as circunstâncias recém-surgidas eu concordo com você".

O estilo 4.4- tenta ter a opinião mais segura ou mais amplamente apoiada. Se ele enfrentar pressão, cede. O 4.4- não defende seu ponto de vista, a menos que tenha certeza de que ele é popular e amplamente apoiado por outras pessoas. Suas crenças ou sua certeza sobre a adequação de sua política não são tão importantes para o 4.4-. As inclinações políticas são de muito maior importância. De acordo com esta estratégia cautelosa ele tem que estimar outras opiniões o tempo todo para ver se são populares o suficiente e para juntar-se à opinião apoiada pela maioria.

O estilo 4.4- pode ser convincente ao defender sua opinião, se ela for compartilhada pela maioria dos membros da equipe. Se até mesmo esta opinião acabar por ser discutível, ele imediatamente muda de ideia ou transfere a responsabilidade para outras pessoas, a fim de evitar um conflito. Uma frase típica que ele pode dizer em tal situação: "Por que devemos punir o mensageiro que traz más notícias?! Eu estou falando da opinião dos outros" ou "Alguns de nós podem não gostar disso, mas é o que sempre temos feito em casos semelhantes, por isso agora não temos escolha". Tais palavras aliviam automaticamente o 4.4- da responsabilidade pela opinião outrora formulada. Se isto for seguido pela crítica, o 4.4- se esconde na sombra e se abstém de qualquer outra participação até tempos melhores. Ele diz: "Nossos esforços não vão dar em nada se continuarmos discutindo. Acho que devemos deixar esta questão e manter a calma". Em outras palavras, o estilo 4.4- prefere ser um mediador e pacificador entre os lados em discussão. Ele tenta aliviar todas as diferenças e apela para um acordo, dizendo: "Parece que todos nós devemos pensar sobre como chegar a um acordo. Acho que todos deveriam fazer alguma concessão para que possamos seguir em frente". Assim, o objetivo do estilo 4.4- não é seguir em frente, mas colocar um fim na discussão.

O modelo 4.4- exibe posicionamento ativo, que é baseado na experiência anterior e abordagens bem experimentadas do passado. Ele evita qualquer coisa inesperada e, portanto, discute os vários cenários possíveis com os colegas. Ele quer saber como eles reagem ao leque de propostas. Se tem que tomar medidas impopulares, o estilo 4.4- as justificará por regulamentos e procedimentos de precedentes passados.

O 4.4- age com rapidez e precisão somente se tiver instruções claras e objetivas, ou se teve de lidar com casos semelhantes antes e tiver precedentes nos quais confiar. O estilo 4.4- pode trabalhar bastante bem e apoiar as relações de trabalho quando a direção da política é determinada por alguma outra pessoa – um chefe ou membro da equipe carismático. Desta forma ele não assume qualquer risco, porque os objetivos são definidos por outros, por aqueles que iniciam a atividade. Assim, o 4.4- pode ficar livre da responsabilidade por uma possível falha. Enquanto a atividade seguir um percurso bem previsto, a eficiência do estilo 4.4- é bastante elevada. Se surgir um problema, o 4.4- para para esperar por mais instruções.

O estilo 4.4- é muito cauteloso em compartilhar sua opinião com qualquer pessoa. Ele tem medo de apresentar uma iniciativa se não tiver informação abundante sobre a questão: o que a maioria pensa, o que é tradição, o que aconteceu antes em casos semelhantes etc. Se a questão puder levar a um conflito, ele vai adiar a decisão até que compreenda a inclinação da maioria. O estilo 4.4- incentiva os colegas a cederem em prol do progresso, mas ao mesmo tempo, sua preocupação genuína não é um caminho eficaz e perfeito na direção de bons resultados, mas uma eliminação de diferenças de opiniões e prevenção de conflitos. É por isso que ele não participa de qualquer grupo antes que detecte a estratégia politicamente correta.

Se um conflito ocorrer, o estilo 4.4- tenta impedir suas consequências destrutivas e imediatamente começa a se comunicar com os lados da discussão, mas ele não procura as razões. A fim de não correr riscos, ele assume o papel neutro de bastidores, sendo um mediador na busca de um meio termo. Ele quer restaurar a ordem e não quer compartilhar qualquer ponto de vista. Mas se o conflito se tornar mais agudo e houver luta que possa ameaçar sua neutralidade segura, ele imediatamente se retira. Em comparação com o estilo 1.7-, o estilo 4.4- é mais ansioso para apresentar uma iniciativa, mas apenas enquanto seus passos forem aprovados e amplamente apoiados por outras pessoas. Não importa o quão popular a iniciativa seja, em meio a um conflito o 4.4- faz o seu melhor para evitar ser alvo da crítica. Ele diz: "Eu não aprovo isso, mas estou amarrado" e "Eu concordo com o que você diz, mas não sou eu quem decide". Tais táticas permitem que o 4.4- mantenha boas relações com ambos os lados conflitantes. Mas na verdade, ele mina sua própria autoridade, bem como a autoridade de outras pessoas. O significado latente de suas palavras é: "Eu realmente não me importo com o que foi proposto. Pergunto-me por que você está interessado".

**Tomada de decisão**

Para o 4.4- o fator mais importante de tomada de decisão é a opinião da maioria e acordo dos lados em debate. Por uma questão de avançar, o 4.4- está pronto para ceder, mesmo que a decisão seja apenas parcialmente correta. Ele prefere evitar decisões que são impopulares, arriscadas ou não aprovadas por executivos superiores ou pela equipe. O estilo 4.4- é muito orientado para o passado. Suas decisões são feitas na base da experiência passada, precedentes e tradições. Ele não pensa se essa experiência é aplicável à situação de hoje ou não. Ele não se importa se há maneiras mais simples ou se quaisquer fatos podem ser alterados.

As decisões de estilo 4.4- são simples e diretas, pois são baseadas na experiência do passado, nas regras geralmente aceitas e nas instruções de cima. Se a decisão planejada não contém qualquer controvérsia e se há precedentes adequados, o 4.4- a escolhe rapidamente e efetivamente trabalha em sua implementação. Se a decisão não for tão simples, ele lança mão de vários dispositivos para garantir ainda mais atividade após a tomada de decisão.

Um desses dispositivos é apoiar a opinião da maioria. O 4.4- discute todas as peculiaridades da decisão e as opções possíveis com cada membro da equipe em particular para encontrar uma alternativa que seria aceitável para todos. Depois disso, ele organiza uma conversa pública para garantir que a alternativa escolhida é apoiada pela maioria. Enquanto isso, ele descobre quais são as expectativas dos executivos superiores. Durante as conversas e discussões ele esconde sua opinião, até que conheça a inclinação da maioria. Só então ele exclama: "É isso que eu acho também!" O 4.4- acredita que a força de sua posição nesta situação é mais importante do que a decisão certa. A opinião da minoria expressa durante a discussão pode ser muito inovadora e criativa, mas tudo isso é rejeitado: "Nós não temos oportunidade de testar isso"ou "Isso é interessante, mas nesta situação não vai funcionar".

Outro dispositivo tático para a tomada de decisão é encontrar embasamento histórico. O estilo 4.4- não quer arriscar sua cabeça e tenta manter os procedimentos comprovados. Ele ouve as opiniões daqueles que tiveram de tomar decisões semelhantes antes. Se não houve casos semelhantes, ele procura outros precedentes nos quais confiar. O caminho certo no sentido de bons resultados é descobrir as opiniões de outras pessoas e investigar antes de tomar a decisão. Mas o motivo real da investigação do 4.4- não é a ansiedade por para tomar a decisão mais adequada e razoável, mas a sua falta de vontade de assumir riscos, descobrir, discutir.

A terceira característica típica do estilo 4.4- na tomada de decisão é se certificar de que as pessoas sejam tratadas com justiça. Mas o 4.4- tem sua própria noção de justiça, que é bastante peculiar. Ele acredita que prêmios, bônus e outros benefícios devem ser distribuídos de forma igualitária, sem qualquer ligação com a contribuição real de um funcionário ou departamento. Pode acontecer de algum funcionário ser melhor qualificado para algum projeto em particular, mas o 4.4- dá a tarefa a outra pessoa, menos qualificada, apenas para redistribuir as tarefas igualmente. Claro que isso piora a eficiência, pois as tarefas são distribuídas sem levar em conta as habilidades destes ou daqueles funcionários, seus pontos fortes e fracos. A motivação dos funcionários cai. O estilo 4.4- prefere tratar todos igualmente, mas na verdade esta é uma máscara de seus medos e indiferença.

**Crítica**

O estilo 4.4- não usa a grande potencialidade da crítica construtiva para dar ou receber feedback aberto e objetivo de forma construtiva. Ele prefere feedback informal e indireto, cujo conteúdo é bastante vago. Se ele tiver que dizer algo desagradável tentará fazê-lo indiretamente dando dicas, a fim de não insultar quem está sendo criticado e preservar os relacionamentos moderados.

O 4.4- apresenta a crítica de forma vaga. Os pontos realmente fracos e os erros são descritos em dicas e frases vagas, mesmo se forem sérios. O 4.4- generaliza muito a crítica e, como regra, não é exato na formulação das coisas. O grau de abertura do 4.4- não é alto.

O estilo 4.4- lança mão da crítica apenas se realmente for necessário. Ele pode começar a criticar alguém quando o trabalho está sendo totalmente negligenciado ou quando tem de reagir às observações de cima. Normalmente, ele critica informalmente, numa conversa particular. Ele faz referência a precedentes passados e à experiência da organização o tempo todo, bem como às normas de eficiência mediana. Durante essa conversa ele toca apenas nas questões que podem quebrar o funcionamento normal da equipe. Novas ideias criativas que poderiam levar a melhores resultados e efeito sinérgico não são bem-vindas ou completamente negligenciadas. Qualquer ideia alternativa que ultrapasse as restrições do planejamento e dos regulamentos leva uma ameaça à operação habitual, de acordo com o 4.4-. Nesses casos, ele diz educadamente, mas com firmeza: "Sim, é muito interessante, mas a ideia é prematura. Vamos voltar a ela da próxima vez".

O nível de crítica do 4.4- está abaixo do nível de eficiência necessário porque o estilo 4.4- não fornece informações específicas e não as solicita. Em vez disso, suas perguntas "abertas" e vagas são destinadas a fazer com que o interlocutor forneça todas as informações necessárias. Tal indefinição é especialmente clara quando o tema da conversa contém uma controvérsia e pode levar a um conflito. Por exemplo, quando alguém está sempre atrasado para reuniões, o líder 4.4- reúne todos os participantes da reunião e apresenta uma observação crítica evasiva: "Estamos tendo problemas com o comparecimento às reuniões?" ou "Vamos adiar nossa reunião até a tarde para que todos possam chegar a tempo?" Funcionários muitas vezes tiram um licença médica ou folgas compensatórias sem motivos suficientes para isso. O 4.4- poderia dizer-lhes diretamente o que pensa sobre esse tipo de comportamento. Mas ele começa uma longa conversa sobre as vantagens das regras organizacionais relativas a afastamentos e feriados. Os funcionários sabem muito bem de tudo isso, já ouviram do seu chefe muitas vezes, mas eles têm que ouvi-lo novamente. Estes exemplos demonstram que toda a equipe terá problemas por causa da falta de vontade do chefe para discutir abertamente o comportamento de alguns funcionários que são culpados por esses problemas. Seu feedback consiste apenas de algumas observações vagas e bastante monótonas.

A abordagem do 4.4- à crítica é caracterizada por três principais nuances. Em primeiro lugar, enquanto não houver um acordo, todas as opiniões pessoais são escondidas ou apresentadas de uma forma muito dissimulada. Essa abordagem permite que o estilo 4.4- tome parte ativa na discussão e a conduza sem ter que exibir o seu próprio ponto de vista. O 4.4- tem a possibilidade de esconder o seu próprio ponto de vista e ele o faz enquanto a equipe estiver chegando a um acordo. Então, o chefe junta-se à opinião coletiva: "Eu apoio totalmente sua opinião".

Em segundo lugar, o 4.4- minimiza o risco de conflito através da descoberta das opiniões dos outros membros, a fim de passá-las para os outros lados interessados. Assim, o 4.4- pode apresentar a informação positivamente. Por exemplo, um 4.4- descobriu com um dos funcionários (Julia) que outro funcionário (André) tem repetidamente usado suas ideias, apresentando-as como suas próprias. O 4.4- transmite esta notícia a André da seguinte forma: "Eu gostaria de lhe dizer que Julia está um pouco decepcionada com a maneira que você apresentou essas ideias, mas eu falei com ela e resolvemos tudo". Esta frase é muito suave e não corresponde totalmente à realidade do conflito surgido. Além disso, é bastante vaga. Enquanto uma observação crítica – desagradável, mas honesta e precisa – seria a melhor forma de lidar com controvérsias.

No final, os membros da equipe se acostumam a procurar o meio termo entre eles e a resolver problemas em prol de seguir em frente, em vez de confiar na crítica aberta e honesta. O progresso parece evidente, mas é muito restrito e não potencializa resultados. Ironicamente, essas relações levam a conflitos piores no futuro. O estilo 4.4- dá as boas vindas às concessões e exorta os colegas a se absterem de discursos críticos. Ele espera que o descontentamento e as diferenças possam ser eliminados sozinhos, ou que possam ser abordados mais tarde, quando houver tempo suficiente. Enquanto isso os conflitos não resolvidos, como regra, tornam-se latentes e continuam à espera de resoluções. E as soluções só podem ser encontradas em meio à crítica aberta e honesta.

## 8.7 Conclusões

O estilo 4.4- tem um grande potencial para melhorar o resultado de sua equipe. No entanto, este estilo implementa apenas uma parte de sua potencialidade para o bem da organização e da equipe. Uma das principais razões reside na sua atitude formal e indiferente em relação a seu trabalho, seu medo de tudo que é novo e não habitual e seu desejo de fazer tudo em estrita conformidade com as regras e regulamentos, bem como de evitar qualquer conflito a todo custo. O 4.4- se sente bastante confortável quando segue as instruções habituais de forma estrita e exata.

Esta estratégia permite que o estilo 4.4- alcance resultados moderados e apoie relações normais e calmas com os colegas. Mas no final ele não consegue atingir resultados excelentes e tem resultados mistos ao tomar conta das pessoas também.

Numa situação de conflito, o 4.4- está sempre focado na procura do meio termo, seguindo a opinião da maioria e agindo no âmbito da experiência organizacional e do curso habitual dos acontecimentos. Seu maior medo e seu principal inimigo é a possibilidade de mudanças e reformas. Os métodos bem comprovados, mesmo que desprovidos de desvantagens evidentes, são considerados ideais pelo estilo 4.4-. As mudanças são consideradas como algo negativo, uma violação da ordem. "É contra a ordem" – esta é a reação do 4.4- a quaisquer desvios às regras uma vez aceitas.

O estilo 4.4- tenta, se possível, tomar decisões. Se as circunstâncias exigirem que ele tome decisões, ele rejeitará as alternativas que possam causar consequências ambíguas ou de risco e prefere apenas as alternativas que são aceitáveis para todos e se baseiam em métodos comprovados e experiência passada. Tais decisões permitem que o estilo 4.4- transfira a responsabilidade logo que algo der errado. Em tal abordagem o estilo 4.4- é capaz de alcançar resultados apenas moderados. Tais resultados o confortam muito bem, pois lhe permitem ficar dentro de sua cápsula protetora. Ele não trabalha em excesso e se sente bem com isso. Por outro lado, os executivos superiores nem sempre ficam satisfeitos, mas não o criticam muito e podem aceitar o resultado: "Ele não é o melhor funcionário, mas definitivamente não é o pior".

# Estilo 4.4+ Patriota (orgulhoso e persistente)



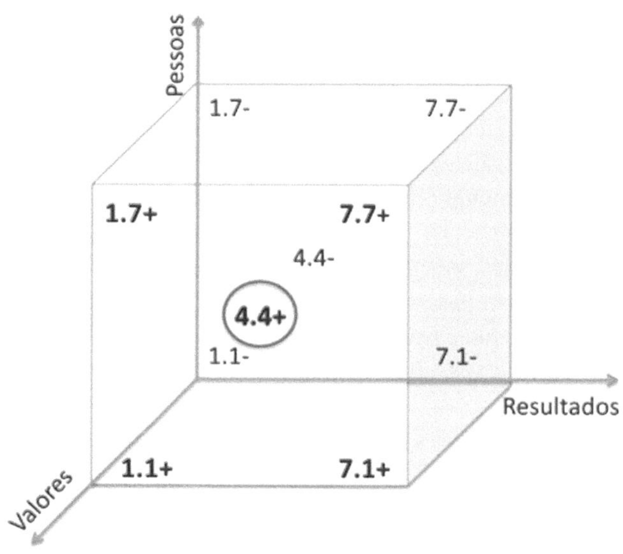


Este estilo é caracterizado por uma preocupação média com resultados e pessoas combinada a uma clara orientação para os valores organizacionais. Uma pessoa com este estilo se preocupa com seu trabalho e com a organização e se orgulha de seu sucesso. O 4.4+ realmente quer contribuir para a preservação das tradições da empresa e fazer todo o possível para assegurar o seu funcionamento normal e estável. O 4.4+ é um patriota sincero da organização. São leais, comprometidos e orgulhosos de seu próprio envolvimento na história e nas realizações da organização. Ao mesmo tempo, o 4.4+ mostra o tradicionalismo de pensamento e comportamento, prefere abordagens e decisões comprovadas, bem testadas e procura criar uma atmosfera de estabilidade, confiabilidade e conservadorismo saudável.


A. Zankovsky, C. von der Heiden, *Liderança com Synercube*
https://doi.org/10.1007/978-3-662-55606-1_9

## 9.1 Características básicas do estilo 4.4+

Ambos estilos 4.4- e 4.4+ apresentam níveis médios de preocupação com o sucesso da empresa e de seus funcionários. Apesar de uma certa semelhança, no entanto, diferem na sua orientação de valores. O 4.4+ tem uma preocupação clara com os valores da empresa, é interessado em seu trabalho e está disposto a fazer tudo o que for preciso para garantir a operação confiável e estável da empresa.

O 4.4+ sinceramente não consegue entender a necessidade de mudanças e reformas com tanta frequência, independentemente do estado real das coisas. A mudança, de acordo com o 4.4+, é uma alternativa apenas quando algo dá errado ou não funciona mais de forma adequada. Algo que funciona bem não precisa de mudança, mas sim de um esforço contínuo para mantê-lo operacional.

O 4.4+ está convencido de que tudo que é novo é apenas o passado esquecido, que funcionou bem antes. Aqueles que fundaram as empresas ou foram seus empregados antes de nós não eram ingênuos ou primitivos; caso contrário, não haveria tantas empresas cujo funcionamento ininterrupto é essencial para nossas vidas. Portanto, a evolução necessária é, de acordo com o 4.4+, um produto das próprias tradições da empresa, enquanto as pessoas do estilo 4.4+ tem sido e serão a força principal e o esteio de qualquer organização, assegurando seu funcionamento confiável, estável e contínuo.

De fato, em muitas empresas, existem gestores e outros membros da equipe que há muito mantem suas posições, sabem tudo o que há para saber sobre as questões e assuntos da empresa, depois de terem passado por tudo com ela e se mantem leais e orgulhosos de serem parte integrante de sua empresa. A gestão sabe que eles nunca vão decepcionar a empresa e vão assegurar o seu funcionamento confiável e estável em todas as circunstâncias.

O foco pronunciado em valores ajuda o 4.4+ a encontrar um acordo viável mesmo nos conflitos mais difíceis. Para o 4.4- um acordo significa fugir do problema, suavizando-o a todo o custo, ou encontrar uma solução aparentemente ganha-ganha para satisfazer todas as partes. Para o 4.4+, ao contrário, um acordo é algo totalmente diferente, que consiste na busca de soluções construtivas que não só aliviam o confronto, mas também garantem a realização segura das metas da empresa. Ao mesmo tempo, o 4.4+ não está atrás do máximo de resultados. A prioridade para ele é não permitir que conflitos e contradições interrompam o processo de trabalho normal. O 4.4+ procura um equilíbrio confiável entre o foco nos resultados e nas pessoas. É esse equilíbrio, de acordo com o 4.4+, que dá estabilidade e confiabilidade às organizações.

A regra preferida do 4.4+ é a do "meio termo ideal". Eles são convencidos de que ir atrás dos resultados por si só pode levar alguém a alcançá-los, mas isso sempre vem à custa e em detrimento das relações pessoais. Por outro lado, a ligação estreita demais com os colegas de trabalho e membros da equipe pode danificar o desempenho. É o meio termo ideal – a manutenção de relações interpessoais normais com os colegas de trabalho e resultados medianos, mas constantes - que ajudam a organização a avançar passo a passo, sem falhas ou grandes conquistas.

O 4.4+ é democrático em sua abordagem organizacional, exigindo igualdade de condições e direitos para todos os membros da equipe, independentemente de sua posição.

Ao mesmo tempo, o 4.4+ sempre fica distante de todos os seus colegas de trabalho, especialmente subordinados. Assim, a maneira correta que já estava lá antes de nós é preservada, com todos recebendo suas tarefas. A gestão adequada exclui as relações informais e as confraternizações com subordinados. O 4.4+ é muito bem informado sobre todas as questões da empresa, o que lhe permite encontrar acordos que sejam aceitáveis tanto para a organização quanto para todas as partes envolvidas.

O 4.4+ tende a seguir os procedimentos e regras, enquanto a rotina habitual o ajuda a se sentir à vontade. Ele prefere práticas testadas e comprovadas que assegurem a conformidade com os padrões corporativos. O trabalho deve ser regulado por regras claras e feito em ritmo comedido. No entanto, se um método familiar e comprovado pelo tempo apresenta desvantagens óbvias e causa problemas, o 4.4+ prontamente o abandona ou altera.

O 4.4+ sempre tenta explorar a experiência do passado. Ele trabalha de forma confiável e estável e motiva os outros a alcançarem bons resultados. Este tipo de pessoa cria um ambiente de trabalho favorável, o que é propício para um desempenho confiável. O 4.4+ é caracterizado por agir de maneira bem pensada, deliberada e conservadora.

Na tomada de decisões, o 4.4+ é influenciado principalmente pela opinião da maioria, os interesses da empresa e a experiência passada. Ele é convencido de que mudanças e reformas significativas podem trazer benefícios reais para a empresa apenas em casos excepcionais.

## 9.2 O estilo 4.4+ em cooperação coletiva

O 4.4+ procura sempre agir com certeza e tomar decisões que sejam aceitáveis para todos e baseadas em métodos comprovados. Esta abordagem, de acordo com o 4.4+, permite que as organizações evitem riscos ao seguir procedimentos testados e comprovados que estejam em conformidade com as opiniões e normas geralmente aceitas.

Se um membro da equipe não faz adequadamente seu trabalho, o 4.4+ prontamente lhe dará uma mão, sugerindo abordagens e soluções que ele próprio empregou repetidamente, com sucesso comprovado. Suas ações são sempre claras, orientadas para objetivos e compreensíveis para os colegas de trabalho. O 4.4+ não vai procurar fazer a meta ou o resultado parecer insignificante. Isso às vezes é, no entanto, o resultado de suas ações, como consequência da visão de mundo do 4.4+, que consiste na crença de que tudo – trabalho, relacionamentos, realizações e a vida em geral – deve ser normal.

Dentro da equipe, o 4.4+ é simpático e disposto a fazer concessões, muitas vezes atuando como um facilitador nas interações sociais de seus colegas. Esta função permite-lhes tratar os colegas igualmente, ao mesmo tempo mantendo uma determinada distância. Muitas vezes ele conversa com as pessoas, especialmente em particular, para obter e fornecer informações sobre a situação atual e avançar. Como facilitador, o 4.4+ pode interferir com o trabalho dos outros se ele perceber um desvio do "padrão" que, em sua opinião, pode prejudicar o trabalho em equipe. Isso, por um lado, ajuda os outros a aprenderem e evitarem erros, mas por outro lado rouba dos colegas a liberdade de experimentar e tomar iniciativas, o que por vezes leva à inatividade e à indiferença. O 4.4+ tenta atrair as pessoas de volta para abordagens tradicionais, normas e regras.

A equipe gosta de trabalhar sob o comando do 4.4+. Como numa equipe liderada ou unida por uma pessoa 1.7+, os membros se unem e passam muito tempo falando sobre o trabalho e assuntos pessoais. É o típico caso em que os funcionários podem tornar-se tão relaxados no trabalho que a empresa e seu desempenho não são mais sua prioridade. No entanto, assim como com o 1.7+, essas relações geralmente não são profundas, pois a expressão de confiança, respeito e sinceridade é restrita a seguir as normas. Apesar de toda sua simpatia e atenção uns com os outros, os colegas de trabalho relutam em se envolver em uma discussão aberta e franca sobre os problemas da empresa, tomar iniciativa, definir metas mais elevadas ou procurar soluções construtivas para os conflitos.

Para o 4.4+ as necessidades pessoais são orientadas a uma pessoa mediana que encarna uma espécie de maioria empresarial. O trabalhador ideal, de acordo com o 4.4+, deve trabalhar como todos os outros, sem se destacar ou ficar para trás; eles devem ter relacionamentos de equipe normais e suaves, observar as regras e tradições e ser leais e comprometidos com sua organização.

Há confiança e respeito numa equipe 4.4+, mas são muito discretos e um pouco formais. Isto resulta num comportamento discreto e prudente, que aumenta o tempo de interação social e reduz o compromisso pessoal. Por um lado, as pessoas terão maior potencial e estarão prontas para trabalhar mais para o benefício da empresa e seu desenvolvimento, mas por outro lado, seguir as regras e tradições habituais irá torná-las complacentes e satisfeitas com a vida rotineira e estável. Ideias e iniciativas criativas ficarão de fora, não encontrando apoio ou perspectivas reais.

## 9.3 A ZONA I e o estilo 4.4+

As relações entre os membros da equipe numa equipe 4.4+ são estáveis e duradouras, pois são cimentadas no foco total nos valores da empresa. As pessoas se preocupam com seu trabalho e a organização e são leais e comprometidas. No entanto, as tentativas de discussões abertas e diretas muitas vezes tropeçam em regulamentos e formalidades, pois causarão preocupação e ansiedade se violados. Assim, a maioria dos trabalhadores é claramente consciente de que suas iniciativas e atividades devem ser limitadas pelas regras habituais e principalmente destinadas a assegurar a rotina de trabalho normal e tradicional. Esta atmosfera leva à ocultação ou subestimação de novas informações importantes, porque os membros da equipe se acostumam a pensar dentro do padrão, com base em precedentes e tradições. Eles tornam-se muito cautelosos e quando confrontados com uma pergunta direta vivenciam ansiedade e desconforto, tentando lembrar-se de uma situação passada semelhante. Tudo isto reduz a eficiência operacional, resultando na necessidade de uma

**Fig 9.1** 4.4+

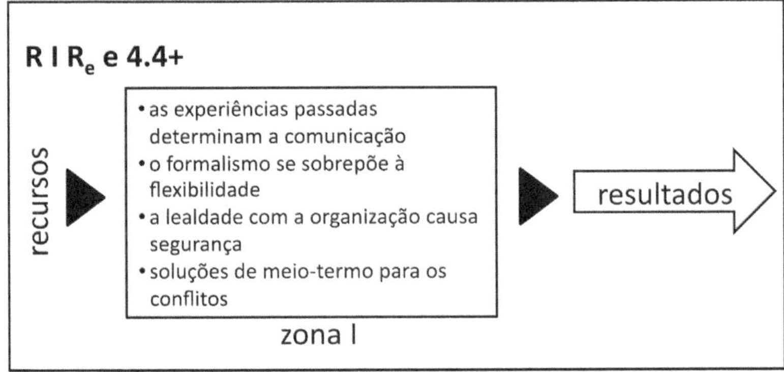


grande quantidade de esforços para manter a eficiência operacional pelo menos em níveis médios num ambiente em mudança (Fig. 9.1).

Unanimidade e coesão são muito apreciadas numa equipe 4.4+. Por essa razão, o meio termo é a forma mais popular e aceita para lidar com as divergências. Mas, ao contrário do estilo 4.4.-, que procura acordos a todo custo, mesmo em detrimento dos objetivos da empresa, o 4.4+ foca mais a descoberta de uma solução construtiva. Para eles, o meio termo não é tanto um meio de reduzir as tensões, mas sim uma forma de assegurar uma operação confiável e estável, além do cumprimento das regras e tradições corporativas ou institucionais.

As pessoas que trazem crítica e inovações para a discussão em grupo são criticadas por não terem conseguido desenvolver suficientemente suas propostas e extrair riqueza de experiências positivas da empresa, bem como por interromper o curso normal de trabalho. Na verdade, eles desafiam a crença profunda do 4.4 + de que está tudo bem como está. Seguir as regras e tradições dá confiança ao 4.4+ e o faz sentir-se satisfeito e bem sucedido. Outros, no entanto, percebem que as regras são usadas como uma proteção contra a incerteza e os riscos decorrentes de inovações e reformas que causam desconforto e alarme para uma pessoa 4.4+.

O desejo de fazer o que é familiar e correto está constantemente em desacordo com o ambiente corporativo em constante mudança. As tentativas de utilizar as normas estabelecidas e a experiência anterior em um novo ambiente, muitas vezes colocam o 4.4+ em uma posição difícil, mas ele não muda seus pontos de vista. Às vezes ele reclama: "Olha que confusão! As regras mudam todo dia! Como podemos trabalhar assim?" No entanto, um sentimento sincero de comprometimento obriga o 4.4+ a ir na direção de acordos e soluções para garantir a operação confiável e contínua da empresa em todas as circunstâncias.

O estilo 4.4+ acredita que um acordo de trabalho por unanimidade, que leve em conta os interesses da empresa e de seus funcionários, é a melhor forma de interação social, sem alternativa. Por causa de seu tradicionalismo e do medo de submeter a sua experiência passada e normas bem estabelecidas à análise crítica, o 4.4+ não consegue realmente vivenciar os benefícios do trabalho em equipe sinérgico.

## 9.4 Cultura e valores 4.4+

*Característica básica: Estabilidade, tradicionalismo e confiança na organização, medo de mudanças.*

*Confiança.* A cultura 4.4+ é baseada na confiança na organização, suas regras e regulamentos, experiência passada e história, decisões e práticas que se provaram confiáveis e eficientes. Assim, somente aqueles que seguem estritamente as regras e regulamentos da empresa e são leais e comprometidos podem ser dignos de confiança. Novas abordagens causam medo e ansiedade, enquanto as pessoas que apresentam um comportamento anormal ou geram ideias originais são recebidas com desconfiança e suspeita. O novo ganha credibilidade apenas depois do novo conhecimento ser adquirido e suficientemente testado.

*Justiça.* O senso de justiça do 4.4+ é igualitário; o sucesso raramente é mencionado, o 'meio termo ideal' é a principal regra vigente para se chegar aos mesmos padrões medianos de desempenho e de recompensa para todos. Esta cultura representa principalmente a justiça da maioria, ao invés de justiça real e avaliação objetiva da contribuição de cada indivíduo para o resultado global. Decisões baseadas em normas tradicionais e experiências do passado são consideradas justas. A maneira mais justa de resolver um conflito para o 4.4+ é encontrar um acordo que, acima de tudo, leve em conta os interesses da empresa e crie as condições para que mais trabalho seja feito em nível normal e mediano.

*Comprometimento.* O 4.4+ mostra um nível de identificação muito elevado com sua empresa, seus funcionários, missão e objetivos. As normas, tradições e práticas da empresa testadas e comprovadas são de especial importância para o 4.4+. O comprometimento e identidade deste estilo são ainda mais pronunciados se as normas, tradições e abordagens comprovadas e estabelecidas, das quais é um defensor exaltado, forem compartilhadas pela maioria dos membros da equipe e apoiadas pela administração. O 4.4+ é leal e dedicado à empresa e percebe-se como seu esteio. Ele valoriza sua contribuição para a organização e a duração do seu vínculo empregatício.

*Responsabilidade.* Para o 4.4+ responsabilidade significa seguir as práticas bem testadas e obedecer as normas estabelecidas na empresa. O 4.4+ acredita que, neste caso, cada membro da equipe irá trabalhar de forma confiável, estável e correta. As tradições e valores estabelecidos, a lealdade e o compromisso com a empresa são, de acordo com o 4.4+, as principais bases do sistema social.

Sendo focado na maioria, o 4.4+ se sente profundamente responsável tanto pelos funcionários quanto pela empresa como um todo. Além disso, ele se sente responsável pelo papel e imagem da empresa na sociedade. Este tipo de pessoa apoia soluções socialmente aceitáveis e atitudes individuais responsáveis. Confiabilidade e responsabilidade social significam para o 4.4+ seguir as boas tradições e normas organizacionais e socialmente aceitas, que asseguram a estabilidade e continuidade da vida. A necessidade de mudança está associada à reduzida confiabilidade e instabilidade social.

*Integridade.* Na cultura 4.4+, honestidade e transparência são entendidas como adesão a métodos tradicionais e normas sociais adequadas. Informações sobre normas bem estabelecidas são fornecidas e trocadas de forma precisa e objetiva. A alteração de padrões causa rejeição e desconfiança, o que pode levar a informação a ficar distorcida ou parcialmente retida. As relações são caracterizadas por um nível bastante elevado de integridade. Lealdade e comprometimento com a organização, orgulho da sua história e do sucesso podem resultar numa descrição favorável e otimista da situação real. Inovações são vistas com cautela e exigem justificativas convincentes de sua necessidade e eficácia, bem como um longo período de adaptação e adoção. O feedback é oferecido de forma acessível, ainda que um pouco polida, com uma abordagem positiva das questões negativas, que são apresentadas sem detalhes. Isso reduz o nível de transparência e honestidade, fazendo essas qualidades parecerem adornadas.

## 9.5 Cultura e poder 4.4+

*Foco na ênfase sobre a autoridade baseada em posição e carisma*

*Punição.* O 4.4+ acredita que a punição é uma medida forçada para influenciar aqueles que se recusam a entender, mesmo depois de repetidas explicações, que certos comportamentos são inaceitáveis porque prejudicam a organização, suas tradições e o trabalho como um todo. O 4.4+ tende a ver comportamentos ineficazes ou não construtivos como resultantes de erros de julgamento, ao invés de intencionais e ele acredita que isso pode ser corrigido com a explicação sobre qual deve ser o comportamento correto. Se a punição ainda for inevitável, deve ser desprovida de subjetividade, bem regulamentada e garantir a manutenção das tradições e da operação confiável do sistema. A punição tem mais a ver com uma falta de cumprimento das tradições e uma ameaça de interrupção do trabalho da empresa, do que com o resultado.

*Recompensa.* O 4.4+ acredita que todos que seguem as tradições, normas e regras estabelecidas fazem seu trabalho num nível aceitável e mostram lealdade à organização, merecendo assim uma recompensa. O 4.4+ visa alcançar resultados que não excedem níveis medianos e permitem que a organização funcione corretamente. Os sucessos notáveis são recompensados da mesma forma que os medianos e moderados. O 4.4+ não considera necessário recompensar especificamente e motivar aqueles que se fixaram uma meta alta de realização. Assim, a recompensa é igualitária e apenas distantemente relacionada ao desempenho real.

*Posição.* Para o estilo 4.4+, a autoridade é muito importante porque é a base das tradições, regras e regulamentos da empresa. A pessoa deste tipo está convencida de que a organização só será eficiente e confiável se cada funcionário em cada nível fizer seu trabalho corretamente. O 4.4+ conhece sua quantidade necessária de trabalho muito bem e muitas vezes lembra os outros da necessidade de fazer seu trabalho na íntegra. Ele reluta em delegar suas responsabilidades aos subordinados e perde a confiança, tornando-se indeciso quando são necessárias soluções inovadoras que vão além de sua autoridade e da rotina.

*Informação.* Os recursos de informação básicos para a 4.4+ são as tradições, regras e regulamentos institucionais estabelecidos, que são refletidos nos documentos corporativos ou repassados informalmente como parte da cultura corporativa existente. O estilo 4.4+ está bem ciente de quem deve fazer o que e conhece os direitos e deveres das pessoas muito bem, assim como o início e o final de sua própria área de responsabilidade. A troca de informações é realizada a fim de garantir o funcionamento seguro da empresa e fortalecer sua própria posição.

Ao lidar com subordinados, o 4.4+ tende a enfatizar, como regra, a necessidade de lealdade e adesão às regras e normas. O 4.4+ recebe as ordens dos gestores com entusiasmo e tenta realizá-las dentro do tempo e em nível aceitável. Os debates mais intensos iniciados pelo 4.4+ acontecem dentro de sua equipe e se concentram em encontrar novas soluções quando são necessárias mudanças e inovações.

*Especialista.* O 4.4+ tem grande competência no domínio das abordagens testadas e comprovadas. Pessoas deste tipo são bem equipadas para lidar com situações que exigem soluções e decisões padronizadas e comprovadas. O 4.4+ é muito competente, derivando suas habilidades das tradições da empresa e sabe a maneira correta de conduzir os negócios, conhecendo bem o humor dos superiores. Muitas vezes, porém, o 4.4+ não consegue perceber que algo poderia ter sido feito melhor, pois ele não questiona os padrões vigentes. Tais especialistas têm frequentemente habilidades profissionais bastante sólidas, mas veem seus conhecimentos e habilidades disponíveis como suficientes, sendo o treinamento constante desnecessário. O 4.4+ acredita que "o perfeito é inimigo do bom" e que a adesão estrita a abordagens e tecnologias comprovadas, inevitavelmente, garantirá a operação estável e confiável da empresa.

*Referência.* O estilo 4.4+ normalmente conta com forte poder de referência, já que não perde seu espírito sob quaisquer circunstâncias, conhece e pode sentir intensamente as necessidades e interesses dos membros da equipe e sempre tenta agir no interesse da empresa. Este comportamento é complementado por sua convicção de que até mesmo os problemas mais graves não são novos e apareceram antes repetidamente. Portanto, seguindo as tradições da empresa, usando abordagens comprovadas e seguindo a maioria, pode-se lidar com quaisquer dificuldades e crises. Como resultado, os outros percebem os 4.4+ como pessoas confiáveis e fortes que personificam a organização e suas tradições. Por essa razão, quando o 4.4+ é forçado a chamar seus colegas de trabalho para realizar trabalhos urgentes ou difíceis, seu chamado pode ser motivacional. Ao mesmo tempo, a cautela com novidades e mudanças, bem como o foco insuficiente sobre resultados não permitem que o 4.4+ desenvolva plenamente relações robustas e harmoniosas com base na confiança mútua, respeito e sinceridade.

## 9.6 Habilidades de cooperação do estilo 4.4+

### Resolução de conflitos

O 4.4+ tem uma atitude negativa em relação a conflitos, considerando-os uma grande ameaça ao desempenho confiável e estável da empresa. O 4.4+ está convencido de que, se todos os membros da equipe seguissem as tradições e normas da empresa, fossem leais e fizessem seu trabalho num nível não inferior à média, não haveria nenhuma razão para dar origem a confrontos e conflitos dentro da empresa. Além disso, o conflito é uma ameaça às tradições e normas estabelecidas que o 4.4+ se preocupa em proteger e apoiar.

Se ainda assim um conflito acontece, o 4.4+ apela a todas as partes para encontrarem um acordo viável que permitirá principalmente que o trabalho continue de forma normal e estável. Mesmo nas piores situações de conflito, o 4.4+ pode encontrar acordos viáveis utilizando seu enfoque claro sobre os valores da empresa. O acordo tem um significado completamente diferente para o 4.4+ do que para o 4.4-. Se para o último um acordo significa evitar o problema, aliviando o conflito a qualquer preço e encontrando soluções de funcionamento mediano que dão algo para cada parte, o 4.4+ procura soluções construtivas, que não só abaixam os níveis de tensão, mas também garantem a realização segura dos objetivos da empresa e fortalecem a fidelidade dos funcionários.

Em caso de conflito, o 4.4+ procura evitar uma queda no desempenho, em vez de maximizá-lo. Sua prioridade é evitar que conflitos e contradições interrompam o curso normal do trabalho; o 4.4+ busca um equilíbrio confiável, sustentável entre o foco no desempenho e a preocupação com as pessoas. É este equilíbrio, de acordo com o 4.4+, que dá à empresa estabilidade e permite a ela superar quaisquer problemas e dificuldades.

Entendendo que ignorar conflitos é uma séria ameaça para o processo de trabalho normal, o 4.4+ nunca tenta retirar-se de situações de conflito e tomar uma posição neutra, esperando que o problema se resolva. No entanto, o 4.4+ está focado em soluções que são baseadas em tradições e precedentes, o que muitas vezes o impede de descobrir as causas do conflito e utilizar seu potencial positivo para aumentar a eficiência.

É muito importante para o 4.4+ assegurar que o acordo receba o apoio da vasta maioria. Para isso, o 4.4+ está preparado para gastar muito tempo e fazer todos os esforços possíveis para persuadir as partes em conflito a buscarem uma solução de concessões, que contribuirá para a operação estável e confiável da empresa.

Um acordo em benefício da organização, mas sem uma análise profunda das causas internas do conflito, produz soluções que fortalecem as práticas tradicionais, mas muitas vezes perdem novas oportunidades e perspectivas. Embora a maioria dos membros da equipe fique aliviada porque o conflito foi resolvido, as pessoas criativas e aqueles que procuram novas abordagens são deixados com a frustração interna e a decepção. O 4.4+, como regra geral, dá pouca atenção a isso, acreditando que uma leve insatisfação de várias pessoas pode ser trocada pelo status quo confiável, apoiado pela maioria. Essa tática impede o uso do conflito como o recurso mais importante para o desenvolvimento da empresa, retardando o progresso e cultivando passividade naqueles que possam ajudar a gerá-lo.

Embora o conflito seja associado a um confronto e à tensão crescente nas relações na ZONA I, ele desempenha um papel importante ao mover a equipe para frente, abrindo a possibilidade de uma reflexão aprofundada sobre a questão, bem como para a avaliação e coleta de diferentes opiniões e crenças. Uma ideia útil pode surgir para o benefício da empresa, independentemente de atender ou contradizer as regras e regulamentos estabelecidos. Analisar e identificar as causas profundas do conflito significa resolver as questões de forma sistêmica, em vez de procurar um acordo razoável e construtivo que ignora novos pensamentos.

Para o 4.4+ o conflito significa um desvio ou até mesmo uma ameaça para a ordem estabelecida e funcional. Portanto, se o conflito durar muito tempo, o 4.4+ pode agir para suprimi-lo. No entanto, ele não vai fazer isso como o 7.1- que usa seu poder, mas sim apelando para as visões e opiniões comumente compartilhadas pela maioria. A pressão da maioria e a autoridade pessoal do 4.4+ normalmente dirigem o conflito para uma procura mais ávida por concessões, que eles encontram rapidamente percebendo o erro de confronto persistente. Nas tentativas sinceras de resolver conflitos para o benefício da empresa, o 4.4+ está convencido de que o seu modelo de resolução de conflitos é o ideal.

**Competência comunicativa**

O 4.4+ exibe um alto nível de desenvolvimento e uso de competência comunicativa. Ele se comunica ativamente com todos os funcionários, discute ideias e sugestões. Ele é caracterizado pela atenção cuidadosa à informação recebida de superiores e dos mais reconhecidos colegas. Se a tomada de decisão requer informações detalhadas, o 4.4+ as reúne com antecedência, perguntando à sua volta se necessário. O 4.4+ está disposto a responder a perguntas diretas e preparado para aceitar outros pontos de vista.

Ainda assim, o impulso de seguir as tradições e ordem estabelecidas limita a competência comunicativa do 4.4+. O estilo 4.4+ reúne ativamente informações para descobrir as opiniões e atitudes da maioria. Ele monitora constantemente o humor da maioria e se sente relaxado e confiante quando está em conformidade com as normas da empresa e orientado para o trabalho no estilo e ritmo habituais.

A troca de informações permite que o 4.4+ enxergue com que constância e tranquilidade a empresa está operando, garanta que suas tradições e padrões sejam respeitados, bem como mantenha a motivação e fidelidade dos funcionários em nível elevado. À semelhança do estilo 4.4-, o 4.4+ pode falar de forma agradável e profusa, principalmente sobre temas relacionados com as normas, procedimentos e regulamentos da empresa. É a sua área favorita e ele está pronto para compartilhar seu conhecimento e experiência com todos aqueles que são sinceramente leais à organização e partilham de seus valores. Ninguém bate o 4.4+ nesta esfera. No entanto, enquanto o 4.4- usa as regras, procedimentos e regulamentos organizacionais para sustentar suas posições e proteger sua indiferença oculta ou ostensiva para com as atividades da empresa, eles não são somente formalidades para o 4.4+.

Para ele, seguir tradições e regras é algo cheio de significado pessoal profundo: ele acredita que tradições e regras são padrões comportamentais testados pelo tempo, os quais sinceramente segue e dos quais as organizações e a grande maioria dos seus funcionários precisam. Com base nesta orientação de valores, o 4.4+ segue regras e encoraja os outros a fazê-lo, não porque ele é forçado a isso (a lei é dura, mas é a lei), mas porque é o certo. Os funcionários compreendem este ponto de vista, o que ajuda o 4.4+ a garantir a conformidade com os requisitos formais, sem resistência interna de seus colegas.

O 4.4+ tem amplo conhecimento em muitos outros campos profissionais. No entanto, ele nunca enfatiza seu próprio papel e opinião, tentando conciliá-los com as tradições estabelecidas e a opinião da maioria. O 4.4+ escuta a opinião de colegas e subordinados com interesse e gratidão, especialmente se estiver alinhada com as práticas e soluções habituais e tradicionais. Se a visão é nova ou incomum, o 4.4+ não a rejeitará imediatamente. Ele irá sugerir que seu colega deve fundamentá-la e provar que a nova prática é melhor do que a comprovada pelo tempo. Para grande satisfação do 4.4+, tais discussões geralmente acabam comprovando novamente a validade das velhas práticas.

Se a discussão levar mais tempo do que o habitual e as opiniões continuarem divididas, o 4.4+ invoca precedentes bem sucedidos e tenta obter o apoio da maioria. Ele admite a existência de opiniões diferentes, mas somente se elas não danificarem a organização ou seu sistema. O 4.4+ ansiosamente colhe informações, mas as passa pelo filtro da tradição, muitas vezes ignorando dados novos e promissores. As informações muitas vezes servem para validar as práticas tradicionais e a opinião da maioria e não para encontrar as melhores soluções.

O estilo 4.4+ muitas vezes vai diretamente até suas fontes de informação: documentos e indivíduos específicos. O 4.4+ não esconde sua atitude parcial em relação ao problema e o importante papel que as informações desempenham na organização. Este estilo é geralmente bem informado sobre a experiência passada da empresa em lidar com problemas semelhantes, mas está sempre pronto para consultar a equipe, que é especialista no assunto. Essas consultas são bastante eficazes, pois o 4.4+ não esconde seus objetivos e faz perguntas diretamente, enquadrando-as para serem específicas e objetivas: "Sei que você teve experiência na promoção de produtos numa nova região. Agora temos uma tarefa semelhante. Que dificuldades você enfrentou durante a primeira fase do projeto?"

O 4.4+ não esconde seu compromisso sincero com a empresa e se orgulha abertamente disso. Por essa razão, aqueles que estão familiarizados com as tradições e regras da empresa podem facilmente prever os caminhos do diálogo com o 4.4+. Na mesma linha, a verdadeira aceitação e lealdade à organização vão, inevitavelmente, ganhar a confiança do 4.4+, trazendo oportunidades para influenciá-lo e manipulá-lo.

### Posicionamento ativo

O 4.4+ tem o ponto de vista social ativo de acordo com a crença sincera de que ele e a organização como um todo tem um trabalho muito importante e essencial para fazer. Esta pessoa se importa com seu trabalho e se orgulha de sua afiliação com a organização e suas realizações. O 4.4+ visa contribuir para a preservação de tradições da organização e assegurar o seu funcionamento normal e estável. Ele irá defender ativamente seu ponto de vista liderando pelo exemplo e fornecendo argumentos convincentes.

Apesar do fato de que o 4.4+ tem preocupações com as expectativas da gestão, a tradição da empresa e a opinião da maioria, ele dará sua opinião de forma aberta e honesta, acreditando que ela reflete os interesses de toda a organização. Isso ajuda a pessoa deste estilo a ser extremamente convincente e receber apoio de seus subordinados, mesmo que não concordem plenamente com ele.

O 4.4+ prefere os métodos testados pelo tempo e mantém-se firme quando pressionado, tentando convencer o outro lado de que ele está certo. O tradicionalismo de pensamento e comportamento característico do 4.4+ torna-o especialmente atraente quando há uma necessidade de defender abordagens testadas e comprovadas pelo tempo. Se confrontado com uma situação nova ou estranha, que requeira soluções criativas, fora do padrão, o 4.4+ adere à abordagem padrão ou é forçado a concordar com o novo parecer, sentindo a pressão da gestão e da maioria dos funcionários. Este resultado é extremamente desconfortável para o 4.4+, comprometendo sua orientação de valores na direção de estabilidade e confiabilidade e quebrando sua habitual visão de mundo.

Para fazer o 4.4+ adotar uma nova abordagem é importante convencê-lo dos benefícios da inovação para o funcionamento normal da empresa. É vital para a pessoa perceber que a nova prática, com toda a sua estranheza, não vai prejudicar a organização. Esta atitude obriga o 4.4+ a avaliar constantemente e criticamente as novas práticas em termos de sua utilidade e popularidade.

O 4.4+ irá defender sua opinião de forma convincente, se estiver alinhada com a da gestão ou da maioria dos colegas. Mas se esta opinião for questionada, o 4.4+ pode retirar-se ressentido para o auto-isolamento. Isto pode ser acompanhado pelo seguinte clamor típico: "Bem, se nossas tradições gloriosas não significam nada e ninguém precisa do meu conhecimento e experiência, então eu lavo minhas mãos! Vamos ver que benefícios todas essas novas práticas trarão!"

No entanto, dizer isso não absolve o 4.4+ de sua responsabilidade pela organização e seu futuro. Ele nunca ficará sem fazer nada nem evitará o trabalho e continuará exercendo suas funções, mesmo nas circunstâncias mais desfavoráveis. De acordo com o 4.4+, o trabalho deve continuar, não importa como. Seu lema é "O show tem que continuar!" e o 4.4+ irá defender essa crença até o fim. O 4.4+ assume posicionamento ativo, que é baseado na lealdade da pessoa para com a organização, na experiência passada e abordagens comprovadas pelo tempo. Se uma decisão impopular deve ser tomada, o 4.4+ necessariamente enfatizará que é um passo necessário para preservar e manter a atividade empresarial habitual. Ele procura criar uma atmosfera de estabilidade, confiabilidade e conservadorismo robusto e, enquanto as atividades estiverem dentro da rotina, o 4.4+ mostrará alta eficiência.

Quando surgem problemas que exigem soluções fora do padrão, o estilo 4.4+ não se sente à vontade. No entanto, mesmo nesta situação, sua orientação de valores e compromisso com a organização fornecem uma base forte para procurar soluções construtivas e acordos.

### Tomada de decisão

O fator mais importante para o estilo 4.4+ na tomada de decisões é certificar-se de que irá beneficiar a organização e terá o apoio da gestão e da maioria dos membros da equipe. Para tomar tal decisão, o 4.4+ está disposto a ceder muito e até mesmo sacrificar uma parte de seus próprios interesses. O estilo 4.4+ é muito focado no passado, preferindo abordagens bem comprovadas. A pessoa deste tipo trata a inovação e as reformas com grande ceticismo. A tomada de decisão é parte do curso de ação, tradições e precedentes rotineiros. O 4.4+ não tem dúvidas de que a experiência passada não só é relevante hoje, mas será também no futuro.

As soluções do 4.4+ costumam receber elogios da gestão e da maioria dos membros da equipe por causa de sua simplicidade e clareza, uma vez que são baseadas na experiência do passado e regras comuns que são familiares a todos. Se uma decisão semelhante já foi tomada no passado e isso irá, de acordo com o 4.4+, garantir o funcionamento estável da organização, a decisão é adotada e implementada de forma muito rápida e eficiente. Se for necessária uma abordagem difícil, o 4.4+ muitas vezes prefere dimensionar as expectativas dos superiores e a opinião da maioria, mantendo discussões aprofundadas com todas as partes interessadas sobre todos os aspectos da decisão e suas possíveis alternativas.

O 4.4+ é muito hostil em relação a decisões cujas consequências possam ser perigosas para a organização e até mesmo causar-lhe danos graves. Em tais casos, convencer o 4.4+ da correção e validade de uma decisão arriscada será extremamente difícil, se não impossível.

Quando não há um precedente a seguir, o 4.4+ tenta encontrar uma decisão anterior que tenha sido ao menos remotamente semelhante ao que é necessário hoje, para tomar a mesma decisão novamente. Mesmo que a decisão seja bastante trivial, o 4.4+ vai descobrir as opiniões de seus colegas de trabalho, acreditando que isso seja bom para a empresa.

Outra característica importante da tomada de decisão do 4.4+ é sua convicção de que um funcionário leal e comprometido é sempre um especialista valioso e eficiente. Por essa razão, o 4.4+ às vezes aprecia a lealdade e o comprometimento ostensivos e explícitos mais do que o desempenho real. Isto naturalmente reduz a motivação pelo trabalho e dá origem a conflitos internos.

Pensando em soluções possíveis, o 4.4+ considera exclusivamente aquelas que têm repetidamente se provado bem sucedidas, quase sempre ignorando alternativas inusitadas e inovadoras. Se alguém insistir em tentar novas abordagens e soluções, o 4.4+ vai encontrar argumentos convincentes para rejeitá-las, usando como argumento mais contundente os riscos de danos irreversíveis que, de acordo com o 4.4+, inevitavelmente acompanharão as novas práticas. Para minimizar esses riscos, o estilo 4.4+ sugere o uso de abordagens convencionais e comprovadas.

No entanto, em situações de crise, quando não há como evitar uma nova solução, o 4.4+, com todo o seu conservadorismo, está preparado para fazer mudanças que, em sua opinião, vão servir para o bem da organização. Uma vez tomada a decisão, o 4.4+ normalmente garante um acompanhamento claro e rigoroso sobre sua implementação, até que esteja completa.

### Crítica

Para o 4.4+, a crítica construtiva é uma oportunidade para dar feedback aos outros sobre a medida em que seus comportamentos e ações correspondem às tradições e normas vigentes na organização. Considerando o sistema estabelecido e bem comprovado como o único verdadeiro sistema de parâmetros de referência, o 4.4+ considera desvios como violações que precisam ser corrigidas. Ele exibe sua crítica de forma aberta e objetiva, com a crença honesta de que é algo bom a fazer para o benefício de todos.

Se o 4.4+ tiver que dizer algo desagradável, ele tenta fazer isso de uma forma delicada e amigável, explicando ao alvo de sua reprimenda como deve comportar-se diante de tal situação numa organização e como o comportamento inadequado da pessoa pode prejudicar a empresa. No momento em que o 4.4+ nivela sua crítica, ele acredita estar representando a empresa em si e agindo em seu nome. O estilo 4.4+ sabe o que é comportamento adequado e não tem intenção de discutir as razões ou motivos da conduta que considera errada. No entanto, ele não está inclinado a pensar que o comportamento inadequado é resultado de má intenção deliberada. O 4.4+ acredita que a conduta imprópria é causada por ignorância ou falta de compreensão de como um funcionário normal, que é grato à sua empresa por seus cuidados, deve se comportar. O 4.4+ está absolutamente convencido de que todos os funcionários devem ser tão leais e empenhados como o próprio 4.4+. Sua crítica é, portanto, uma forma de treinamento e educação de seus colegas de trabalho.

Se a empresa estiver em ascensão e posicionada com segurança no mercado, o estilo de crítica do 4.4+, focado em manter o status quo, é justificado e eficaz. No entanto, se os negócios da empresa estão longe do ideal, tal crítica só pode piorar a situação, impedindo melhorias. Um padrão semelhante é observado nos casos em que o modelo de crítica do 4.4+ é aplicado aos retardatários e aos membros mais eficientes da equipe. Se alguém que está ficando para trás receber sua censura, o esforço para puxar a pessoa para níveis de eficiência normais tem um efeito bastante positivo sobre a empresa. Se os membros mais eficazes da equipe sofrerem reprimendas por causa do excessivo "zelo", falta de inovação e de respeito pela tradição do 4.4+, a motivação deles pelo trabalho e comprometimento inevitavelmente serão abalados.

A crítica do 4.4+ é guiada pelos requisitos de funcionários medianos. Por um lado, este tipo de crítica é bem recebido pela maioria dos funcionários por ser clara e concreta e por garantir a rotina normal de trabalho. Por outro lado, este estilo de crítica muitas vezes bloqueia qualquer tentativa de introduzir o pensamento fora do padrão e a busca por novas soluções para as atividades da empresa.

Quando tudo corre de acordo com a rotina estabelecida, o 4.4+ raramente é crítico. O 4.4+ é ávido para elogiar e mal pode esconder sua satisfação quando tudo corre como deveria. Em uma discussão, o 4.4+ não vai falar sobre as perspectivas de longo prazo ou possíveis ameaças, muitas vezes dizendo: "Não mexa com isso até que isso mexa com você." O 4.4+ só vai trazer à tona questões que possam perturbar o curso normal do trabalho. Novas ideias criativas que realmente poderiam conduzir a sinergias não são bem-vindas e são vistas com forte ceticismo. Alternativas que subvertem os paradigmas existentes constituem, de acordo com o 4.4+, um risco equivocado e podem ameaçar o bom funcionamento da empresa. Em tais casos, o 4.4+ irá dizer educadamente, mas com firmeza e confiança: "Sim, pode ser uma ideia interessante, mas é apenas uma ideia, que pode ir e vir, enquanto que nossa organização tem funcionado e funcionará mantendo suas regras, princípios e tradições testadas pelo tempo e pela vida. É necessário, em primeiro lugar, evitar a perda de nossas realizações, em vez de se engajar em excesso de projetos e fantasias."

A crítica do 4.4+ nunca alcança o nível de eficiência exigida, pois os representantes deste estilo impedem o desenvolvimento de novas ideias e abordagens, tentando encaixá-las no "status quo" de abordagens e padrões tradicionais. No final, os membros da equipe mais eficientes e criativos se acostumam a trabalhar como todos os outros e a ceder, ao invés de usar a crítica aberta e honesta para identificar novas oportunidades e perspectivas. Tal abordagem à crítica tem limitações e não consegue gerar boas perspectivas, paralisando os funcionários mais promissores. Os funcionários que não podem realizar seu potencial ficam cada vez mais ansiosos para encontrar um emprego em outro lugar, onde há uma possibilidade de crítica aberta e honesta.

## 9.7 Conclusões

O estilo 4.4+ tem um grande potencial para fortalecer as capacidades de sua equipe, com base principalmente em sua lealdade, comprometimento e foco honesto nos valores da empresa. Além disso, o 4.4+ pode garantir o funcionamento normal da empresa em um bom nível moderado em todas as circunstâncias. É isso que torna o 4.4+ uma "pessoa corporativa"; os 4.4+ são os principais pilares de muitas organizações, uma vez que mesmo em circunstâncias difíceis, eles nunca vão abandonar a empresa e garantirão uma operação confiável e estável do seu sistema. Essas pessoas são honestos patriotas de sua organização e tem orgulho de ser parte de sua história e realizações.

No entanto, o 4.4+ não utiliza plenamente seu potencial para o benefício da organização e de seus funcionários. Isso acontece principalmente por causa do tradicionalismo de pensamento e comportamento, da preferência por métodos e soluções verdadeiramente testadas e comprovadas, bem como da desconfiança, do ceticismo e medo de tudo que é novo e incomum. O estilo 4.4+ é ansioso para criar uma atmosfera de estabilidade, confiabilidade e bom conservadorismo, tentando seguir as tradições e normas fixadas e fazendo de tudo para cumprir com os procedimentos e regras bem estabelecidos.

Isso ajuda o 4.4+ a obter resultados confiáveis e estáveis num bom nível mediano, enquanto mantém relações de trabalho cordiais com os colegas. No entanto, em última análise, a abordagem 4.4+ não consegue produzir resultados elevados ou sinergia da equipe.

Numa situação de conflito, o 4.4+ sempre se concentra em encontrar soluções de meio termo que levem em conta os interesses da empresa e da maior parte dos funcionários e que sejam baseadas na experiência do passado e rotina habitual. O 4.4+ encara todas as oportunidades para mudanças e reformas com desconfiança e ansiedade. Ele considera métodos de ação conhecidos e testados pelo tempo um ideal a ser preservado e valorizado.

A tomada de decisão do estilo 4.4+ rejeita opções que pareçam arriscadas ou vagas e prefere apenas as decisões que são aceitáveis para todos e baseadas na experiência do passado e métodos já testados. Se a organização como um todo estiver estável e segura, o 4.4+ é aceitável, assegurando um desempenho normal e mediano. No entanto, em condições dinâmicas e voláteis de mercado, o tradicionalismo de pensamento e comportamento só pode piorar a situação, impedindo a busca de mudanças e reformas positivas.

A crítica do 4.4+ tem suas vantagens e limitações. Por um lado, ajuda a empurrar os atrasados para níveis médios de desempenho; por outro, inibe os membros mais eficazes e criativos da equipe, privando-os de motivação por grandes realizações. Em seu trabalho, o 4.4+ é orientado por requisitos de funcionários medianos, o que também dificulta a implementação de inovações. No final, os funcionários mais valiosos, com alto potencial criativo e motivação, acostumam-se a trabalhar como a maioria e a fazer concessões, em vez de contribuir totalmente com a empresa e seu desenvolvimento.

# Estilo 1.1- Cínico indiferente (evitar e fugir)

# 10

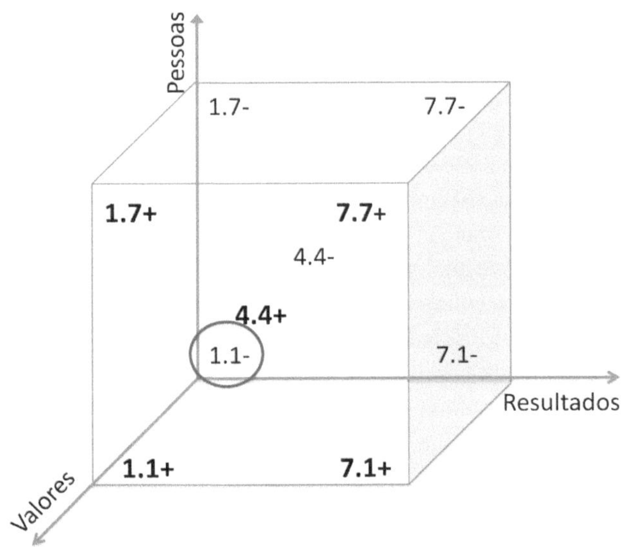


Pouca preocupação com a produção, baixa preocupação com as pessoas, atitude indiferente em relação ao trabalho e à organização. Forte convicção de que a vida das pessoas não pode ter qualquer significado maior e não pode nem deve ser mudada para melhor. Desejo de dissociar-se do todo, esconder-se, evitar tudo, ser imperceptível. O slogan é: "Gostaria que ninguém me incomodasse!" O estilo 1.1- evita articular sua posição e ponto de vista, tentando não fazer perguntas; erros são abafados e escondidos. Decisões são adiadas até que alguém as tome ou até que o problema se resolva por si. Quase nenhum interesse no trabalho e nas outras pessoas. Se for um líder, foge à responsabilidade, deixando as coisas seguirem seu curso. Nenhum desejo de aparecer, evitando todos os problemas, sempre pronto para ser demitido. Evita reuniões e discussões, bem como conflitos com outros membros da equipe. Os outros membros da equipe sentem que o estilo 1.1- não precisa de nada no trabalho, nem na vida. A principal motivação é evitar qualquer tipo de envolvi-


A. Zankovsky, C. von der Heiden, *Liderança com Synercube*
https://doi.org/10.1007/978-3-662-55606-1_10

mento. Os interesses reais estão além da vida organizacional. Sempre se distancia da responsabilidade pelos resultados, tenta evitar problemas pessoais. Sob pressão, assume um ponto de vista passivo ou de apoio.

## 10.1 Características básicas do estilo 1.1-

O estilo 1.1- tem os mais baixos níveis de foco em todos os três fatores: produção, pessoas e valores organizacionais. As palavras-chave para caracterizar este tipo de comportamento são indiferença e cinismo. Ele é profundamente indiferente para com os resultados a serem alcançados, não se importa com as pessoas com quem trabalha e é indiferente para com a organização como um todo. Ele tem uma atitude cínica em relação a tudo que o rodeia. Ele acredita que, na verdade, as pessoas simplesmente fingem estar profundamente apaixonadas por algo, que eles têm algo de importante, pelo qual estão dispostos a enfrentar o trabalho e seus desgastes, preocupações e sacrifícios... assim, ele sempre encara qualquer comportamento como manipulativo e falso. O estilo 1.1- sempre suspeita que os outros faltam com a sinceridade e desejam fazer-lhe algum mal. O estilo 1.1- não acredita nem confia em ninguém, sentindo-se confortável quando está bem escondido de todos em seu escudo de indiferença e autodistanciamento.

O estilo 1.1- é a pessoa menos notável na equipe. Ele procura evitar real envolvimento nos assuntos da organização a qualquer custo, fazendo cuidadosamente seu trabalho (apenas o necessário e sob pressão, evitando fazer um pouco mais). O estilo 1.1- tenta criar uma atmosfera de previsibilidade, deixando claro que ninguém pode contar com o fato de que ele tem que fazer algo além do que havia sido planejado. Com base neste padrão comportamental, ele enfaticamente não vê qualquer vantagem em sair de sua concha e tentar ver novas oportunidades. Ele acredita firmemente que o envolvimento no trabalho não traz nada além de problemas e deve ser evitado a todo custo. Se alguém tenta envolver o estilo 1.1- na vida organizacional, como regra, sua resposta será a seguinte: "Eu vou pensar sobre isso," "Talvez", ou "Vamos ver". No entanto, colegas e subordinados são bem conscientes de que isso não levará a nada e essas desculpas são uma outra forma de retração. Se deixado sozinho, o estilo 1.1- permanece o mesmo: sozinho e de forma alguma sobrecarregado.

A fim de dissociar-se do trabalho, das pessoas e da organização em geral, o estilo 1.1- tenta fazer tudo formalmente, de modo que pode sempre fugir da responsabilidade, escondendo-se por trás das instruções: "E na instrução não diz que eu sou responsável por isso". Se houver problemas, mas formalmente ele não for responsável por eles, o estilo 1.1- não presta qualquer atenção a eles, ignorando-os completamente. Ele, no entanto, pode passar o problema para outra pessoa, mas nunca tenta tomar sua própria decisão. Quando não há diretrizes ou instruções rígidas, o estilo 1.1- pensa: "Isso não é problema meu." No entanto, ele nunca diria isso em voz alta por medo de ser envolvido em uma discussão que seria inútil e talvez até perigosa para ele. Quando o estilo 1.1- toma uma decisão, ele tem medo de ser nomeado para realizá-la. Portanto, o estilo 1.1- pensa que é melhor e mais seguro esperar que alguém note o problema e o resolva.

## 10.2 O estilo 1.1- em cooperação coletiva

Estando em isolamento autoimposto, o estilo 1.1- é o menos envolvido no trabalho coletivo comum. Por isso, ele não se sente como um membro da equipe que não cumpre suas tarefas, reduzindo a eficiência global do grupo. Mesmo que um membro ineficiente da equipe tenha um efeito negativo sobre os resultados, o estilo 1.1- não tenta fazer ou mudar nada, dizendo: "Não é minha culpa, então eu não tenho que assumir a responsabilidade por isso."

O estilo 1.1- nunca fará quaisquer sugestões sobre como melhorar a eficiência. Ele vai fazer isso apenas quando solicitado persistentemente. Se outros expressarem seu desacordo sobre sua sugestão, ele imediatamente se retira, grato por não precisar ser responsável pelo resultado. Não compartilhando valores organizacionais, bem como não tendo o desejo de alcançar bons resultados e manter relacionamentos eficazes, o estilo 1.1- representa o elo mais fraco da equipe. Sua atitude é expressa pela seguinte regra: "Não me importo com o que quer que você diga ou pense sobre mim". Outros membros da equipe, sabendo que o estilo 1.1- faz o mínimo de esforços, acostumam-se a não confiar nele. Eles deixam para ele apenas tarefas claras e simples que não necessitam de iniciativa.

O líder 1.1- mostra o corpo do trabalho para seus subordinados e espera que eles assumam a responsabilidade. Se a quantidade mínima de trabalho for concluída, ele está disposto a seguir obedientemente os outros. Em tais circunstâncias, mesmo os funcionários mais comprometidos se sentem cansados e irritados. O entusiasmo pelo trabalho reduz consideravelmente, pois o líder 1.1- procura apenas resultados mínimos. Sentindo que seu compromisso com a organização não é compartilhado por seu líder, os funcionários altamente motivados que estabelecem metas elevadas perdem a motivação e satisfação.

O estilo 1.1- não vê nenhuma ligação entre a orientação para os valores organizacionais, a preocupação com as pessoas e a preocupação com a produção. Há pouco interesse em tudo que o impede de vivenciar todas as vantagens da relação harmoniosa e trabalho em equipe para a organização. A base motivacional de tal comportamento é uma relutância em ser profundamente envolvido nos relacionamentos e no trabalho, o medo de situações difíceis e a profunda negligência dos valores organizacionais. Portanto, o estilo 1.1- tenta criar um ambiente previsível ao seu redor, comunicando-se com os outros muito raramente e resistindo a qualquer mudança. Criando um escudo de procedimentos formais e regras, ele cuidadosamente ignora tanto desafios como oportunidades. As regras e regulamentos estabelecidos tornam-se uma justificativa para sua indiferença, protegendo-o da participação e das complicações: "Você não pode me responsabilizar por isso. Não é da responsabilidade do meu departamento". O estilo 1.1- pode negar a necessidade de mudança, oferecendo uma perspectiva pessimista: "Se começarmos a mudar alguma coisa, vai fazer mais mal do que bem".

## 10.3 A ZONA I e o estilo 1.1-

Normalmente, as relações entre aqueles focados nos valores organizacionais e o líder com o indiferente estilo 1.1- se tornam polarizadas. Os membros da equipe sentem ressentimento, pois tem de assumir a responsabilidade não só pelo seu trabalho, mas também pelo trabalho de seu chefe. O líder 1.1- nunca se sente parte da equipe, mantendo distância e protegendo-se de tomar a iniciativa. Quanto mais isso dura, mais polarizadas as relações se tornam, porque a equipe está fazendo mais e mais e o líder 1.1- está fazendo cada vez menos. A resposta ao comportamento do líder 1.1- pode variar de decepção leve: "Eu esperava que ele estivesse pelo menos um pouco preocupado com o que está acontecendo", à condenação pura e simples: "Ele puxa toda a equipe para trás".

Com o tempo, o líder 1.1- se torna um objeto de indignação permanente. Dependendo da cultura corporativa da organização, a crítica pode ser suave e indireta, ou incluir acusações diretas. O estilo 1.1- encara essa crítica com indiferença, como se não tivesse nada a ver com todos os problemas não resolvidos. Ao responder a crítica particularmente acentuada, ele usa a mesma fórmula: "Isso não está escrito na minha descrição de cargo" ou "Ninguém me disse que isso deveria ser feito."

O estilo 1.1- é pessimista sobre as relações na equipe e seu potencial. Ele as percebe como estressantes e um peso desagradável, o que por sua vez reduz o nível de confiança e respeito a ele por parte de colegas e subordinados. Tudo isso provoca uma sensação de incerteza e medo de dificuldades. Frente a um envolvimento mais profundo no trabalho, o estilo 1.1- suspeita de um teste, uma verificação ou revisão, presumindo o pior: "Eles estão procurando uma razão para retirar-me do cargo. Estão apenas esperando que eu cometa um erro". O líder de estilo 1.1- tenta fazer o suficiente para manter sua posição, muitas vezes com um subtexto oculto de que os funcionários deveriam ser gratos a ele por isso. O estilo 1.1- teme que até mesmo o seu envolvimento mínimo pode fornecer a seus adversários alguns argumentos sólidos, que serão usados contra ele. Portanto, a natureza de seu relacionamento com a equipe é sempre cautelosa e contida. Ele nunca vai expressar sua opinião, até que receba uma ordem para fazê-lo. Se isso acontece, é geralmente muito neutro, pois o estilo 1.1- faz o seu melhor para não causar disputas e não chamar a atenção para si mesmo (Fig. 10.1).

Como regra geral, líderes 1.1- mantêm seus princípios, mesmo que as condições que levaram a eles tenham mudado. Eles ainda preferem se esconder em uma concha da auto-alienação, colocando a calma e a indiferença na frente de toda a alegria e significado que pode ser adquirido no trabalho coletivo comum baseado na confiança, honestidade e total envolvimento.

**Fig. 10.1** 1.1-

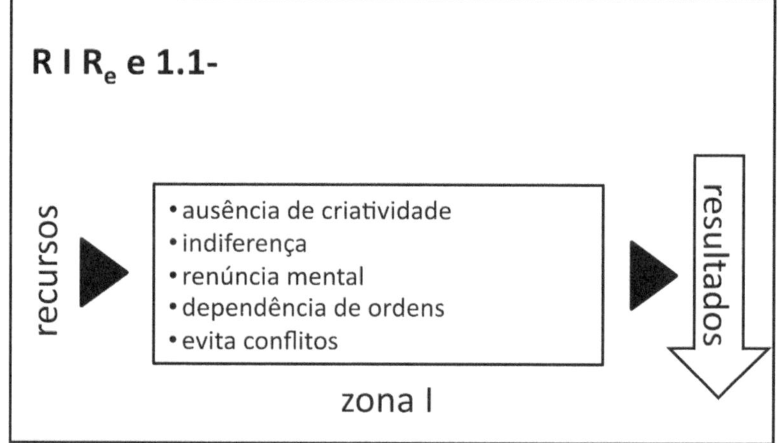


## 10.4 Cultura e valores 1.1-

*Cultura de desconfiança, indiferença e alienação*

*Confiança.* O estilo 1.1- não confia em ninguém. Ele acredita que todas as pessoas simplesmente fingem que são profundamente apaixonadas por algo. Então... em qualquer manifestação de compromisso e interesse ele vê esse algo como fraudulento e falso. Portanto, ele sempre suspeita de insinceridade e teme que os comportamentos dos outros possam causar-lhe mal. O estilo 1.1- não confia em si mesmo e assim ele se sente confortável apenas quando está escondido em seu escudo de indiferença e autodistanciamento.

*Justiça.* Como muitos outros valores, a equidade e a justiça são compreendidas pelo estilo 1.1- de forma específica. A mais alta expressão da justiça para ele é o princípio: "Eu não mexo com ninguém e eles não devem mexer comigo." Em sua concepção de justiça, não há lugar para esforços humanos reais e méritos numa promoção. Se o estilo 1.1- cumpriu os requisitos mínimos, ele percebe quaisquer requisitos adicionais e as tentativas de se envolver em uma atividade organizacional mais ativa como uma violação da justiça. Ele também considera que é injusto quando não consegue satisfazer seus interesses no contexto de um problema sério. "Eu peço as coisas tão raramente e ainda assim eles não querem me ajudar", pensa o estilo 1.1- indignado, não associando esta recusa com sua pobre contribuição para a causa comum. Diante de casos de injustiças reais, por exemplo, a aparente subestimação da contribuição de um membro da equipe, o estilo 1.1- prefere não prestar atenção, pensando: "Ingênuos! Quem precisa de seu entusiasmo e diligência? É melhor fazer o seu trabalho de modo que não haja reclamações e viver em paz e felizes, como eu faço!"

*Comprometimento.* O estilo 1.1- é indiferente e cínico por natureza. Assim, ele nem sequer tenta demonstrar seu comprometimento com a organização, nem sua identificação com a empresa. Isso pode ser mudado muito rapidamente, no entanto, se ele tiver que explicar ou defender sua atitude indiferente de forma pública. A fim de não se envolver ou assumir responsabilidade, ele está pronto para declarar verbalmente seu compromisso e identidade. No entanto, o compromisso e identidade declarados desaparecem instantaneamente se não houver expectativa de punição de sua indiferença. O estilo 1.1- continua a trabalhar na empresa não por causa de seu compromisso e identidade, mas porque é mais seguro ficar e trabalhar aqui do que ir para outra empresa. Mudar de emprego significa incerteza e medo e não se sabe onde tudo isso pode levar.

*Responsabilidade.* A falta de comprometimento organizacional e identidade está diretamente relacionada a uma falta de responsabilidade. Não é possível contar com o 1.1- em situações organizacionais difíceis, pois elas exigem trabalhar para a equipe com total negligência dos interesses e queixas pessoais. Em tais situações, o estilo 1.1- nem sequer é capaz de disfarçar sua indiferença e cinismo: "Por que lançar pérolas aos porcos?" Se o estilo 1.1- vê os erros ou enganos de alguém, o que não afeta diretamente o trabalho de forma adversa, ele vai preferir não notá-lo para evitar a ameaça de um maior envolvimento em atividades organizacionais.

*Integridade.* O estilo 1.1- trata a transparência e a integridade na organização com desprezo e indiferença. Ele simplesmente não acredita que as pessoas e organizações possam ser verdadeiramente comprometidas com esses valores. O estilo 1.1- está convencido de que os próprios gestores que encorajam os outros a trabalharem de forma transparente e honesta nunca são totalmente honestos. Ao mesmo tempo, ele tem a oportunidade de receber informações valiosas que permitem a ele exercer maior impacto manipulativo sobre os membros da equipe. Aqueles que estão em interação próxima com o estilo 1.1- começam a entender os reais motivos de seus comportamentos rapidamente e respondem com descrença explícita ou velada, tentando continuar a evitá-lo.

## 10.5 Cultura e poder 1.1-

*Foco nas recompensas e no poder da posição, que são usados para evitar comprometimento e envolvimento*

*Punição.* O líder 1.1- considera a punição uma medida indesejável, pois teme que a punição tenha que ser verbalmente justificada e isso pode causar descontentamento. Se a punição for inevitável, deve ser justificada de acordo com os regulamentos organizacionais. A punição está mais associada com a ameaça de envolvimento indesejado em problemas organizacionais do que com os resultados objetivos do desempenho dos membros da equipe.

*Recompensa.* O estilo 1.1- usa a recompensa como uma forma de proteção contra o envolvimento e responsabilidade. O líder 1.1- incentiva somente aqueles que fazem o trabalho em nível aceitável, ignorando aqueles que fazem pedidos e demandas "inaceitáveis" a fazer algo, a fazer melhor, a mostrar boa vontade e assim por diante. O estilo 1.1- não visa a obtenção de resultados, por isso ele não vê a ligação entre desempenho e recompensas. Assim, realizações de destaque são recompensadas da mesma forma como as médias, moderadas e mesmo insuficientes. A recompensa é usada como um meio de isolamento autoimposto e não está relacionada ao desempenho.

*Posição.* O poder da posição é importante para o líder 1.1-, pois ele o vê como um meio eficaz de proteção aos trabalhadores, suas iniciativas e críticas. O 1.1- apela para sua posição na organização, a fim de justificar a adequação de sua atitude indiferente. Ao responder aos argumentos e solicitações razoáveis para fazer algo útil para a organização, ele lança mão do seu poder de posição. O líder 1.1- conhece bem seus poderes e os utiliza para fazer tão pouco quanto possível. O líder de estilo 1.1- delega voluntariamente suas responsabilidades para os subordinados, caso exijam envolvimento pessoal e responsabilidade. Ele perde completamente o controle quando as circunstâncias exigem soluções inovadoras que vão além das práticas banais.

*Informação.* As fontes importantes para o líder do estilo 1.1- são as instruções organizacionais formais, que se refletem nos documentos organizacionais. Elas permitem-lhe fazer o mínimo de trabalho, protegendo-o das acusações de ineficiência e baixa motivação. O estilo 1.1- conhece seus direitos e deveres muito bem, ele é muito consciente de onde sua área de responsabilidade começa e termina. Mas ele mal sabe quais são os deveres de seus subordinados. Na verdade, ele não está interessado. A troca de informações é realizada para proteger sua própria posição no caso de crítica. As diretrizes da alta administração são percebidas como um mal necessário. É melhor realizá-las formalmente para evitar possíveis problemas.

*Especialista.* O estilo 1.1- pode ter competência bastante alta em sua esfera profissional. No entanto, seu conhecimento e habilidades não são usados para alcançar os melhores resultados, para criar uma equipe eficaz e sinérgica, mas para fortalecer sua posição, evitando os principais desafios da organização. Esta atitude alienada e indiferente priva o líder 1.1- da autoridade de especialista. Se, em circunstâncias excepcionais, ele tentar usar sua experiência para o benefício da equipe, a equipe não o leva a sério, acreditando que a pessoa que nunca tinha tentado contribuir para a causa comum antes, também não pode fazê-lo neste caso. O estilo 1.1- supõe que é melhor não fazer nada, porque todos os esforços e planos são, em última análise, fúteis e condenados ao fracasso. Seu slogan é: "Sente-se calmamente e em breve você verá o cadáver do seu inimigo sendo carregado".

*Referência.* O estilo 1.1- normalmente dispõe de mínimo poder de referência, pois em situações difíceis ele tenta ficar invisível e isentar-se de qualquer responsabilidade. Tal conduta é acompanhada pela convicção de que mesmo as pessoas mais talentosas e motivadas estão provavelmente condenadas ao fracasso e os projetos mais ambiciosos no âmbito das suas finalidades declaradas escondem a simples ganância humana. Em tais circunstâncias, o mais correto e decente é o comportamento de afastamento e indiferença. Este ponto de vista leva ao fato de que outras pessoas começam a perceber o estilo 1.1- como um indivíduo não confiável, com falta de iniciativa, que não se preocupa com os resultados, as pessoas ou a organização como um todo. Portanto, nos casos em que o estilo 1.1- é um gerente e é forçado a convocar funcionários para realizar trabalhos urgentes ou difíceis, seus chamados são confusos e não são levados a sério. Tudo isso o impede de construir relações harmoniosas e sólidas, com base na confiança mútua, respeito e sinceridade.

## 10.6 Habilidades de cooperação do estilo 1.1-

### Resolução de conflitos

A estratégia típica do estilo 1.1- para resolver conflitos é a evitação. "Conflito? Não estou entendendo", diz o estilo 1.1-, afastando-se cuidadosamente de quaisquer conflitos que surjam na organização. Ele evita a situação de conflito tanto quanto possível, na esperança de que ela irá resolver-se por si. O estilo 1.1- luta para ocupar a posição de um observador externo, a fim de manter-se neutro: "Esta discussão é sua. Eu não vou me envolver", ou "Faça o que quiser, mas me deixe em paz". O estilo 1.1- evita conflitos diretos, dando sinais indiretos na forma de queixas ou silêncio. Ele nunca levanta questões controversas, mas rapidamente concorda com os outros quando o clima geral torna-se evidente.

A relutância em prestar atenção aos conflitos muitas vezes provoca indignação na equipe. Os membros da equipe aprendem rapidamente que se surgirem problemas, eles não podem contar com seu líder. Isso não incomoda o líder 1.1-, já que ele não quer envolvimento no trabalho. No entanto, isso começa a afetar os relacionamentos, criando hostilidade entre o líder e o grupo. Quanto mais o estilo 1.1- renega os princípios de trabalho de equipe, mais diminuem a confiança e respeito na equipe. Os funcionários começam a expressar pensamentos como: "Nem tente perguntar a ele. Já sabemos a resposta".

O estilo 1.1- utiliza várias técnicas para evitar ser envolvido no conflito. Para fazer isso, ele pode fingir estar preocupado com as regras da organização, que tem trabalho demais para fazer ou apenas apela aos padrões de conveniência. Isto lhe dá a oportunidade de ficar de fora do foco de atenção. Por exemplo, o estilo 1.1- pode chegar na hora para reuniões, elaborar relatórios que atendam aos requisitos necessários, participar de eventos sociais, verificações e assim por diante. No entanto, se surgirem problemas ele se retira, oferecendo apenas observações vagas: "Sim, vou considerar isso com cuidado" ou "Isto parece um problema a ser resolvido".

Outra maneira é tentar mostrar sua inutilidade para resolver o conflito. Neste caso, a maneira mais fácil é desempenhar o papel de alguém muito ocupado. As pessoas estão menos inclinadas a recorrer a alguém que parece totalmente imerso em outros problemas. O estilo 1.1- também pode usar uma forma mais sofisticada e responder às perguntas por e-mail ou mensagem de voz, nos casos em que a comunicação direta seria preferível. O estilo 1.1- pode intencionalmente responder no momento em que sabe que o destinatário não está disponível. Por exemplo, ele liga durante o almoço e deixa uma mensagem: "Eu liguei para você, mas você não estava" ou "Eu tentei ligar para você, mas você não estava na sua mesa". Outra forma pode ser a adoção voluntária de quaisquer deveres que o protejam da interação ativa com os colegas. O estilo 1.1- pode responder ao conflito entrando em férias, saindo em viagem de negócios ou fazendo qualquer outra coisa que lhe permita retirar-se fisicamente da participação no conflito.

Outra forma do estilo 1.1- resolver o conflito é transferir as informações para as pessoas que estão propensas a agir. O estilo 1.1- depende daqueles que estão comprometidos a alcançar os melhores resultados. Ele sabe que, depois de conhecer o problema, essas pessoas vão assumir a responsabilidade pela resolução construtiva dos conflitos. Ao enviar as informações, o estilo 1.1- não se incomoda em interpretá-las ou editá-las. Ele prefere simplesmente repetir o que ouviu literalmente. Ao ser questionado, ele diz: "Eu sei tanto quanto você. Só posso repetir o que ouvi."

A informação é distribuída de tal forma que será completamente segura se ocorrer um problema. Esta abordagem é particularmente útil quando a distribuição de informações cria um conflito. O estilo 1.1- confirma mais uma vez sua neutralidade e transfere toda a responsabilidade para os outros: "Eu só passo para frente o que me disseram. Se você tiver dúvidas, pergunte você mesmo."

Se o conflito for prolongado, o estilo 1.1- tenta sair da discussão o mais rapidamente possível: "Bem, se é isso que você quer, faça". Ele também pode fazer uma declaração que desvie a atenção: "Por que estamos perdendo tempo no debate? Faça o que escolher, e vamos seguir em frente!"

Nesses casos raros em que o líder 1.1- se envolve no conflito, geralmente ele faz mais mal do que bem. Porque ele é mal informado, a ação que ele inicia geralmente indica que os eventos são percebidos de forma errada e sua estratégia míope só serve para interromper o conflito atual. O estilo 1.1- raramente faz esforço sério para compreender as verdadeiras causas do conflito e resolvê-lo de forma construtiva.

### Competência comunicativa

A competência comunicativa do estilo 1.1- é bastante baixa, devido ao fato de que ele tenta minimizar sua comunicação com colegas e subordinados tanto quanto possível. Ele percebe a comunicação aberta como uma ameaça ao seu desprendimento e não envolvimento na vida organizacional. A base desta posição é a profunda convicção do estilo 1.1- de que o trabalho na organização é algo que as pessoas são forçadas a fazer para sobreviver neste mundo cruel e perverso. Somente os ingênuos ou os manipuladores mostram sua paixão pela organização. Os primeiros o fazem por estarem muito enganados, os últimos por benefício pessoal. O estilo 1.1- não quer jogar este jogo, em sua opinião, desinteressante e vazio, no qual em última instância, todos estão condenados a perder. Portanto, o estilo 1.1- segue o princípio: "Menos comunicação - menos problemas".

Quando o estilo 1.1- precisa de informações, ele usa um terceiro e não aborda a fonte diretamente. Ele não gosta de fazer ou responder perguntas sobre questões controversas diretamente, porque não quer responsabilidade extra ou problemas. Como o estilo 1.1- espera ficar à margem e não fazer nada errado, ele está pronto para apoiar qualquer ponto de vista, mesmo que internamente não concorde com ele. Em conversas, ele geralmente toca em questões que afetam apenas a superfície do problema. Já que o conhecimento traz certas responsabilidades, sua crença é expressa pela fórmula: "Quanto menos você souber, melhor você vai dormir." Então ele se comunica para obter o mínimo possível de informações. Por exemplo, ao discutir um novo projeto, o estilo 1.1- se interessa apenas pelos pontos que estão relacionados exclusivamente às suas funções. Mesmo se o estilo 1.1- não entender muito bem o que for discutido na reunião, ele ainda assim vai permanecer em silêncio para manter mínima comunicação e não ser arrastado para o debate.

Se o estilo 1.1- tiver medo de ser envolvido em qualquer trabalho extra, ele vai reunir informações indiretamente por meio de fontes e conversas não oficiais. Isto lhe dá a oportunidade de obter informações e estabelecer possíveis formas de "defesa" das novas tarefas sem se envolver na discussão. O estilo 1.1- evita fazer perguntas, pois tem medo de ouvir: "Você levantou uma questão muito importante! Você gostaria de tomar uma decisão e assumir a liderança?" Quando um novo projeto é iniciado, o estilo 1.1- está disposto a se juntar a ele só depois que alguém toma a iniciativa, organiza o programa e inicia o trabalho. Se o projeto falhar, o estilo 1.1- sempre terá algo a dizer para justificar-se. Sua posição constante é: "Este projeto não é meu, eu não tenho qualquer responsabilidade. Eu só faço o que me mandam."

Na conversa o estilo 1.1- é geralmente muito cauteloso, tenta falar vagamente e de forma evasiva, evitando quaisquer promessas e compromissos. Isto o poupa de assumir responsabilidade pessoal. Ele frequentemente usa a frase: "É difícil dizer alguma coisa. Temos especialistas muito mais experientes neste campo" e "É possível, mas não tenho certeza. É melhor perguntar a outra pessoa". Essa atitude passiva deprime outros membros da equipe, pois eles têm que fazer um enorme esforço para obter qualquer informação. Como resultado, tudo acaba exatamente como o estilo 1.1- queria: as pessoas preferem não lhe fazer perguntas nem contar com ele!

### Posicionamento ativo

Ao defender seus pontos de vista, o estilo 1.1- é evasivo e reticente. Ele raramente expressa sua atitude frente ao trabalho e o faz de uma forma neutra, o que torna impossível entender o que ele realmente pensa: "Esta é provavelmente a coisa certa" ou "Eu provavelmente concordaria com esta opinião." O estilo 1.1- acredita que a melhor abordagem é a de reter informações até que seja forçado a falar; e mesmo neste caso ele revela apenas a informação que não pode causar interesse e dar lugar a qualquer responsabilidade. Esta atitude leva ao fato de que, mesmo se o estilo 1.1- tiver uma opinião particular, ela ainda será vaga e incerta, o que inevitavelmente leva à crítica. O estilo 1.1- diz: "Eu preferiria não dizer o que penso sobre isso", ou "Agora acho difícil dar preferência a qualquer coisa."

Ao defender sua posição, o estilo 1.1- segue a opinião mais comum, refletindo a visão popular: "O que quer que decidamos, os resultados que obteremos são a coisa mais importante" ou "Se você acha que isso é o que devemos fazer, então eu concordo" Esta cautela permite que o estilo 1.1- critique as ações dos outros quando surgem dificuldades: "Eu tinha dúvidas sobre isso desde o início".

O estilo 1.1- defende seus pontos de vista apenas quando lhe é solicitado diretamente que o faça e quando ele sente certo apoio. Em outros casos, ele tenta não expressar sua opinião e prefere esperar o máximo possível antes de concordar com a posição de outra pessoa. Se o estilo 1.1- sentir que sua opinião não é popular, ele estará pronto para desistir dela imediatamente. Outra característica do estilo 1.1- quando está defendendo sua opinião é uma forma especial de eufemismo contido, que muitas vezes soa como uma profecia sombria de inevitáveis dificuldades e obstáculos. Quando o resultado é difícil de prever, o estilo 1.1- expressa seus medos e dúvidas. Esta posição é um mecanismo de proteção e por isso, se surgirem dificuldades, ele diz: "Eu sabia que isso ia acontecer." Assim, o estilo 1.1- reduz a possibilidade de ser acusado de qualquer coisa.

O líder de estilo 1.1- não gosta de identificar claramente sua posição, especialmente sobre questões controversas, tomando iniciativas de forma muito reservada e passiva. O estilo 1.1- faz seu trabalho apenas no nível esperado. Ele raramente vai além desses limites e, em vez disso, prefere ver tudo seguindo seu curso do que tomar quaisquer medidas para influenciar o curso dos acontecimentos. Este baixo nível de iniciativa é mais eficiente quando se trabalha de acordo com as instruções e orientações. Se alguém aborda o estilo 1.1- diretamente, ele responde enigmaticamente: "Não é uma má ideia", ou "Isso provavelmente vai funcionar". O estilo 1.1- normalmente usa palavras como "possível", "provável" ou "Eu não sei", porque elas podem protegê-lo em caso de problemas. O estilo 1.1- diria: "Eu nunca disse que gostava dessa ideia", ou "Eu nunca disse que deveríamos tomar essa decisão."

O estilo 1.1- mostra o nível mínimo aceitável de iniciativa, concentrando-se nos resultados esperados. Ele raramente toma iniciativa para além do âmbito do esperado e o faz apenas sob pressão das circunstâncias ou da gestão. Ele evita quaisquer iniciativas que possam causar conflitos.

O líder 1.1- geralmente delega seus poderes a outros sem um motivo especial. Assim que vê um problema, ele tenta abordá-lo de forma específica, confiando sua solução a outra pessoa: "Ana está com problemas para elaborar uma nova agenda de trabalho. Você pode ajudá-la?" Sendo um gerente sênior, o líder 1.1- delega muitas de suas responsabilidades para os outros, deixando quase nenhum trabalho para si mesmo.

Como regra geral, o estilo 1.1- responde aos problemas de forma tardia, quando apenas um cego não pode vê-los. Mas ele não tem pressa para agir, procurando por aqueles que possam ajudar. Mesmo que o estilo 1.1- saiba o que deve ser feito, ele ainda espera por instruções vindas de cima. Se ele vê um problema no trabalho de outras pessoas, prefere permanecer em silêncio, acreditando que não é problema seu. Se ele vê que um dos membros da equipe está enfrentando dificuldades na implementação do projeto, vai fingir não perceber, pensando: "Se eu me envolver, vou ter momentos muito difíceis, carregando a responsabilidade por tudo". Se um membro da equipe precisa deixar o trabalho mais cedo, o estilo 1.1- não se sentirá obrigado a ajudá-lo, cuidando de suas funções. Se for solicitado pessoalmente, ou pré-determinado pelas regras, o líder 1.1- pode assumir responsabilidades adicionais, mas ele nunca o faz voluntariamente.

Outra forma de evitar iniciativas é: "Estou ocupado demais para ser perturbado." Esta é uma falsa manobra para evitar a possibilidade de se envolver nos problemas de outras pessoas. O líder 1.1- usa uma fachada para ficar fora dos problemas. Ele cria a impressão de um gerente envolvido pelo trabalho e os outros começam a ter medo de incomodá-lo. Por exemplo, o estilo 1.1- pode fechar a porta do escritório, passar mais tempo do que o necessário fora do escritório, ou simplesmente mergulhar na papelada. Todas estas são maneiras de dizer: "Não me perturbe".

### Tomada de decisão

O estilo 1.1- tenta sempre o seu melhor para ficar longe de tomar decisões ou para adiá-las, especialmente se puderem causar controvérsia ou desagrado. Se as circunstâncias o forçam a tomar uma decisão, ele normalmente irá encontrar um acordo e esse será em estrita conformidade com os precedentes ocorridos nesta situação. O estilo 1.1- é focado em resultados de curto prazo e, como mencionado anteriormente, ele prefere esperar até que a própria vida leve a uma solução. Ele está à espera das condições adequadas para uma decisão, mas o que pode parecer tenacidade e perseverança, na verdade é uma indiferença banal. Para traçar um plano de ação, o líder 1.1- usará precedentes e tradições (assim como o estilo 4.4-). Enquanto o estilo 4.4- certamente irá tomar uma decisão onde já havia um precedente, o estilo 1.1- ainda vai preferir a situação em que esta decisão é tomada por outra pessoa.

A motivação principal no processo de tomada de decisão do 1.1- é o medo da responsabilidade pessoal e envolvimento. Este medo o isola completamente das metas organizacionais e do grupo e também das pessoas com quem trabalha. Ele só pensa em como não ter problemas se algo acontecer. Por isso, muitas vezes ele diz em seu íntimo: "Eu não sou tão ingênuo para colocar minha cabeça a prêmio" ou "Eles estão tentando me persuadir e me prometer a lua, mas se eu aceitar essa decisão, eu é que terei problemas!"

O líder 1.1- gosta de convencer a todos que delegar responsabilidades é o melhor modelo de liderança em todas as situações: "Você tem que confiar em seus subordinados e delegar a eles, mesmo que seja a mais importante tomada de decisão. Temos que confiar naqueles que vão fazer a nossa organização ter sucesso e dar-lhes a oportunidade de obter uma valiosa experiência em liderança e tomada de decisão". Estas palavras são verdadeiras, mas o problema aqui é que ele delega sua autoridade até mesmo para aqueles que são totalmente despreparados. Como ele tenta minimizar seus contatos com colegas e subordinados, geralmente não é informado sobre quem é realmente capaz de tomar esta ou aquela decisão. Alguém pode ter o desejo, mas não ter experiência suficiente; outro pode estar totalmente sobrecarregado com o trabalho em outro projeto, não tendo tempo para ser plenamente envolvido em qualquer outra coisa, mas o líder 1.1- dificilmente notará esses detalhes e dará as seguintes instruções: "Bem, se você quer responsabilidade, vá em frente! Esta é sua chance e eu não vou privá-lo disso!"

Outra abordagem é atrasar ou adiar a decisão, esperando que a necessidade em si desapareça, ou que alguém assuma a responsabilidade: "Vamos pensar sobre isso mais tarde", ou "O problema requer maior elaboração e discussão", ou "Vamos esperar e ver o que acontece". O estilo 1.1- gosta quando a responsabilidade pela tomada de decisões é dos outros. Neste caso, ele é muito indiferente sobre como as decisões são tomadas e quais são as consequências. Normalmente, ele concorda com todas as sugestões vindas de outros e tenta não tomar parte numa decisão controversa, a menos que forçado a fazê-lo.

Assim, a tomada de decisão é um dos pontos fracos do estilo 1.1-. Ele não quer tomar decisões que irão atrair a atenção para ele ou levar a obrigações adicionais. Além disso, o estilo 1.1- geralmente tem pouca informação sobre os problemas e as pessoas e ele evita um maior envolvimento nos processos organizacionais. Sem tudo isso, é impossível analisar criticamente o problema, enxergar as alternativas e avaliar os riscos. Isso faz com que o líder 1.1- seja mal preparado para tomar decisões eficazes. Sem o desejo de aprofundar o trabalho, ele fica com apenas essas possibilidades: adiar a decisão, delegá-la ou apoiar opinião de outra pessoa.

### Crítica

O estilo 1.1- vê a crítica construtiva com grande desconfiança e medo, uma vez que ela pode prejudicar seriamente ou mesmo destruir seu alheamento e indiferença. Ele evita dar às pessoas feedback, raramente critica seu trabalho e não está pronto para ouvir a crítica dos outros. Se o estilo 1.1- é forçado a criticar, parece um apelo ao árbitro, sem o desejo de encontrar uma solução concreta.

A ideia de utilizar crítica construtiva como uma ferramenta para melhorar a eficiência das pessoas e da equipe nunca ocorrerá ao estilo 1.1-. Seu nível de interesse no trabalho é tão baixo que ele não vê qualquer sentido em aumentar sua eficiência. Se as circunstâncias o forçarem a usar a crítica, parece uma improvisação despreparada que foi provocada por exigências de outra pessoa e circunstâncias organizacionais. Se alguém solicitar ao estilo 1.1- comentários críticos em qualquer ocasião, ele geralmente oferece respostas vagas como: "Bem, claro que podemos falar sobre isso qualquer outra hora"; "Acho que tudo correu bem"; "Eu não me preocuparia muito com isso, da próxima vez vai ser muito mais bem sucedido." Assim, o objetivo principal do estilo 1.1- na crítica é finalizá-la o mais rápido possível.

Uma das razões pelas quais o estilo 1.1- não se sente à vontade e sua crítica é ineficiente, é que ele não tem informações suficientes para a análise. A crítica efetiva é baseada na observação e na comunicação com as pessoas, na comparação de seus comportamentos com os objetivos e padrões de desempenho. O líder, ao usar crítica eficaz, dá exemplos particulares e articula suas observações de uma forma objetiva e construtiva. O estilo 1.1-, entretanto, está envolvido na crítica da forma mais segura, incluindo observações críticas no contexto dos debates sobre outras questões, atuando como um observador, sem participação ativa.

Outro ponto fraco da crítica do estilo 1.1- é que ela cria um ambiente organizacional em que o processo de aquisição de comportamentos mais eficazes é aleatório. Não há comentários críticos antes, durante ou depois de qualquer trabalho. E as consequências são descritas simplesmente como um fato consumado: "Já aconteceu. Não adianta chorar sobre o leite derramado". O estilo 1.1- se sente confortável sendo um subordinado e fazendo o que se espera dele. Ele evita riscos, porque não quer se destacar e se arrepender no caso de quaisquer problemas. Confrontado com o fracasso, ele tenta evitar a crítica e sai de cena.

Tentando o seu melhor para evitar problemas, o estilo 1.1- não está pronto para compreender o motivo do fracasso. Além disso, ele não utiliza o potencial dos relacionamentos eficazes e, por isso, não pode contar com a confiança, respeito e apoio da equipe. O líder 1.1- pensa: "Eles acham que eu deixei as coisas seguirem seu curso" ou "Eles provavelmente vão me acusar de todos os pecados mortais". A validade desta visão permanece incerta, já que o líder 1.1- não tenta explicar a situação ou refutar essas suposições.

A dificuldade na utilização da crítica construtiva também decorre do fato de que o estilo 1.1- não se sente à vontade para falar com as pessoas e, portanto, vê principalmente as falhas e desvantagens de cooperação com os outros. Isto é particularmente evidente quando se lida com feedback e a necessidade de expressar questões que possam causar reações emocionais. Ele é tão isolado das outras pessoas que, quando se trata de uma abordagem mais profunda do problema, o estilo 1.1- está em completo desalinhamento. Isto se manifesta em piadas ou comentários inadequados que muitas vezes não são compreendidos e podem até mesmo ser ofensivos. Ao não tentar encontrar as causas reais de seus fracassos, o líder 1.1- concentra sua atenção sobre suas próprias deficiências, o que aumenta ainda mais o seu isolamento. A pouca preocupação com a produção leva ao fato de que o líder 1.1- é completamente despreparado para lidar com questões organizacionais complexas. A falta de preocupação com pessoas não permite que o estilo 1.1- se abra e compartilhe sentimentos com os colegas, construindo um relacionamento com eles que ajudará a encontrar a força e os meios para superar contratempos. A rejeição dos valores organizacionais não permite que o estilo 1.1- veja e sinta o profundo significado pessoal e social das atividades profissionais.

## 10.7 Conclusões

O estilo 1.1- é caracterizado por uma completa ausência de vontade de estar envolvido em atividades conjuntas e relações na ZONA I. O líder 1.1- não acredita na missão da organização, nem em seus esforços ou no potencial de relacionamentos eficazes. Ele não vê quaisquer benefícios em ações que levem a uma mudança positiva, ou que permitam melhorar o curso normal das questões. O estilo 1.1- demonstra o que pode acontecer quando as pessoas não têm comprometimento com o negócio em que estão envolvidas. Ele dedica pouco de si para o trabalho e absorve pouco em termos de desenvolvimento pessoal. Seu único objetivo é sobreviver até o fim do dia, semana, mês ou toda a carreira com um mínimo de esforços e dificuldades.

O estilo 1.1- traz contribuições mínimas para a organização e para os relacionamentos eficazes. Ele gostaria de estabelecer uma relação construtiva, mas na verdade atua como um terceiro, um estranho. Para sobreviver, o estilo 1.1- faz de tudo para criar a aparência de uma parte atuante nos assuntos gerais, mas na realidade nunca se sente realmente envolvido nos processos organizacionais. O estilo 1.1- mantém a disciplina e chega ao trabalho pontualmente todas as manhãs, mas sempre se esforça para se desligar e distanciar das atividades e tarefas institucionais. Ele comparece às reuniões regularmente, mas geralmente fica em silêncio e adere a uma posição neutra. Ele quase sempre fornece relatórios em tempo, mas nunca corre o risco de oferecer algo novo, ou de criticar as deficiências. O estilo 1.1- é um membro da equipe diligente, mas sem compromisso real com os objetivos da organização ou intenção de assumir quaisquer riscos.

O estilo 1.1- não incentiva o estabelecimento de relações de confiança mútua e respeito na equipe. Não há condições para alcançar sinergia. Se um membro do grupo é do estilo 1.1-, enquanto outros mostram diferentes estilos comportamentais, geralmente isso leva a conflitos sobre as contribuições individuais desiguais para o trabalho em geral. Isso reforça ainda mais o sentimento de isolamento do 1.1-. Se todos os membros do grupo seguirem o estilo 1.1- eles estarão apenas na mesma sala, trabalhando individualmente e não sentindo envolvimento pela causa comum. Seu único objetivo real é esperar até o final do dia e, em longo prazo – até a aposentadoria.

# Estilo 1.1+ Inibido, insatisfeito (esperar e ter esperança)

11

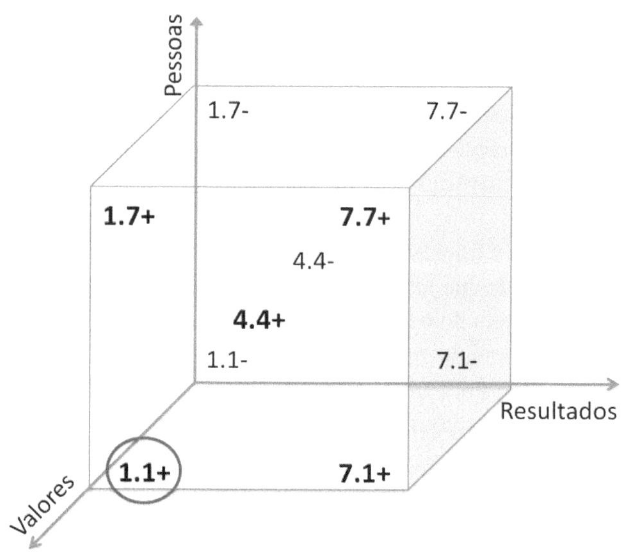


Pouca preocupação com a produção; pouca preocupação com as pessoas; alto comprometimento com a organização, mas muitas vezes oculto e não realizado; atitude não indiferente, mas passiva em relação ao trabalho. O desejo de contribuir e mostrar iniciativa geralmente ocorre apenas em sonhos e fantasias. O slogan interno é: "Se as circunstâncias fossem diferentes, se eles me entendessem, eu poderia mover montanhas." O interesse no trabalho é muitas vezes manifestado nos esforços para abordar os problemas reais e as tarefas da equipe, sem atrair ninguém. No entanto, esses planos muitas vezes permanecem desconhecidos para os outros no ambiente de trabalho. Na atividade real ele evita articular sua posição e ponto de vista, não faz perguntas e mostra iniciativa mínima. As decisões são adiadas até que alguém tome uma decisão ou o problema se resolva por si. Se for um líder, foge do grupo, deixando as coisas seguirem o seu curso. Essa incompatibilidade entre os


A. Zankovsky, C. von der Heiden, *Liderança com Synercube*
https://doi.org/10.1007/978-3-662-55606-1_11

desejos internos e a atividade real pode ser explicada por uma experiência negativa sob a orientação de um 7.1-, estruturação de trabalho rígida em que os limites de esforço são estritamente formalizados e diálogo mínimo, bem como características pessoais. Os colegas costumam tratá-lo com compaixão, vendo a dualidade das aspirações do estilo 1.1+. Com o apoio da administração e da equipe, o estilo 1.1+ é capaz de fazer muito mais, realizar seu potencial e fazer uma contribuição significativa para a obtenção de resultados organizacionais.

## 11.1 Características básicas do estilo 1.1+

O estilo 1.1+ tem um tipo de comportamento com baixos níveis de preocupação com produção e pessoas que, paradoxalmente, combina-se com alto comprometimento com os valores da organização. A palavra-chave para este tipo de comportamento é contenção, congelamento de aspirações e potencial. Na verdade, ele não é indiferente aos resultados a serem alcançados, preocupa-se com as pessoas com quem trabalha, mas as circunstâncias objetivas e experiências subjetivas levam a uma situação em que, na realidade, seu comportamento é muito passivo e ele não consegue fazer nada como gostaria. Ele é cauteloso e cético, mas ao mesmo tempo espera por um milagre: "Se o mundo não fosse tão cruel e injusto com pessoas como eu, seríamos tratados de forma muito diferente". No entanto, mesmo que as pessoas sejam muitas vezes cruéis e injustas, o estilo 1.1+ continua otimista em seu coração, sem perder a última esperança de que um dia será compreendido e objetivamente estimado.

Normalmente as pessoas não adotam imediatamente as características do estilo 1.1+, mas formam tal comportamento passo a passo, compensando o impacto de um gerente ineficiente e/ou dominador. Por exemplo, o líder 7.1- normalmente obriga indivíduos 1.1+ a se esconderem em suas conchas. A falta de atenção às pessoas, típica do estilo 7.1-, pode ser destrutiva e levar as pessoas a caírem em estado de apatia e dependência. O líder 7.1- que exercita reprimendas frequentes aos colaboradores, ou ignora suas sugestões criativas, eventualmente desencoraja o trabalho de toda a equipe. Como resultado, a seguinte atitude é formada: "Estou cansado de tudo isso. Deixe-o fazer o que quiser! Eu só vou fazer o meu trabalho e manter minha boca fechada." As pessoas podem lutar e se defender, mas finalmente se retiram como típicos 1.1+, querendo apenas sobreviver.

O estilo 1.1+ também pode ser formado no contexto da escassez de recursos. Isso pode acontecer com o gerente que foi promovido, mas não está pronto para assumir novas responsabilidades. Talvez no passado ele tenha sido mantido sob o controle estrito da gestão e agora se espera que mostre mais independência e aja como um verdadeiro líder. Mas sem os recursos necessários sob a forma de treinamento, experiência ou qualificações, a pessoa pode perder a confiança sob a pressão de novas demandas e sem o apoio da liderança, transformando-se gradualmente em um indivíduo 1.1+. O estilo 1.1+ também pode ser formado quando líderes, como o 1.7- ou o 4.4-, desencorajam as pessoas de trabalhar na resolução de problemas complexos e assumir riscos. Depois de algum tempo, sem consideração suficiente para aumentar sua participação, as pessoas se tornam passivas:

"Aparentemente, esta organização está mais preocupada com o cumprimento das regras do que com os resultados."

A formação do estilo 1.1+ na organização pode ser explicada pela rígida estruturação de trabalho em que as fronteiras dos esforços são estritamente formalizadas e a comunicação é mínima. Com o tempo, toda a cultura da empresa pode criar membros da equipe de estilo 1.1+, por causa do excesso de regulamentação que bloqueia a independência e a criatividade. Um exemplo típico dessa transformação são os órgãos do Estado, onde com frequência cada funcionário é considerado como um parafuso de um mecanismo comum.

Um importante papel na formação do comportamento do estilo 1.1+ é desempenhado por características individuais de personalidade. Até mesmo situações e conflitos organizacionais simples podem ser percebidos pelas pessoas com aumento da ansiedade, vulnerabilidade e insegurança como situações traumáticas e muito dolorosas. Essas pessoas percebem uma incompatibilidade entre desejos e capacidades de forma especialmente aguda. Em tais casos, a frustração é inevitável, que é um estado mental que acompanha a incapacidade real ou percebida de satisfazer diferentes necessidades. A fim de se dissociar de experiências frustrantes, o estilo 1.1+ tenta fazer as coisas formalmente, no nível mínimo aceitável e sempre consegue fugir da responsabilidade, escondendo-se atrás de regras e regulamentos formais. Ele tenta delegar a solução de problemas para outra pessoa, não tentando sugerir ou apoiar uma decisão. Ao mesmo tempo, ele pode fazer um grande trabalho dentro de si mesmo, tentando encontrar soluções ótimas. No entanto, nunca conta a ninguém sobre seus esforços por causa do medo de ser envolvido no trabalho real, o que acarreta um perigo potencial e pode resultar em decepção ainda maior. Quando o estilo 1.1+ precisa iniciar qualquer ação, ele tem medo dos riscos inerentes e, portanto, sente-se mais seguro em se retirar e esperar que alguém note o problema e ofereça a solução.

## 11.2 O estilo 1.1+ em cooperação coletiva

Por causa do medo e incerteza, o comportamento do estilo 1.1+ parece extremamente passivo para os espectadores e ele está envolvido na parceria apenas nominalmente. Ele é profunda e excessivamente focado em seus sentimentos e fantasias, de modo que o trabalho de equipe em conjunto e seus reais problemas e dificuldades muitas vezes permanecem na periferia de sua atenção. Assim, o estilo 1.1+ muitas vezes não percebe a contribuição decisiva realizada pela atividade conjunta do desempenho dos funcionários. Ele também não tenta fazer nada com os membros da equipe, cujo trabalho ineficiente tem um impacto negativo sobre os resultados da equipe e até mesmo o seu próprio desempenho.

O estilo 1.1+ nunca vai fazer sugestões sobre como melhorar a eficiência do trabalho. Ao mesmo tempo, ele se preocupa com a eficiência e dentro de si mesmo pode pensar em medidas muito eficazes para otimizar sinergias, mas prefere não dizer nada a ninguém. Ele articulará sua opinião apenas se o clima organizacional for justo e perguntarem com respeito e tato. Em seguida, o estilo 1.1+ pode, de repente, surpreender a todos com sua competência, pensamento analítico e entusiasmo. Mas se os outros não mostrarem nenhuma atenção à sua opinião ou expressarem seu desacordo, o estilo 1.1+ irá se fechar imediatamente, escondendo-se em seu escudo protetor. Esta resposta protetora pode ser provocada até mesmo por algo mínimo, como uma piada de mau gosto ou uma palavra mal entendida. Compartilhando os valores organizacionais, mas não tendo as possibilidades objetivas ou subjetivas de contribuir para a causa comum, o estilo 1.1+ é um recurso de equipe valioso, mas muitas vezes subestimado. Sua atitude é expressa pela seguinte regra: "Se a organização realmente valorizasse e utilizasse os recursos de cada funcionário, eu poderia trazer benefícios reais e ficaria muito mais satisfeito comigo mesmo."

Os membros da equipe com empatia suficiente tratam o estilo 1.1+ com simpatia, tentando apoiá-lo e dar confiança. No entanto, a dinâmica da vida organizacional não implica em muito tempo livre para isso. Os membros da equipe acreditam que o estilo 1.1+ é indiferente aos resultados, esquivo, preguiçoso e geralmente muito passivo. Então eles se acostumam a não confiar nele e lhe deixam apenas tarefas claras e simples que não necessitam de iniciativa, pois sabem que não podem contar com ele se houver problemas reais. Em resposta a esta atitude, o estilo 1.1+ se fecha em si mesmo ainda mais, não confiando em seus colegas e subordinados.

O estilo 1.1+ tem sempre o medo de cometer um erro. Ele raramente está preparado para reconhecer e corrigir erros, pois no passado teve experiências negativas associadas a isso. Ele não tem coragem e confiança para expressar eventuais demandas e defender sua opinião e posição. Então ele se esconde sob a máscara de um observador de fora. No entanto, o representante do estilo 1.1+ trabalha constantemente todas as situações pessoais e tenta agir de forma construtiva nas situações de conflito em que se envolve. Ele evita conflitos políticos, tenta não atrair a atenção de outras pessoas e, como regra, nunca expressa sua opinião ou um ponto de vista crítico, fazendo isso apenas sob forte pressão das circunstâncias. Ao mesmo tempo, ele transmite informações aos funcionários e está pronto para responder a perguntas. Sua contribuição não é suficiente, embora ele saiba que pode fazer mais. Ele é insatisfeito com seu papel na organização e internamente está pronto para a mudança.

## 11.3 A ZONA I e o estilo 1.1+

Em contraste com o estilo 1.1-, o líder 1.1+ geralmente não tem relações polarizadas com aqueles que são focados em resultados e relações eficazes. As pessoas na verdade simpatizam com ele e sentem pena, porque enxergam os problemas de seu chefe; elas enxergam que ele é incapaz de superar barreiras externas e internas de forma independente e de se tornar o que ele gostaria de ser na realidade. Portanto, eles têm que assumir a responsabilidade não só pelo seu trabalho, mas também pelo trabalho de seu chefe. De vez em quando eles tentam ajudá-lo e apoiá-lo, dar-lhe uma chance de provar a si mesmo, mas ele nem sempre percebe corretamente esta iniciativa, pois seus medos e preocupações são tão grandes que ele simplesmente não percebe esses sinais de boa vontade. Além disso, sob pressão rigorosa dos planos e demandas organizacionais, os membros da equipe não tem o tempo e a motivação para apoio emocional ao líder 1.1+.

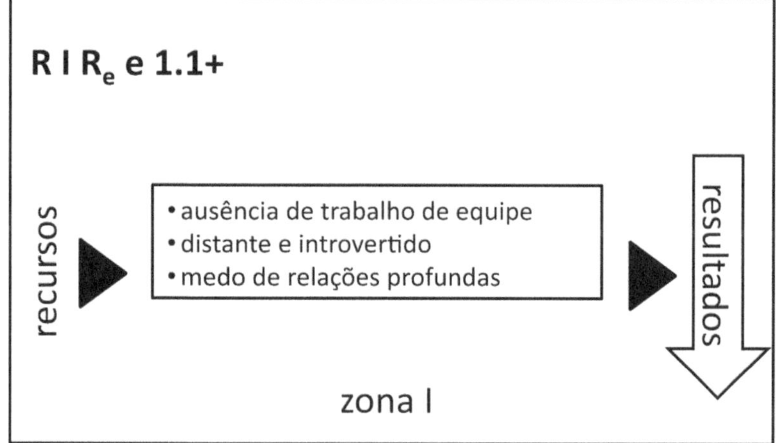


**Fig 11.1** 1.1+

Como resultado, o estilo 1.1+ não se sente parte da equipe, mantém distância e protege-se de tomar uma iniciativa que pode trazer novas decepções. Quanto mais tempo dura, mais o estilo 1.1+ se convence de que o mais seguro e mais confiável é um comportamento desconectado e passivo. Ao longo do tempo, o estilo 1.1+ e a equipe se acostumam com esta forma de interação e não conseguem ver quaisquer alternativas para a situação atual. Dependendo da cultura da organização, o comportamento do 1.1+ pode ser criticado de forma leve, direta ou indireta, incluindo até mesmo acusações por problemas ou erros. Frente a esta crítica, o estilo 1.1+ parece calmo e até mesmo indiferente, mas interiormente ele está profundamente preocupado. Respondendo à crítica particularmente acentuada, ele pode dizer: "Mas eu não posso fazer nada nestas condições!"

Sem perceber, os membros da equipe muitas vezes conduzem um líder 1.1+ a aprofundar ainda mais seu estilo comportamental, acusando-o e condenando-o pela falta de envolvimento no trabalho em geral. Assim, o aumento da intolerância faz com que o 1.1+ se distancie mais e mais e gradualmente perca o controle da situação, não se sentindo como um membro do grupo. Todos os esforços para fazer o estilo 1.1+ tomar mais iniciativa só o forçam a se esconder mais profundamente sob seu escudo, porque são percebidos como pressão dura, o que antes foi o ponto de partida para a formação deste estilo de comportamento. Sem o incentivo e o apoio que só podem ser fornecidos por membros da equipe, o líder 1.1+ é deixado sozinho e, para sobreviver, usa a única forma que conhece, que é se afastar de tudo e ficar longe, despercebido (Fig. 11.1 ).

A atitude isolada do estilo 1.1+ é o resultado de tentativas anteriores de mostrar seu valor, que foram destrutivamente criticadas. Se você tentar atrair o estilo 1.1+ para uma participação mais ativa na vida organizacional, você terá a resposta típica e cautelosa: "É possível", "Vamos ver", ou "Vou pensar sobre isso". No entanto, se colegas e subordinados mostrarem tato, respeito e paciência, o estilo 1.1+ pode mudar drasticamente sua performance. Como regra geral, indivíduos 1.1+ aderem aos valores deste estilo mesmo que as condições tenham mudado. Assim, uma pessoa sociável e criativa pode se tornar 1.1+ por causa de um gerente 7.1-, que a rebaixou. E mesmo cinco anos depois, quando este gerente já não é mais seu superior, o estilo 1.1+ permanecerá distante e indiferente. Deixado sozinho, o estilo 1.1+ se restringe às suas fantasias, onde seu papel e contribuições são reconhecidos por todos os membros da organização.

## 11.4 Cultura e valores 1.1+

*Característica básica: dualidade interna – grandes esperanças e comportamento passivo imposto*

*Confiança.* Internamente o estilo 1.1+ reconhece de forma sincera e profunda o valor da confiança como base das relações interpessoais harmoniosas. Ele sinceramente quer confiar nos outros e, ao mesmo tempo, teme que a confiança cause novos problemas e frustrações. Ele acredita que, na realidade, todas as pessoas são inerentemente gentis, honestas e confiáveis, mas as circunstâncias muitas vezes as forçam a agir de outra forma. Por isso, ele mantém uma atitude cautelosa e cética, para tudo e todos. Ao mesmo tempo, o estilo 1.1+ não deixa de desejar relações harmoniosas, cheias de confiança e sinceridade, pois está comprometido internamente com elas, mas não as tem. Ele ainda acredita que um dia as circunstâncias vão mudar e suas relações com os outros vão se tornar mais harmoniosas e eficazes. Mesmo repetidamente desiludido com os relacionamentos com outras pessoas, no fundo de seu coração ele ainda é otimista e mantém a esperança de que um dia a organização vai apreciar plenamente seu potencial. O estilo 1.1+ não confia em si mesmo e tem certeza de que, em muitos aspectos, ele é o culpado pela situação que se formou em torno dele. Tudo isso não deixa alternativa a não ser esconder-se em seu escudo protetor de distanciamento e passividade.

*Justiça.* A dualidade do estilo 1.1+ entre comportamento externo e interno está diretamente relacionada com sua noção de equidade e como ela se manifesta em seu comportamento. Equidade, de acordo com o estilo 1.1+, é a correspondência entre as contribuições de um membro da equipe para o bem-estar organizacional e os benefícios recebidos por ele. Em outras palavras, seu senso de justiça é muito próximo de sua interpretação da organização. No entanto, o estilo 1.1+ guarda sua compreensão da justiça para si mesmo. Na verdade, nos padrões comportamentais, este sentido de justiça toma uma forma completamente diferente: "Se as condições organizacionais são desfavoráveis para mim, ninguém me entende ou me aprecia, então eu tenho o direito de me distanciar completamente, expressando assim meu protesto interior." O estilo 1.1+ não vincula justiça aos méritos e contribuições reais. Portanto, o cumprimento dos requisitos mínimos pelo 1.1+ não é uma violação da justiça para ele, pois de fato as próprias pessoas o obrigaram a manter tal posição. Diante de casos de injustiças reais, por exemplo, aparente subestimação da contribuição real de um membro da equipe para alcançar o objetivo comum, o estilo 1.1+ prefere não dizer nada publicamente e apenas pensa: "Trataram-no da mesma forma que me tratam! A valorização objetiva e justa de uma pessoa pode ser encontrada muito raramente. Estou certo de me proteger dessas decepções, distanciando-me de tudo e todos." Ao mesmo tempo, quando há tentativas sinceras para criar condições favoráveis para o estilo 1.1+ fortalecer sua fé e justiça em seus poderes, envolvendo-se na atividade organizacional de forma mais ativa, o ele é capaz de se abrir e mostrar uma atitude completamente diferente.

*Comprometimento.* O estilo 1.1+ é interiormente uma pessoa comprometida e apaixonada. Mas tudo isso é escondido dos outros, pois seu comprometimento e identificação com a organização se manifestam somente em casos excepcionais: por exemplo, uma situação de força maior, em que a falha no cumprimento de prazos pode ameaçar toda a organização, até mesmo levando-a à falência. Em tais circunstâncias, o estilo 1.1+ pode descartar seus medos pessoais e, para surpresa dos outros, mostrar notável atividade e criatividade, além de dedicação total: a ameaça real ou imaginária, que é seu medo constante, deixa de ser apenas pessoal e se torna um problema comum. Sentindo-se livre de suas limitações e medos internos, o estilo 1.1+ pode mostrar paixão por seu trabalho, comprometimento com a organização, disposição e capacidade para fazer uma contribuição significativa. Na verdade, a principal razão para manter o trabalho, apesar de não estar satisfeito com ele, é o comprometimento profundamente escondido e sincero do 1.1+ com a organização e seus membros de equipe.

*Responsabilidade.* Como o estilo 1.1-, o 1.1+ não é focado em resultados e pessoas. No entanto, o estilo 1.1+ é muito mais focado em valores organizacionais, o que o torna um membro mais confiável e socialmente responsável da organização. Como observado acima, apesar de seu aparente não envolvimento e passividade, ele pode ser invocado em situações organizacionais difíceis. Em casos de ameaças gerais e entusiasmo geral, o estilo 1.1+ é capaz de expressar a sua verdadeira face interior. Quando as pessoas são obrigadas a trabalhar para a equipe descartando seus interesses, reivindicações e medos pessoais, o estilo 1.1+ é capaz de por de lado sua passividade e desprendimento e fazer uma contribuição significativa para a obtenção de resultados organizacionais. Percebendo um erro que poderia reduzir a qualidade do trabalho em geral, o estilo 1.1+ não vai ficar indiferente: ele vai contar a alguém sobre isso numa conversa privada, o que fazer ou quem pode ajudar a evitar consequências mais graves.

*Integridade.* O estilo 1.1+ aprecia a transparência dos processos organizacionais e a honestidade nas relações. Ele acredita que as pessoas e organizações são, em sua maior parte, verdadeiramente comprometidas com seus valores, mas dentro de seu próprio padrão comportamental ele raramente segue totalmente esses valores. O estilo 1.1+ teme que algumas pessoas possam usar sua honestidade contra ele. Esse é o legado negativo da sua experiência passada. Aqui o estilo 1.1+ manifesta um sentimento particularmente agudo da dualidade interior: ele aprecia a honestidade, convencido da sua importância no ambiente organizacional e, ao mesmo tempo, tem medo de sua própria honestidade, que pode transportar consigo novos desafios e decepções. Os funcionários que estão em estreita interação com o estilo 1.1+ rapidamente entendem seus motivos reais para ser indiferente e o tratam com sinceridade e honestidade, independentemente de seu comportamento passivo.

## 11.5 Cultura e poder 1.1+

*Foco em recompensas e poder de especialista, que são usados para reduzir a ansiedade e como defesa contra ameaças e injustiças reais e imaginárias*

*Punição.* O líder de estilo 1.1+ considera a punição uma medida de efeitos indesejados, pois ele próprio geralmente tem uma experiência pessoal negativa associada com o estilo 7.1-, que usa a punição como o principal método de obtenção de influência. Além disso, a punição é contrária à noção interna do líder 1.1+ de interação harmoniosa com os subordinados. Se a punição ainda for inevitável, ela deve ser justificada por normas da organização e legitimada por seus valores. A punição é, assim, mais relacionada a violações de normas e valores organizacionais do que com os resultados objetivos deste ou daquele membro da equipe.

*Recompensa.* O líder de estilo 1.1+ usa a recompensa como a principal forma de influência sobre os subordinados. O próprio estilo 1.1+, devido a causas externas ou internas, não é focado na obtenção de resultados, portanto ele não associa desempenho e recompensas. Por isso muitas vezes a recompensa não é concedida para aqueles que fazem o trabalho em nível elevado, mas para aqueles que trabalham em nível aceitável e, ao mesmo tempo, estão focados na cultura e valores da organização. Assim, as realizações de destaque são recompensadas da mesma forma que os esforços médios, moderados e até mesmo insuficientes. A recompensa é usada como um meio de manter as normas e valores organizacionais e tem pouco a ver com os resultados do trabalho.

*Posição.* Para o líder de estilo 1.1+ o poder da posição não desempenha um papel significativo, já que ele é contra qualquer tipo de ênfase em distinções de status e autoridade. O líder 1.1+ nunca apela para sua posição de status na organização para apoiar sua decisão ou plano. O estilo 1.1+ muitas vezes conhece muito mal o alcance de seus poderes formais, pois ele ativamente delega suas funções aos subordinados muito ativos e profissionais. Ele alegremente responde às suas perguntas e compartilha conhecimentos, habilidades e competências, ajudando a lidar com tarefas difíceis. Em caso de força maior, o líder 1.1+ se transforma completamente, tomando o controle e encontrando soluções inovadoras que vão além de seus poderes e rotinas.

*Informação.* A comunicação informal com os funcionários é o recurso chave para o líder de estilo 1.1+, que o ajuda a não exercer pressão direta e se envolver em cooperação ativa. Ao mesmo tempo, este tipo de comunicação promove a motivação interna dos colaboradores, orientando-os em normas e valores organizacionais. Isso permite que o estilo 1.1+ realize seu próprio trabalho em nível aceitável, bem como espere eficiência e motivação razoavelmente elevadas da parte de seus subordinados. O estilo 1.1+ não tem conhecimento suficiente, ele não conhece seus direitos e obrigações, em que ponto sua área de responsabilidade começa e termina. No entanto, ele está bem ciente do que seus subordinados tem que lidar. Ele é muito preocupado com o espírito de sua equipe. A troca de informações é realizada a fim de encorajar suas iniciativas e se concentrar em valores organizacionais. O manual de orientações do líder de estilo 1.1+ considera as instruções da alta administração com atenção, tentando mantê-las sob seu controle, pois ele tem medo de possíveis problemas.

*Especialista.* O líder de estilo 1.1+ é geralmente muito competente em seu campo profissional. No entanto, seus conhecimentos, competências e habilidades muito raramente são usados para resolver os problemas atuais. Suas habilidades profissionais raramente são destinadas a alcançar os melhores resultados, já que ele não tem nenhum desejo de criar uma equipe eficiente e sinérgica; no entanto a equipe sabe que em situações difíceis, que são dramáticas para a equipe, o estilo 1.1+ sempre pode fornecer-lhes seu suporte especializado. Portanto, se em circunstâncias excepcionais ele começa a usar ativamente seu conhecimento para o benefício da equipe, esta o leva muito a sério, percebendo que a situação é realmente crítica. Portanto, mesmo o líder de estilo 1.1+, normalmente indiferente e passivo, não está privado do poder de especialista.

*Referência.* O estilo 1.1+ geralmente tem pouco poder de referência que, no entanto, pode ser manifestado em situações difíceis, nas quais o estilo 1.1+ é capaz de descartar seus medos e preocupações e realizar, em grande parte, seu potencial organizacional positivamente orientado. Portanto, apesar de seu distanciamento e passividade em situações normais de funcionamento, o líder de estilo 1.1+ é tratado por seus subordinados com compaixão, pois todos sentem sua capacidade não utilizada e o desejo de ajudar a organização. Portanto, nos casos em que o estilo 1.1+ detém uma posição gerencial e é forçado a convocar funcionários para executar qualquer trabalho urgente ou difícil, seus apelos ganham ressonância e são levados a sério. Tudo isso permite que o líder 1.1+ mantenha relações de trabalho normais, que representam a esperança de uma cooperação ainda mais eficaz e harmoniosa.

## 11.6 Habilidades de cooperação do estilo 1.1+

### Resolução de conflitos

O estilo 1.1+ não gosta de medos e evita conflitos. Na história da sua vida organizacional foi sempre muito doloroso quando mesmo a mínima atividade de resolução de conflitos terminou em agressão feroz e consequências negativas (na maioria das vezes em interações com o estilo 7.1-). Assim, o estilo 1.1+ chegou a uma conclusão radical: o conflito é um mal que deve ser evitado a todo custo.

A principal estratégia do estilo 1.1+ para a resolução de conflitos é a negação da possibilidade de conflito. "Não pode haver um conflito aqui, pois o conflito é impossível", ele se acalma, diante de uma controvérsia ou confronto. Pode parecer que o estilo 1.1+ não percebe ou é completamente indiferente às tensões emergentes e ao confronto. No entanto, isso não é bem verdade. Como regra geral, o estilo 1.1+, embora aparentemente não esteja tentando resolver a situação de conflito, muitas vezes é bem consciente da sua natureza e causas. Ele tenta encontrar as melhores opções para a resolução, com base nos interesses comuns da organização. Mas ele faz isso dentro de si mesmo. Na realidade, ele procura viver sem conflitos e continua a trabalhar ainda mais para eliminá-los completamente. A relutância em prestar atenção aos conflitos muitas vezes causa respostas negativas da parte de colegas e subordinados. Os funcionários veem que quando surgem problemas, não podem contar com seu líder. Esta reação preocupa o líder de estilo 1.1+, uma vez que começa a afetar os relacionamentos, trazendo hostilidade entre o líder e o grupo.

O líder 1.1+ ignora o conflito o maior tempo possível. Se não for mais possível, ele tenta encontrar um acordo para evitar um confronto aberto. Para tal efeito, na maioria das vezes ele aplica normas ou instruções externas. Tais acordos não abordam as causas reais do conflito, mas permitem que o trabalho continue em um nível aceitável, sem oposição aberta. O estilo 1.1+ compreende plenamente as consequências que conflitos reprimidos podem trazer, mas não faz nada. Na verdade, os conflitos não são resolvidos e o estilo 1.1+ procura uma maneira de continuar de alguma forma. Isso inevitavelmente afeta a qualidade do trabalho em equipe, o que torna difícil construir relações de confiança e respeito.

Se o conflito ainda se inflamar e puder danificar seriamente o trabalho futuro, o estilo 1.1+ pode de repente, de forma convincente, exortar as partes em oposição cegadas pela emoção a cooperar de forma construtiva: "Bem, se uma vitória sobre o inimigo é tão importante, continue nesse mesmo espírito. Mas não somos de forma alguma adversários! Estamos no mesmo barco e se você não parar de balançá-lo, ele inevitavelmente irá afundar. Vamos tentar seguir em frente juntos!" Nesses casos raros em que o líder 1.1+ participa do conflito, ele pode revelar-se muito útil devido ao seu foco em valores organizacionais: "Bem, se até mesmo o sempre silencioso líder 1.1+ decidiu se manifestar, nós realmente precisamos mudar algo em nossas intermináveis disputas e conflitos!". Estas ações do estilo 1,1+ neste caso geralmente indicam que a situação é percebida por ele adequadamente e de forma construtiva. Torna-se óbvio que a desconexão do líder 1.1+ não tem nada a ver com a indiferença do estilo 1.1-, pois seu desejo de evitar conflitos é devido à incerteza e aumento da ansiedade, mas não medo do envolvimento e do vazio interior.

### Competência comunicativa

A competência comunicativa do estilo 1.1+ é bastante elevada devido ao fato de que, ao não se comunicar muito com colegas e subordinados, ele está em diálogo interno constante consigo mesmo. A comunicação aberta e plena é dificultada pelo estilo 1.1+ pela insegurança e o medo de que o envolvimento na vida organizacional traga ameaças e frustrações. Na base de tal posição encontra-se a má experiência do estilo 1.1+ em assumir um papel mais ativo na vida organizacional.

Quando o estilo 1.1+ precisa de informações, ele faz um desvio perguntando a um terceiro, por exemplo, e nunca aborda a fonte diretamente. Ele tem medo de perguntar ou comentar sobre questões controversas diretamente, pois teme mal-entendidos e agressões injustificadas. Se o estilo 1.1+ tem certeza da proteção e apoio de outras pessoas, ele é capaz de manter uma discussão construtiva e manifesta abertamente sua própria opinião. No entanto, exemplos de comportamentos como esse são bastante raros, porque o estilo 1.1+ muitas vezes vê ameaças até mesmo em questões e comentários bastante inócuos. Em uma conversa normal, ele geralmente toca em questões que não envolvam interesses pessoais, pois tem medo de tensão e agravamento de conflitos.

O líder 1.1+ diligentemente constrói comunicação para obter informações, sem ferir os interesses e emoções dos outros. Se isso não for possível, ele vai preferir evitar a discussão geral do problema, mesmo se este último for extremamente importante. Por exemplo, quando discute um novo projeto, o líder 1.1+ estará interessado apenas em aspectos formais gerais que têm algo a ver com seus deveres. Mesmo se o líder de estilo 1.1+ não entende muito bem a ideia de sua participação no projeto, ele ainda vai permanecer em silêncio se, por exemplo, perceber que seus colegas estão com pressa e não querem postergar a discussão.

Se o estilo 1.1+ temer que as perguntas possam ser mal interpretadas ou percebidas como hostis, ele vai reunir informações indiretamente por meio de fontes e conversas não oficiais. Isto lhe dá a oportunidade de receber informações e identificar maneiras diferentes para sua participação, evitando possíveis diferenças e conflitos.

Na comunicação o estilo 1.1+ é geralmente bastante cauteloso, tenta falar brevemente e evita quaisquer liberdades, piadas ou associações que possam ferir ou irritar seu interlocutor. Ele raramente comenta criticamente o andamento do trabalho, o planejamento da atividade ou a qualidade do trabalho no final do projeto. Às vezes pode-se ouvir dele sugestões para verificar o curso de ação. Junto com o foco em valores organizacionais, tal forma de comunicação permite que o estilo 1.1+ apoie um intercâmbio bastante construtivo de informações com um número de colegas e subordinados. No entanto, uma piada de mau gosto ou a ameaça de possíveis problemas podem ter uma influência súbita e forte no seu desejo de continuar o diálogo, o que reduz significativamente a eficiência da tal comunicação.

Quando o estilo 1.1+ sente uma ameaça real ou virtual à sua posição na organização, ele começa a contar exclusivamente com as opiniões dos outros e tenta não expressar a sua opinião, mesmo sob pressão. As perguntas tornam-se raras e até mesmo o ponto de vista sobre questões importantes não é compartilhado. O líder de estilo 1.1+ normalmente fornece à sua equipe o mínimo de informações necessárias, mas que são insuficientes. A informação não é especificada, mas simplesmente determinada. Esta coleta de informação não é focada em resultados e objetivos e os conflitos são quase completamente ignorados.

#### Posicionamento ativo

O posicionamento ativo não é típico do estilo 1.1+. A iniciativa aparece somente quando há orientação e expectativas claras da gestão. No trabalho diário o líder 1.1+ é caracterizado por comportamentos de "espera vigilante". Ele expressa seu parecer somente diante de um pedido específico. Se o líder 1.1+ está certo de que será apoiado pelos outros membros da equipe, ele fala abertamente.

Ao defender seus pontos de vista, o estilo 1.1+ é reticente e nem sempre coerente. Ele raramente expressa diretamente sua atitude em relação a esta ou aquela decisão ou o faz de uma maneira indireta, o que torna impossível entender o que ele realmente pensa. Mesmo se o estilo 1.1+ estiver determinado sobre sua opinião, ela ainda permanece obscura, vaga e tende a seguir a opinião da maioria. No entanto, se o impulso geral da discussão começar a adquirir formas não construtivas, contrárias aos valores organizacionais, o estilo 1.1+ é capaz de superar seus medos e inseguranças e definir claramente seu ponto de vista.

No dia a dia do trabalho, o estilo 1.1+ não gosta de declarar seu ponto de vista com clareza, especialmente sobre questões controversas. Além disso, ele toma iniciativas de forma muito reservada e passiva. Ele defende seus pontos de vista apenas quando lhe é solicitado diretamente que o faça e quando há uma forte crença em obter apoio. Em outros casos, ele tenta não expressar sua opinião, preferindo esperar o máximo possível antes de concordar com a posição de outra pessoa. O líder 1.1+ prefere fazer o trabalho apenas no nível esperado. Se o estilo 1.1+ sente que sua opinião pode provocar resistência ou crítica, ele pode facilmente deixá-la de lado.

O líder 1.1+ gosta quando tudo segue seu curso. Ele está longe de tentar adotar quaisquer medidas para influenciar o curso dos acontecimentos. Ele raramente toma iniciativa fora do modelo esperado e o faz apenas sob pressão das circunstâncias ou da gestão. Ele nunca toma iniciativas que possam causar conflitos.

O líder 1.1+ está disposto a delegar seus poderes. Conhecendo as pessoas muito bem, o estilo 1.1+ encontra funcionários capazes e ativos, que são entusiasmados e prontos para desempenhar novas funções. Ao mesmo tempo, sem vivenciar as preocupações e incertezas usuais, o estilo 1.1+ lhes fornece apoio ativo e eficaz. Mesmo que o estilo 1.1+ saiba o que deve ser feito, ainda espera instruções de cima. Quando vê problemas no trabalho de outros funcionários, ele comenta e dá dicas de forma suave, velada. Dessa forma, os membros da equipe normalmente não conseguem entender se estão sendo elogiados ou criticados.

O líder 1.1+ desenvolve e define metas, mas sem envolvimento, sem tentar mudar ou melhorar nada. Ele trabalha apenas durante o horário estabelecido, de acordo com as instruções, sem demonstrar vontade de assumir a responsabilidade. Ele tem medo de cometer um erro e de corrigi-lo, pois teve uma experiência negativa no passado. Ele não tem a coragem e a confiança para fazer quaisquer demandas. No entanto, dentro de si mesmo o estilo 1.1+ constantemente examina as situações e tenta agir de forma construtiva e profissional. Seus resultados não são o suficiente, embora ele saiba que poderia fazer mais. Ele é insatisfeito com seu papel na organização e, internamente, está sempre pronto para mudar.

### Tomada de decisão

O estilo 1.1+ luta para fugir ou atrasar a tomada de decisão, porque é nesses momentos que ele é especialmente influenciado por incertezas e preocupações sobre os riscos que estão sempre associados às soluções. Portanto, se forçado a tomar uma decisão, é geralmente um acordo, em estrita conformidade com os precedentes que já foram usados em situações semelhantes. O líder 1.1+ está focado em resultados de curto prazo e, como observado anteriormente, prefere esperar até que a própria vida leve a uma solução. Ele parece analisar todas as alternativas possíveis; entretanto, o que pode parecer diligência e perseverança é, de fato, apenas medo.

A tomada de decisão é provavelmente a habilidade mais difícil para o estilo 1.1+. Ele tenta adiá-la tanto quanto possível, até que seja inevitável. A solução do estilo 1.1+ raramente é objetiva e muitas vezes requer diferentes opções. Tudo isto faz com que seja difícil avaliar a qualidade da solução. Objetivos são definidos de tal maneira que eles podem ser alcançados sem muito esforço pelos gerentes e funcionários. Os objetivos são definidos superficialmente, sem o alinhamento adequado entre a compreensão do líder e dos membros da equipe. A abordagem do líder 1.1+ é baseada na ideia de que os funcionários "de alguma forma darão conta de tudo sozinhos."

A motivação por trás da decisão do líder 1.1+ é contraditória: por um lado, o medo da responsabilidade pessoal exige a adoção de soluções mais conhecidas e comprovadas; por outro lado, o foco em valores organizacionais pressiona para encontrar soluções eficazes e socialmente responsáveis.

O líder de estilo 1.1+ gosta de trazer ao foco argumentos em favor da delegação como o modelo ideal para treinamento de novos líderes. O estilo 1.1+ encontra funcionários capazes e ativos, que estão entusiasmados e prontos para desempenhar novas funções. Delegar permite que o líder 1.1+ se livre de seus medos e incertezas habituais e forneça apoio ativo e eficaz.

No entanto, a tomada de decisão é o ponto fraco do líder 1.1+. Ele não quer tomar decisões que poderiam causar problemas futuros. O líder de estilo 1.1+ sempre tem medo de cometer erros. Falta coragem, apoio e fé em si mesmo. No entanto, ele continua trabalhando internamente em uma variedade de situações e tenta modelar soluções que possam trazer os melhores resultados. Isto lhe permite avaliar criticamente o problema, enxergar as alternativas e avaliar os riscos. Esse trabalho interno com o apoio da gestão e dos membros da equipe tornam o líder de estilo 1.1+ potencialmente valioso, mas não uma fonte de tomada de decisão eficaz avidamente procurada.

#### Crítica

O estilo 1.1+ é bastante disposto a receber, ouvir e aceitar a crítica construtiva, mas o faz com apreensão e ansiedade, pois em sua opinião, pode trazer problemas e frustrações. Ele evita dar às pessoas feedback e raramente critica seu trabalho, temendo uma reação negativa e agressão. Isso impede que o estilo 1.1+ utilize a crítica construtiva como ferramenta para melhorar a eficácia pessoal e do grupo.

Embora o estilo 1.1+ faça muito raramente quaisquer sugestões de melhoria, ele se preocupa com o problema da eficiência e pode inventar passos muito eficazes para otimizar as sinergias, mas prefere fazê-lo exclusivamente dentro de si mesmo. Ele está disposto a compartilhar sua opinião apenas em ambiente favorável. Então, de repente, o estilo 1.1+ pode surpreender a todos com sua competência, pensamento analítico e entusiasmo. No entanto, desrespeito ou negligência podem ainda bloquear seus esforços adicionais, forçando-o a recuar e se esconder em sua concha. Se as circunstâncias o forçarem a usar a crítica, as palavras do líder 1.1+ têm o caráter de uma improvisação despreparada, que foi provocada pela solicitação de alguém ou pelas circunstâncias organizacionais. Se alguém pedir ao líder 1.1+ para comentar criticamente em qualquer ocasião, sua intervenção será muito incerta. O líder 1.1+ usa a crítica da forma mais segura, incluindo observações críticas no contexto dos debates sobre outras questões, ou agindo como um observador passivo.

A fraqueza da crítica do estilo 1.1+ é ser unilateral e irregular. Ele não toma quaisquer medidas específicas no sentido de encontrar critérios objetivos para a crítica. Confrontado com o fracasso, o líder 1.1+ tenta evitar críticas e sai de cena. Tentando seu melhor para evitar problemas, o estilo 1.1+ não está pronto para ver o motivo da falha. Além disso, ele não usa os recursos das relações construtivas e, por isso, não pode contar com a confiança, respeito e apoio da equipe.

A dificuldade na utilização da crítica construtiva também decorre do fato de que o estilo 1.1+ é muito dolorosamente consciente de suas próprias deficiências e, portanto, antes de tudo responde emocionalmente quando em cooperação com os outros. O líder 1.1+ concentra-se excessivamente em suas próprias deficiências, enquanto o alheamento exclui a possibilidade de compartilhar sentimentos e preocupações com os colegas. No entanto, o foco pronunciado sobre os valores organizacionais permite que o estilo 1.1+ veja e sinta um profundo significado pessoal e social em suas atividades, abrindo grandes oportunidades para o crescimento profissional e pessoal.

## 11.7 Conclusões

O estilo 1.1+ paradoxalmente combina o alto compromisso com os valores da organização com baixos níveis de preocupação com resultados e pessoas. Ao mesmo tempo, ele se preocupa com os resultados a serem alcançados e com as pessoas com quem trabalha. Fatos objetivos e experiências subjetivas levam a uma situação em que o comportamento do estilo 1.1+ é realmente muito passivo e não implementado como ele gostaria. O líder 1.1+ é caracterizado por barreiras que o impedem de mostrar seu potencial. A formação de um ponto de vista na organização pode ser influenciada por fatores pessoais e organizacionais, tais como o comportamento do gerente sênior de estilo 7.1-. Entre as características individuais e pessoais que podem contribuir para a formação do estilo 1.1+ estão o aumento da ansiedade, vulnerabilidade e insegurança, que transforma até mesmo as situações organizacionais neutras em experiências traumáticas.

Por causa do medo e incerteza externamente observáveis, o comportamento de estilo 1.1+ parece extremamente passivo; ele está envolvido no trabalho comum apenas formalmente, concentrando-se profundamente em suas fantasias e sentimentos negativos. No entanto, em contraste com o estilo 1.1-, o estilo 1.1+ geralmente não tem relações polarizadas com aqueles que estão focados em resultados e as relações efetivas. As pessoas ao invés disso sentem simpatia e pena, porque elas veem os problemas de seu líder, que é incapaz de superar de forma independente as barreiras externas e internas, que não lhe permitem ser quem ele realmente quer ser. Portanto, eles têm que assumir a responsabilidade não só pelo seu trabalho, mas também pelo trabalho de seu líder. De vez em quando elas tentam dar-lhe uma chance de mostrar a si mesmo, oferecendo ajuda e apoio, mas ele nem sempre avalia corretamente essas iniciativas ou seus medos e preocupações são tão grandes que ele simplesmente não percebe esses sinais de boa vontade. Além disso, sob pressão rigorosa dos planos e demandas organizacionais, os membros da equipe nem sempre podem encontrar o tempo e a motivação para fornecer apoio emocional ao líder de estilo 1.1+.

Os membros da equipe com empatia suficiente tratam o estilo 1.1+ com simpatia, tentando apoiá-lo e aumentar sua confiança. No entanto, a dinâmica da vida organizacional não dá a muitos deles tempo suficiente para aprofundar as causas do comportamento específico do líder 1.1+. Em sua opinião, o estilo 1.1+ não busca alcançar resultados, não quer se comunicar, faz os mínimos esforços possíveis e geralmente é muito passivo. Então, eles se acostumam a não confiar nele e lhe deixam tarefas claras e simples que não necessitam de iniciativa, pois sabem que não é possível contar com ele se surgir um problema. Em resposta a esta atitude, o estilo 1.1+ fecha-se ainda mais, não confiando em seus colegas e subordinados. Compartilhando dos valores organizacionais, mas não tendo oportunidades objetivas ou subjetivas de contribuir para a obtenção de bons resultados e manter relacionamentos eficazes, o estilo 1.1+ é um recurso valioso, mas muitas vezes não avidamente explorado pela equipe.

# Estilo 7.7- Oportunista (usar e manipular)

12

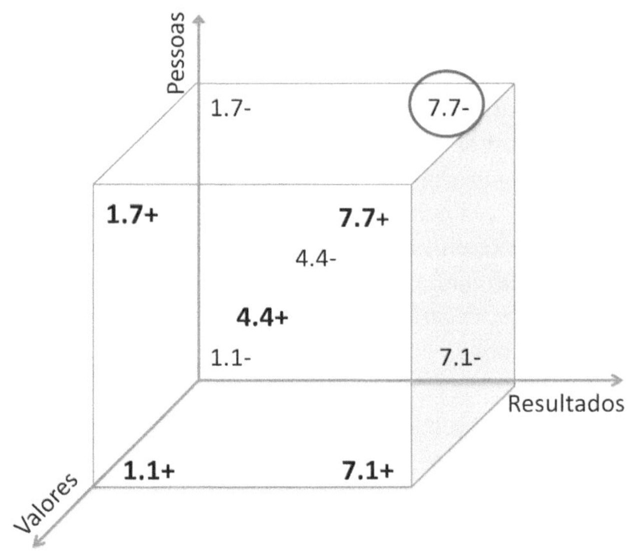


Alta preocupação com a produção, alta preocupação com as pessoas, atitude pragmática e indiferente em relação ao trabalho e à organização. O alto foco nos resultados não é usado para impulsionar o progresso da organização, mas sim fins pessoais. Esse foco ostensivo ou dissimulado nos próprios interesses e a total ausência de ética levam à desconfiança por parte de colegas e subordinados. No foco em pessoas, o egoísmo e o desejo de manipular manifestam-se em uma extensão ainda maior. As pessoas logo reconhecem os reais motivos do 7.7- e começam a desconfiar e até mesmo temer o charme do estilo 7.7- e sua capacidade de construir relacionamentos, porque tem medo de serem enganadas e usadas. O estilo 7.7- se baseia apenas nas abordagens que preservem e expandam seus benefícios.


A. Zankovsky, C. von der Heiden, *Liderança com Synercube*
https://doi.org/10.1007/978-3-662-55606-1_12

## 12.1 Características básicas do estilo 7.7-

O estilo 7.7- está convencido de que nada neste mundo é feito sem uma razão. Todo mundo está procurando benefícios e ganhos ao falar de espiritualidade, comprometimento e outros assuntos. E se qualquer organização trabalha para o lucro, qualquer funcionário tem o direito de pensar em seu próprio benefício; a questão é, nem todo mundo é bem-sucedido. Assim, o trabalho do estilo 7.7- em qualquer organização começa com as seguintes reflexões: "Posso obter algum benefício aqui?". Se a resposta for sim, então um oportunista tenta fazer o seu melhor para criar a impressão de um homem com visão de negócios, interesse e comprometimento sinceros. Mostrando alto foco em resultados e preocupação com as pessoas e proclamando em voz alta seu compromisso com os valores organizacionais, o estilo 7.7- muitas vezes é muito convincente. Às vezes não apenas um observador, mas também alguém que começa a interagir com ele regularmente cai sob a influência do estilo 7.7-, aceitando tudo por seu valor aparente. Ele tem toda a gama de habilidades comportamentais, que em última análise devem ajudá-lo a obter benefícios pessoais.

O estilo 7.7- vê a organização como um teatro, onde você precisa desempenhar o papel de um herói atraente e altruísta para ter sucesso. Oportunistas nunca ganham a confiança e o respeito dos outros pelo trabalho duro e entusiasmo, já que esta abordagem é muito demorada para ele e a recompensa por tais esforços não é totalmente clara. Eles preferem ganhar a confiança dos outros imediatamente e desfrutar os frutos do seu trabalho imediatamente. Assim que um oportunista atinge seus objetivos egoístas, ele facilmente se esquece da lealdade, amizade, confiança e outras obrigações. Se o trabalho em uma organização específica deixar de ser atraente em termos de benefícios pessoais, o estilo 7.7- paralelamente considera novas oportunidades imediatamente, incluindo concorrentes diretos.

Para o líder 7.7- cada passo e decisão é um tipo de negócio: você me ajuda e eu te ajudo. Ele trabalha só se tiver certeza de que vai se beneficiar disso. Para ele, não existe ato altruísta e ele está convencido de que todo mundo pensa e age da mesma maneira. Oportunistas formulam claramente sua vontade de agir: "Eu vou fazer isso por você, mas você vai ficar me devendo." Por exemplo, ele pode não se comunicar com alguém, a menos que haja uma necessidade de obter informações dessa pessoa. Então, ele lembra: "Sabe, de alguma forma eu o ajudei e agora você me deve alguma coisa." Na maioria das vezes, um lembrete sobre a obrigação é colocado de forma completamente inofensiva: "Você se lembra que o ajudei na semana passada? Agora preciso da sua ajuda." Se alguém pede ajuda a um oportunista, ele primeiro pesa o pedido em termos de como essa pessoa o ajudou no passado: "Já que você me ajudou na semana passada, vou ajudá-lo agora."

O comportamento do estilo 7.7- é difícil de reconhecer, pois pode assumir formas completamente diferentes e ser inconsistente. Por exemplo, um oportunista pode expressar grande interesse num projeto em que está envolvido, mas pouco interesse no curso do projeto. Seus relacionamentos com os colegas são superficiais e o estilo 7.7- mantém essas relações somente se quiser algo para si mesmo, agora ou no futuro. Se os colegas do líder 7.7- enfrentarem quaisquer problemas, ele oferece sua ajuda e apoio apenas se enxergar interesse pessoal. O comportamento oportunista pode ser reconhecido pela atividade desmotivada em estabelecer relações. Quanto mais relevante é a pessoa para seus objetivos egoístas, mais o estilo 7.7- se aproxima dela. No entanto, ele não está interessado em relações mutuamente benéficas de longo prazo, que normalmente são construídas com base na confiança e respeito.

## 12.2 O Estilo 7.7- em cooperação coletiva

O estilo 7.7- analisa qualquer instância de interação coletiva em termos de benefício pessoal. Se um membro da equipe não consegue fazer seu trabalho em tempo, o oportunista se avalia em comparação com esse funcionário. Se ele vencer a comparação, em seguida vai tentar enfatizar isso e "confortar" o funcionário mal sucedido com as palavras: "Eles estão realmente esperando muito de você, André". Ao mesmo tempo, o oportunista vai dizer para um gerente sênior: "É uma pena que não possamos contar com o André, mas talvez eu possa ser útil neste caso?"

A reação do estilo 7.7- à crítica vai depender dele querer ou não manter um bom relacionamento com o crítico. Se o oportunista precisar de seu apoio, ele vai reagir de forma positiva. Se o oportunista não precisar de seu apoio, ele pode apenas levar a crítica em conta verbalmente e prometer corrigir seu erro, mas nunca o fará. Os líderes 7.7- preferem as relações individuais às coletivas, pois a interação coletiva revela imediatamente as inconsistências comportamentais dos oportunistas. Um exemplo clássico de comportamento oportunista é o seguinte: um vendedor oferecendo produtos em casa, que irá contar ao cliente todos os tipos de mentira num esforço para vender um produto e, em seguida, vai desaparecer rapidamente.

Se a natureza egoísta do oportunista for desmascarada, colegas e subordinados tornam-se vigilantes, esperando todos os tipos de manobras dele. Neste caso, o oportunista normalmente se desloca para outro departamento ou até mesmo deixa a empresa.

Como regra geral, o estilo 7.7- pertence àqueles que mudam frequentemente de emprego, raramente ficando muito tempo na mesma empresa. Apenas os mais flexíveis podem sobreviver na organização por muito tempo, desde que o oportunista seja capaz de reduzir suas necessidades egoístas e se comportar de uma forma mais sincera e amigável. Portanto, o estilo 7.7- se sente muito mais livre numa empresa com alta rotatividade de pessoal.

Oportunistas bem sucedidos se comportam de forma muito inteligente e convincente na interação coletiva. A única maneira de ter sucesso na empresa é manter um relacionamento bom e confiante com seus colegas. Oportunistas fazem cada indivíduo se sentir especial e privilegiado: "Eu quero lhe contar um segredo, mas por favor não conte a ninguém." Ou "Não quero que ele saiba disso agora, pode perturbá-lo." Esta abordagem permite que o oportunista defina relações específicas de confiança com cada um dos membros da equipe e, assim, minimize a chance de expor suas verdadeiras aspirações e desejos.

Oportunistas encontram abordagens diferentes para cada membro da equipe, dependendo do que almejam. O estilo 7.7- pode mudar seu estilo comportamental sem qualquer razão aparente, o que muitas vezes leva os outros funcionários à confusão: "Por que ele simplesmente não chegou e disse o que tinha em mente?"

Em qualquer competição, oportunistas tendem a ficar no topo e isso pode prejudicar o trabalho coletivo. Independentemente de ser uma luta interior de membros individuais do grupo por um pequeno bônus ou um projeto de investimento sério, oportunistas farão todos os esforços para vencer. Eles podem até mesmo usar táticas enganosas, minando a autoridade de outros membros da equipe, ou mesmo a dividindo. Tal concorrência destrutiva dentro da equipe vai consumir energia de todas as pessoas, que serão forçadas a encontrar desculpas para suas ações, enquanto o resultado da luta - o resultado desejado - pode finalmente se tornar desinteressante.

O estilo 7.7- sempre considera o relacionamento como uma oportunidade para alcançar seus próprios objetivos. Qualquer reunião, discussão ou sugestão deve ser, de acordo com o oportunista, usada para aproximá-lo ainda mais da vitória. No entanto, não haverá insultos pessoais ou enfraquecimento das metas de equipe comuns. Se por acaso um oportunista oferecer uma oportunidade para outro membro da equipe obter uma vantagem, ninguém vai suspeitar de seu egoísmo e o oportunista se beneficiará disso. O oportunista obtém vantagens e benefícios através de "jogos de relacionamento" habilmente realizados. Uma impressão convincente sobre os outros membros da equipe é obtida através do trabalho duro na construção de relações amigáveis: reconhecimento das qualidades pessoais dos outros membros, expressão de interesses comuns. Isso pode se expressar em ajudar numa situação de emergência, assumir a culpa pelos erros dos outros ou trabalhar duro. Ao mesmo tempo, o oportunista espera tais ações de outras pessoas, em resposta à sua ajuda.

## 12.3 A ZONA I e o estilo 7.7-

Já que a principal prioridade do líder 7.7- é alcançar seus próprios objetivos em detrimento dos outros, ele não pode se envolver em relações de confiança e respeito mútuos. Do ponto de vista do oportunista, uma relação sempre significa o começo do fim. A interação com outras pessoas é sempre superficial e muitas vezes de natureza aleatória, necessária apenas na medida em que ajuda a alcançar sua própria meta. O oportunista não é confiável, pois mantém relações apenas quando precisa de algo, mas não mantém contato próximo depois que recebe seus benefícios. Os relacionamentos com as pessoas e o trabalho em equipe são percebidos como pouco atraentes mas, infelizmente, necessários.

O oportunista considera-se o membro mais inteligente e bem educado da equipe – e se orgulha disso. Sua participação no processo é apenas parte de um jogo em que ele não pretende usar todo o seu conhecimento e habilidades, contribuindo para o sucesso geral (Fig. 12.1). O sentimento de superioridade simplifica sua tarefa de usar as pessoas para seus próprios fins: quando ele sente desprezo por alguém, é muito mais fácil enganá-lo: "Se ele não é inteligente o suficiente para entender o que realmente está acontecendo, então ele está condenado ao fracasso. Não se pode ser tão confiante!"

**Fig 12.1** 7.7-

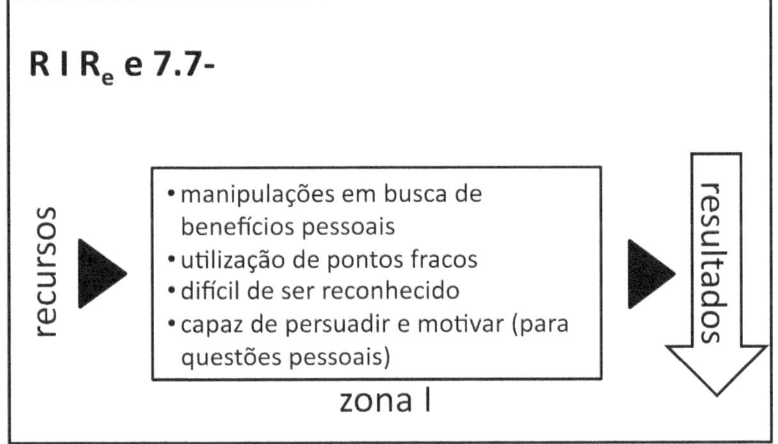


O oportunista não traz qualquer benefício para os outros, já que ele também se abstém de assumir quaisquer obrigações. "Sou livre e não devo nada a ninguém", estes são os princípios oportunistas. No entanto, o estilo 7.7- tenta não fechar as portas completamente, pois a pessoa ainda pode ser útil para ele. Devido ao fato de que o oportunista tem medo de encontrar-se numa situação difícil, quando ele apoia uma ideia ruim, ele se abstém de demonstrar quaisquer sentimentos em relação a outras pessoas. Portanto, é impossível estabelecer relações fortes com os colegas, pois o oportunista não tem a motivação necessária, nem o nível adequado de confiança.

## 12.4 Cultura e valores 7.7-

*Cultura de desconfiança, manipulação e alienação*

*Confiança.* O líder 7.7- gosta de falar sobre a importância da confiança, mas ele não confia em ninguém, considerando que a principal motivação do comportamento humano é o ganho pessoal. O líder 7.7- mostra um nível de desempenho bastante alto. No entanto, seu foco em resultados não é usado para o trabalho na organização, mas acima de tudo, para os resultados e interesses pessoais. Este foco ostensivo ou velado nos próprios interesses cria desconfiança por parte de colegas e subordinados. O egoísmo e desejo de manipulação do 7.7- se manifestam ainda mais no foco em pessoas. As pessoas logo começam a desconfiar e até mesmo temer o líder 7.7- e sua capacidade de construir relacionamentos, porque terão medo de serem enganadas e usadas.

*Justiça.* No discurso, o líder 7.7- luta ativamente pela justiça, causando uma impressão favorável nos outros. No entanto, em estreita cooperação torna-se rapidamente claro que as ideias reais do líder 7.7- sobre equidade são reduzidas à fórmula: "A justiça é uma oportunidade para conseguir o que eu preciso, independentemente do meu verdadeiro esforço e mérito." E se alguém puder manter seus próprios benefícios, sem interferir com os meus, isso também é justo. A principal questão é não interferirem uns com os outros. Se as circunstâncias não permitirem que o estilo 7.7- satisfaça seus próprios interesses, pelo menos parcialmente, ele percebe tal situação como uma injustiça óbvia. Diante de casos de injustiças reais, por exemplo, a aparente subestimação da contribuição real de um funcionário para o objetivo comum, o estilo 7.7- expressa verbalmente sua indignação e apoio, mas então sorri para si mesmo: "Bem feito! Todo mundo tem que lutar por seus interesses, pois ninguém vai fazer isso por você!"

*Comprometimento.* O estilo 7.7- tenta demonstrar seu comprometimento com a organização por todos os meios e muitas vezes dá a impressão de um nível muito elevado de identificação com os objetivos e princípios organizacionais. Isso muda muito rapidamente, no entanto, se ele for incapaz de realizar seus objetivos pessoais. Na verdade, ele considera a organização como sua propriedade pessoal. O comprometimento organizacional e identidade deliberados desaparecem instantaneamente se surgir uma oferta mais atraente. Assim, o 7.7- pode, repentinamente, até abandonar a organização.

*Responsabilidade.* A falta de comprometimento e identidade organizacional do estilo 7.7- está diretamente relacionada com a falta de confiabilidade e responsabilidade. Ele não pode ser invocado em situações organizacionais difíceis, como o trabalho de equipe necessário e o completo desapego de interesses e queixas pessoais. Mesmo em tais situações o estilo 7.7- não é capaz de abandonar seu hábito de avaliar tudo em termos de ganho pessoal: "Qual é o meu interesse aqui?" Se o líder 7.7- vê um erro de alguém que não afeta diretamente o seu trabalho, ele vai preferir não o notar a fim de preservar as relações pessoais. O estilo 7.7- falaria sobre responsabilidade social, mas na verdade, para ele é um conceito muito abstrato, que não pode competir com seu desejo de ganhos e sucesso pessoais.

*Integridade.* Como outros valores organizacionais, o estilo 7.7- usa a transparência e a honestidade para manipular: ele declara seu compromisso com esses valores, mas na realidade ele está perseguindo o objetivo completamente diferente de se aproximar de seus ganhos pessoais. Apelando aos outros para que tornem seus comportamentos e atividades transparentes e honestos, o próprio líder 7.7- continua nunca sendo totalmente honesto. Ao mesmo tempo, ele tem possibilidades que, posteriormente, permitem-lhe obter benefícios pessoais ou exercer influência manipuladora. Esses funcionários, que estão em interação próxima com o líder 7.7-, logo começam a entender seus motivos reais e mostrar descrença explícita ou velada, tentando manter distância.

## 12.5 Cultura e poder 7.7-

*Foco em recompensas e no poder de informação e referência, que são usados em benefício próprio*

*Punição.* O líder 7.7- considera a punição uma medida de emergência para aqueles que não querem entender que certos tipos de comportamento são inaceitáveis, pois impedem o estilo 7.7- de alcançar seus objetivos pessoais. Neste padrão comportamental ele está inclinado a ver a intenção de defender interesses pessoais. O estilo 7.7- reluta muito em usar a punição, temendo uma reação negativa. Se a punição ainda for inevitável, deve ser justificada por altos princípios organizacionais para garantir a manutenção das tradições, o funcionamento confiável do sistema e assim por diante. A punição está mais voltada à ameaça aos objetivos pessoais do estilo 7.7- e não aos resultados objetivos dos membros da equipe.

*Recompensa.* O líder 7.7- usa a recompensa ativamente, mas ele acredita que só aqueles que sabem viver e que seguem o lema: "Eu em primeiro lugar", são dignos de recompensas. O estilo 7.7- tem certeza de que sabe viver a vida como ninguém. Naturalmente, aqueles que interferem com a realização dos objetivos pessoais do líder 7.7- não merecem qualquer recompensa, mesmo que tenham feito uma contribuição significativa para o trabalho da organização. Mas aqueles que, consciente ou inconscientemente, ajudaram o estilo 7.7- a alcançar seus objetivos e benefícios pessoais são dignos de recompensa. Ao mesmo tempo, o líder 7.7- não se importa se alguém, sem o perturbar, também atue exclusivamente para seu próprio benefício. Se não competirem com o estilo 7.7-, essas pessoas são aceitas por ele. Assim, a recompensa também é usada para seus próprios fins e ganhos pessoais e está relacionada com o desempenho apenas indiretamente.

*Posição.* Para o estilo 7.7- o poder da posição é o único importante, porque abre mais oportunidades para realizar seus objetivos pessoais. Se não afetar sua posição na organização, ele é indiferente à eficiência do desempenho organizacional. O estilo 7.7- sabe a extensão de seus poderes oficiais, mas antes de tudo, tenta executar as funções que podem lhe proporcionar benefícios pessoais. Ele nunca delega estas funções a seus subordinados.

*Informação.* O estilo 7.7- possui recursos valiosos na forma de conhecimentos, habilidades e experiência. Ele quer que os outros dependam das informações necessárias que ele detém. Assim, é suficiente permitir que a equipe saiba sobre os últimos desenvolvimentos em tecnologia, falar sobre os aspectos-chave dos concorrentes, estar a par das últimas notícias e acontecimentos, bem como de informações internas da empresa. As principais fontes de informação para o estilo 7.7- são os canais de comunicação formais e informais, que são utilizados principalmente para entender como ele mais provavelmente pode obter vantagens e benefícios pessoais. O estilo 7.7- está bem ciente das funções de seus subordinados, também conhece seus direitos e obrigações e áreas de responsabilidade, além da localização da mina de ouro. A troca de informações é realizada com o propósito de obter ganhos pessoais e reforçar a própria posição. Os interesses da organização estão na periferia da atenção do líder 7.7-. Ao lidar com os subordinados, ele normalmente faz declarações muito bonitas, que muitas vezes enganam as pessoas. As instruções dos superiores são aceitas pelo líder 7.7- com entusiasmo. Ele tenta cumpri-las no prazo e com alto nível. A comunicação mais intensiva do estilo 7.7- é limitada a um círculo restrito de pessoas e é baseada no princípio: "Eu te ajudo e você me ajuda".

*Especialista.* O estilo 7.7- tem competência profissional bastante elevada. Ele pode implementar profissionalmente projetos que podem trazer lucros significativos. Em tais casos, contando com os ganhos pessoais, o estilo 7.7- pode ser ao mesmo tempo extremamente útil para a organização. No entanto, se o ganho próprio é menor do que o esperado, a motivação do estilo 7.7- diminui drasticamente. Ele é bom em situações que requeiram cálculos, ações e decisões fora do padrão. O estilo 7.7- tem alta competência nas áreas que prometem lhe proporcionar os maiores benefícios e ganhos pessoais. No entanto, o líder 7.7- não tem desejo de usar sua experiência para o benefício da organização. Se o conhecimento e as habilidades disponíveis são insuficientes para atingir seus próprios objetivos, o estilo 7.7- toma medidas ativas para aprimorar seu nível profissional.

*Referência.* O estilo 7.7- geralmente tem um poder de referência muito forte; como em qualquer situação ele não perde sua presença de espírito, ele conhece as necessidades e interesses dos funcionários, mas sempre tenta agir de acordo com seus próprios interesses. Por um lado, tal comportamento é acompanhado por declarações de compromisso sincero com a organização e, por outro lado, pelo desejo de manipular a consciência e o comportamento de outras pessoas. Isso leva ao fato de que os outros começam a perceber o líder de estilo 7.7- como uma pessoa não confiável, com quem não se pode contar nas situações de trabalho diárias, nem nas de força maior. Portanto, nos casos em que o estilo 7.7- é forçado pelas circunstâncias a exortar os funcionários a cumprirem qualquer trabalho urgente ou difícil, seus apelos não são capazes de gerar entusiasmo. A motivação do oportunista reflete seu desejo de obter vantagens e benefícios pessoais de um lado, enquanto por outro lado o medo da exposição não permite que o líder 7.7- construa plenamente relações sólidas e harmoniosas, com base na confiança mútua, respeito e sinceridade.

## 12.6 Habilidades de cooperação do estilo 7.7-

### Resolução de conflitos

O estilo 7.7- refere-se a qualquer conflito com cautela: numa situação de confronto ele arrisca mostrar sua verdadeira face e oportunistas não querem isso em nenhuma circunstância. Se o estilo 7.7- puder obter benefícios através do conflito, ele tenta controlá-lo de acordo com seus interesses pessoais, sem revelar seus verdadeiros objetivos e intenções. Sua tática na resolução de conflitos é obter o apoio dos outros e, ao mesmo tempo, expressar sua solidariedade para com as partes conflitantes. Se o líder 7.7- não tem interesse pessoal na resolução do conflito, ele tenta evitá-lo por todos os meios.

Conflitos criam uma situação em que é difícil mudar de forma flexível o comportamento e isso é um problema para o oportunista. O conflito faz as pessoas decidirem de que lado estão e isso leva a uma polarização de opiniões. Se o chefe não estiver preparado para o conflito, o estilo 7.7- pode tentar influenciar seu comportamento. Ele prefere resolver o conflito sozinho e não gosta de confrontos coletivos. O método de resolução de conflitos individualmente ajuda a angariar apoio universal, pois o oportunista pode manter simultaneamente duas posições conflitantes. O estilo 7.7- cuidadosamente tenta nunca se ater a uma determinada posição num conflito aberto.

O líder 7.7- evita conflitos, mantendo uma distância segura. Quando o conflito está em curso, o oportunista geralmente fica de fora dele. Tal prevenção de conflitos, aparentemente, pode assumir muitas formas. Se o oportunista tiver poder, ele pode parar a discussão e desviar a atenção dos problemas do conflito em potencial: "Isso pode ser discutido depois!". Se o oportunista tiver uma posição de nível mais baixo, ele evita o envolvimento de forma mais evasiva: "Não sei o que aconteceu aí. Agora é mais importante se concentrar no trabalho!". Isto lhe permite manter boas relações com cada uma das partes em conflito, enquanto retrata inocência.

Outra forma do estilo 7.7- participar do conflito é apoiar a opinião que, muito provavelmente, seria preferida por outros membros da equipe. Se um funcionário está envolvido em um conflito com o chefe, o oportunista pode tentar agradar o patrão e causar uma boa impressão: "Ouvi dizer que você tem um problema com o Pedro. Eu também só ouvi críticas sobre ele". O estilo 7.7- é muito criativo para encontrar formas de se manter longe dos conflitos. Se ele sentir que o risco de se envolver no conflito é grande demais, pode até mesmo assumir o papel de mártir, não permitindo que as partes em conflito vençam. Na verdade, o oportunista permite que outras pessoas vençam, apenas para se sair melhor. Tal abordagem é cínica em certo sentido, pois o oportunista desmascara outros egoístas, enquanto age como vítima: "Eu não pude fazer nada, porque teria atingido a organização inteira. Eu sei que estava errado, mas pelo menos minha consciência está limpa". Na verdade, nesta situação, o líder 7.7- age de forma egoísta, enquanto seus adversários acabam sendo vítimas.

Outra abordagem do estilo 7.7- para resolver conflitos é convencer ambos os lados, incitando-os a cooperar. Para evitar conflitos, o oportunista força cada lado a chegar a qualquer decisão. Tais ações, é claro, trazem benefícios para o oportunista, mas é pouco provável que tal abordagem seja útil para a equipe ou organização. O lema do estilo 7.7- é: "Eu só queria que as coisas corressem bem." O objetivo do oportunista em negociações para resolver conflitos é reduzir as tensões e garantir uma atmosfera confortável. Esta abordagem é semelhante à busca do estilo 4.4- pelo acordo, mas o oportunista está interessado numa trégua porque ainda persegue seus interesses pessoais. Uma forma eficaz de resolver o conflito pode ser considerada como alternativa, mas apenas se render dividendos para o estilo 7.7-.

Outra abordagem do estilo 7.7- ao resolver conflitos é encontrar um meio termo com o inimigo. Com sua competência profissional e comunicativa bastante elevada, o oportunista entende o que a situação exige e do que as pessoas têm medo. Tais táticas podem ser veladas ou ostensivas, mas como regra, o oportunista as utiliza quando sente uma ameaça aos seus interesses pessoais. "O estilo 7.7- pode ser duro com o adversário se arrastado para o conflito contra seus interesses: Não me envolva nisso, se não quiser que as pessoas saibam do seu fracasso com o mesmo projeto há três anos." A manipulação pode ser usada de uma maneira mais sutil: "Lembre-se que te ajudei durante a inspeção da sede no final do ano passado. Claro, ninguém pode sobreviver sem ajuda mútua, por isso agradeço-lhe antecipadamente por um pequeno favor que espero de você agora." Claro, o favor em questão geralmente não é tão pequeno.

Independentemente do método escolhido, o oportunista usa o conflito para alcançar seus objetivos egoístas e nunca usa sua energia positiva para atingir as metas organizacionais.

**Competência comunicativa**

O estilo 7.7- tem uma competência comunicativa poderosa e multifacetada. Ao tomar parte na discussão e no debate, o estilo 7.7- avalia constantemente o nível de apoio que as outras pessoas estão prontas para fornecer para suas decisões e ações. Ele precisa deste apoio para alcançar seus objetivos e benefícios pessoais. Ele convence os outros a confiarem nele, enquanto mantém sua opinião e avaliação do que está acontecendo para si mesmo.

O estilo 7.7- está ativamente envolvido na troca de informações, utilizando-as para obter vantagens. Quaisquer problemas e deficiências que não afetem seus interesses pessoais são ignorados ou apresentados de tal forma que o liberam de qualquer responsabilidade. No caso de tomar uma decisão errada, o estilo 7.7- irá imediatamente fazer os outros prestarem atenção a circunstâncias além do controle que impediram a aprovação de uma decisão.

A plena posse de informações ajuda o estilo 7.7- a trabalhar com uma sensação de superioridade sobre os outros, porque ele sabe exatamente quando e como atacar. O oportunista sabe quando e onde precisa envolver um tema em particular, que em seguida será utilizado como uma base. E quando esses comentários fomentarem uma variedade de rumores, a fonte das informações já estará esquecida.

O estilo 7.7- deve sempre estar ciente de todos os eventos, por duas razões: em primeiro lugar, ele quer ser a pessoa mais bem informada na empresa e, em segundo lugar, quer saber o que os outros membros da equipe pensam sobre o que está acontecendo. O conhecimento profissional, como tecnologias modernas e métodos e técnicas de concorrência, permite que o oportunista esteja um passo à frente dos outros e muito mais preparado para lutar pela vitória. Tal necessidade de informações requer certas habilidades.

Antes de tudo, o estilo 7.7- estabelece relações próximas com os indivíduos que são fundamentais para a realização de seus objetivos pessoais. Para obter as informações necessárias sobre a estratégia do passado, presente e futuro da empresa, ele oferece a troca de informações e impõe seus serviços. A informação certa geralmente vem de fontes externas através de seus próprios canais. Por exemplo, o líder 7.7- faz amizade com um funcionário do departamento de pessoal, a fim de obter informações sobre quem será promovido em breve. Ele é normalmente o primeiro a saber quem é contratado e quem é demitido. O estilo 7.7- está sempre um passo à frente de todos os outros, graças ao fato de se manter informado.

O estilo 7.7- tem o talento de extrair informações de outras pessoas. Ele sabe o que é necessário e como influenciar os outros para que compartilhem informações, mesmo quando não estão interessados nelas. Esta habilidade faz parte do dom de persuasão do oportunista. Em primeiro lugar, ele analisa o comportamento e as ações dos outros e só então começa a fazer as perguntas certas. O estilo 7.7- extrai informações de outras pessoas sob a forma de perguntas que reforçam sua credibilidade e fortalecem a fé em seus poderes. Usar a informação recebida faz com que seja mais fácil para o oportunista alcançar seus objetivos. Ele bloqueia outras opiniões, se não servirem para ele.

Qualquer informação recebida é constantemente verificada e reverificada. O líder 7.7- não quer arriscar sua posição, portanto como regra, não confia em ninguém; primeiro ele reúne todas as informações necessárias e só então começa a organizar verificações cruzadas. Assim, ele pode responder imediatamente a qualquer conflito de modo que não faça mal a seus interesses pessoais.

**Posicionamento ativo**

O estilo 7.7- expressa seus pontos de vista e argumentos de forma ativa apenas quando está convencido da possibilidade de se beneficiar dos resultados. Se não existe essa certeza, ele é suscetível a apoiar as ideias dos outros, para finalmente alcançar seus objetivos. O líder 7.7- usa a informação para transformá-la em seu próprio benefício. A fim de evitar expor suas verdadeiras intenções, o oportunista envolve as informações em um embrulho organizacional atraente. Ele leva em conta as diferentes circunstâncias: histórico, perspectivas e pontos de vista dos outros membros da organização. O estilo 7.7- sempre calcula com antecedência como se comportar melhor nesta ou naquela situação. Apesar do fato de que o nível de informações lhe permite participar da discussão de questões estratégicas, ele tenta evitar tais discussões.

O líder 7.7- considera sua posição uma oportunidade para pressionar seus interesses e eliminar a oposição. Primeiro o oportunista identifica seus aliados e inimigos e, em seguida, os faz trabalhar por seus objetivos pessoais. Normalmente, ele desmascara seus inimigos de maneira oculta, de modo que seus próprios motivos verdadeiros não sejam expostos. O estilo 7.7- pode começar a espalhar rumores e dúvidas, a fim de minar a credibilidade de um membro da equipe em particular. Em toda essa luta de bastidores o oportunista sempre protege e defende suas posições.

Os pontos de vista e princípios articulados pelo oportunista dependem das pessoas ao seu redor e das suas metas pessoais. Se o estilo 7.7- não vê nenhuma possibilidade de se beneficiar da situação, ele vai expressar seus pontos de vista, a fim de ganhar a confiança dos outros para uso futuro. Ele acredita sinceramente que tais situações não são perigosas e são benéficas para ele. Na ausência de informações suficientes, o líder 7.7- adia expressar seus pontos de vista tanto quanto possível. Se o oportunista estiver rodeado por pessoas mais bem informadas, o medo de ser desmascarado o impede de expressar seus pontos de vista. Aqui, ele prefere desempenhar o papel de ouvinte, por vezes fazendo perguntas e oferecendo auxílio.

O líder 7.7- apresenta seu ponto de vista somente se houver a promessa de benefício pessoal. Ele tem como objetivo obter apoio por qualquer meio: usando intimidação, bajulação, negociação, incentivo ou esforço para ganhar a confiança dos outros. Se o estilo 7.7- sentir que não há nenhum benefício para ele, ele não vai mais mostrar qualquer atividade. Numa situação de conflito, ele vai procurar outra forma de alcançar seus próprios objetivos.

Quando interessado, o estilo 7.7- assume um ponto de vista muito ativo, mas é sempre manipulador. O ponto de vista do oportunista deve sempre prevalecer sobre outros pontos de vista. Ele pode alcançar isso de várias maneiras. Se as outras pessoas envolvidas são menos ativas, o estilo 7.7- agirá de forma decisiva e enérgica. Ao mesmo tempo, se necessário, ele vai aproveitar o apoio dos membros da equipe. Neste caso, ele irá demonstrar interesse nas pessoas como o estilo 4.4+: "Este projeto é exatamente o que precisamos para nos orgulhar da nossa empresa. Eu prometo que cada um de vocês terá um sorriso no rosto e nossas tradições nos inspirarão novamente."

Se os outros envolvidos forem mais ativos e decisivos do que o líder 7.7-, ele vai adotar uma abordagem sofisticada com cada um deles. Ele provavelmente vai apresentar sua ideia de forma tão inteligente que o líder paternalista irá tomá-la para si. Ao interagir com um paternalista, o oportunista vai enfatizar o respeito e admiração: "Vou ser muito grato por seus conselhos. Sei que você vai me ajudar a colocar minhas ideias em prática." Com o estilo 7.1-, o oportunista irá enfatizar seu interesse no resultado final: "Com a implementação deste projeto será possível aumentar o ritmo do nosso desempenho. Como resultado, poderemos aumentar a produtividade em 15 por cento." Tais declarações serão, naturalmente, música para os ouvidos do chefe!

Independentemente da abordagem escolhida pelo estilo 7.7-, ela o moverá persistentemente para alcançar seu objetivo pretendido. Se o apoio de outros membros da equipe se enfraquecer, o oportunista vai encontrar uma maneira de aumentar o entusiasmo da equipe o mais rápido possível. Quando outros simplesmente ficariam de braços cruzados, o oportunista será o primeiro a avaliar a situação e, se necessário, preparar uma resposta convincente. Como meio de persuasão o oportunista pode usar comentários e sugestões sutis, a fim de fomentar medo e dúvida ou, ao contrário, confiança. No caso do oportunista não ver nenhuma possibilidade de obter benefícios, seu entusiasmo para tomar iniciativas enfraquece. No entanto, ele continua a procurar por oportunidades que irão fortalecer sua posição e trazer benefícios pessoais.

### Tomada de decisão

O líder 7.7- toma decisões com base em seus interesses pessoais. Quando as soluções são apresentadas em um *brainstorming*, o oportunista tentará encontrar seus pontos fortes e fracos, não esquecendo os benefícios pessoais. O ponto chave do sucesso desta abordagem é que os oportunistas sempre escapam de forma segura. O estilo 7.7- tenta manter tudo sob controle e usa suas decisões, já que suas soluções estão prontas e as questões controversas não foram abordadas. Manipulações semelhantes podem assumir qualquer forma, dependendo da situação. Quando questões benéficas para o oportunista são discutidas, ele vai dizer: "Essa é uma boa pergunta. Vamos discuti-la."

Quando ele vê a discussão mudando de direção, tentará desfocar a atenção, dizendo: "Esta é uma alternativa interessante, mas nos distancia das questões chaves. Lembro-me de uma boa sugestão que foi colocada..." Se o estilo 7.7- não puder desviar a atenção, ele tentará adiar a decisão. O oportunista entende que as decisões tomadas sozinho exigem menos esforço do que as coletivas, especialmente se ele detém uma posição alta na empresa e não precisa prestar contas a ninguém.

Ele toma decisões que contribuirão para a realização dos seus objetivos pessoais, mas elas são apresentadas como solução geral dos funcionários. Enquanto o oportunista habilmente disfarçar suas verdadeiras intenções e objetivos, as pessoas vão aturar suas decisões com base em interesse próprio. O oportunista ajuda os outros apenas se puder esperar alguma ajuda em troca. Se ele tiver uma posição alta na empresa, não se preocupará com o que os outros possam pensar sobre suas decisões.

Independentemente dos objetivos globais da organização, o líder 7.7- faz lobby das decisões que podem lhe trazer benefícios. Ele incentiva os outros a confiarem nele e em suas decisões. Assim, o objetivo da tomada de decisão do líder 7.7- é também seu ganho pessoal.

**Crítica**

O estilo 7.7- utiliza a crítica para fortalecer o apoio já existente de outras pessoas e obter mais apoio. Como ele está sempre ciente dos mais recentes desenvolvimentos do mercado, das formas inovadoras de desenvolver e aperfeiçoar a organização, ele sempre tem alguma vantagem sobre os outros membros da equipe.

O estilo 7.7- utiliza a informação obtida na crítica para se proteger. Quaisquer problemas e deficiências são apresentados de tal forma que liberam o oportunista de qualquer responsabilidade. Em caso de tomar uma decisão errada, o estilo 7.7- imediatamente chama a atenção dos outros para as circunstâncias fora de seu controle. Se o resultado da equipe do estilo 7.7- é pior do que o de outras equipes, a crítica recebida será redirecionada para deslocar completamente a responsabilidade pelos maus resultados para funcionários específicos. O oportunista utiliza a crítica para prestar atenção a problemas e deficiências dos outros concorrentes e, assim, prejudicar sua reputação.

Por exemplo, o estilo 7.7- pode provocar a crítica numa reunião, chamando atenção para pequenos erros e falhas dos outros, a fim de desviar a atenção da visão geral do que está acontecendo. O oportunista pode usar dados tendenciosos ou incompletos na crítica para acusar alguém. Se uma pessoa que foi criticada por um oportunista tentar apresentar um ponto de vista alternativo, o oportunista vai acusá-la de não ter escrúpulos e estar na defensiva. Considerando que todas as cartas estão nas mãos do líder de estilo 7.7-, é improvável que o acusado tenha a oportunidade de defender sua reputação.

O estilo 7.7- concentra todos os seus esforços em conseguir seu próprio sucesso. A plena posse das informações ajuda o oportunista a trabalhar, estando consciente de sua superioridade sobre os outros, porque ele sabe quando e como atacar. O oportunista sabe quando precisa tocar em um determinado tema, que será então usado como base. Mais tarde, quando seus comentários forem "encobertos" por rumores, a fonte da informação será esquecida.

A posição sólida do oportunista falhará se a crítica for capaz de expor suas verdadeiras intenções e objetivos. Nesta situação, toda a estrutura construída pelo estilo 7.7- estará arruinada e ele ficará sem escolha, a não ser deixar a organização. Estando bem preparado profissionalmente, o oportunista muitas vezes pode prever a atividade da organização e sempre encontra uma maneira de evitar as consequências. Ele pode prever os problemas e habilmente colocar outra pessoa em risco. Se o oportunista não for capaz de evitar o confronto, ele usa todos os tipos de justificativa para suas ações, a fim de reduzir o grau de culpa. Para isso, ele está pronto para culpar outras pessoas, especialmente as ausentes. O estilo 7.7- pode até prejudicar a reputação de alguém, mas nunca encontra a coragem de assumir a responsabilidade por isso.

## 12.7 Conclusões

O líder 7.7- nunca confia no trabalho em equipe. Ele prefere trabalhar sozinho, acreditando que o único caminho para obter ganhos pessoais é esconder suas verdadeiras intenções e menosprezar os méritos dos outros membros da equipe. O trabalho em equipe, que implica em responsabilidade compartilhada e gestão conjunta dos recursos, é para o estilo 7.7- apenas um compromisso temporário, necessário para realizar seus interesses pessoais. O oportunista nunca se aproxima o suficiente das pessoas para que compreenda que a responsabilidade compartilhada pode levar a desenvolvimentos completamente novos. Suas ansiedades e medos, causados pela constante necessidade de usar uma máscara, nunca enfraquecem, pois ele não pode ter sentimentos sinceros e compartilhar seu sucesso com os outros.

O estilo 7.7- é caracterizado pelo aumento de ressentimentos e falta de compreensão dos benefícios do trabalho em equipe. Portanto, eventualmente ele faz mal a si mesmo, enquanto sua eficiência é muito baixa. No entanto, o apoio adequado da equipe pode fazer o oportunista considerar a necessidade e os benefícios de trabalhar em equipe. O oportunista, como regra, tem habilidades e conhecimentos sólidos, por isso sua contribuição para a causa comum pode ser considerável.

Sabe-se que o mundo organizacional pode ser cruel e perverso. As leis da concorrência muitas vezes agem em sua forma primitiva: ou você esmaga um concorrente, ou ele vai esmagar você. No entanto, o progresso da vida é determinado pela harmonia. Assim, a competição inevitavelmente interagirá com a cooperação. E na vida real o líder 7.7-, que é incapaz de agir com verdadeira cooperação, inevitavelmente se sentirá solitário: ninguém quer trabalhar com ele. As pessoas querem confiar em seus colegas, porque já estão cheias de sentimentos de desconfiança dos seus concorrentes, clientes e outros terceiros.

Ninguém quer ficar perto de uma pessoa que pode usá-lo para seus próprios fins a qualquer momento. A confiança é o valor fundamental do trabalho em equipe. O oportunismo mina a confiança. Estas características, somadas à total ausência de ética, tornam este o estilo comportamental com menor probabilidade de ser modificado. As pessoas não se apressam para ajudar oportunistas a mudarem, pois se lembram de terem sido usadas por ele anteriormente. O estilo 7.7- precisa trabalhar arduamente para provar suas intenções e motivos sinceros a todos, mas é difícil recuperar a confiança perdida.

# 13 Estilo 7.7+ Ideal, Ótimo, Visionário (devoção e contribuição)

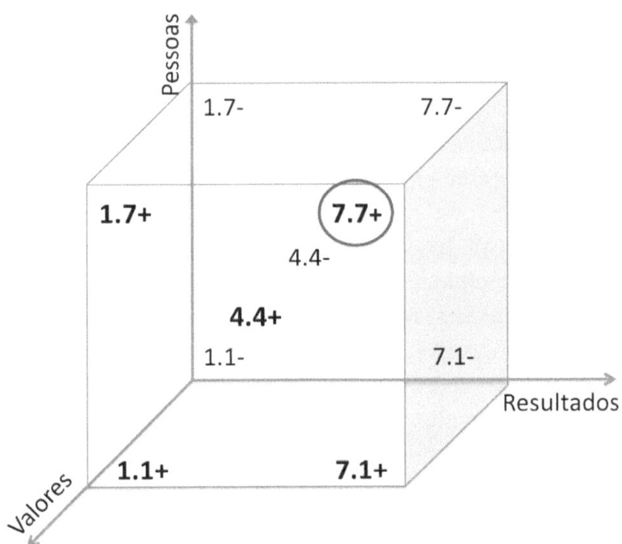


Alta preocupação com a produção, alta preocupação com as pessoas, alta preocupação com o trabalho da organização e desejo de criar uma atmosfera de comprometimento e envolvimento. O estilo 7.7+ sabe o valor de cada funcionário e constantemente demonstra seu compromisso de alcançar os mais altos padrões de atividades, focado em encontrar e adotar as melhores soluções que serão apoiadas e compartilhadas por todos. Ele é caracterizado pelo desejo de desenvolver e melhorar suas próprias habilidades e ajudar os funcionários a realizarem seu potencial, respeitando as tradições e os valores organizacionais. O estilo 7.7+ tenta garantir o maior envolvimento no trabalho e compromisso sincero de todos os membros da equipe. Ele analisa todos os fatos e ouve todos os pontos de vista, a fim de chegar a uma compreensão e garantir sinergias.


A. Zankovsky, C. von der Heiden, *Liderança com Synercube*
https://doi.org/10.1007/978-3-662-55606-1_13

## 13.1 Características básicas do estilo 7.7+

O estilo 7.7+ é caracterizado pelo mais alto comprometimento com os valores e a missão da organização, bem como o mais alto nível de foco em pessoas e resultados. A diferença entre o líder 7.7+ e outros estilos do modelo Synercube é que o 7.7+ pode facilmente superar as contradições que surgem no processo de alcançar um alto nível dos três fatores da liderança eficaz. Isso permite que o estilo 7.7+ construa uma ação conjunta mais eficaz, baseada em sinergia.

Os líderes 7.7+ podem direcionar toda sua energia para o bem da organização. Essa interação combinada com a realização dos objetivos organizacionais dá aos gestores um sentido de autoestima, porque eles sabem que sua contribuição pessoal muda a organização para melhor e essas mudanças levam a melhores resultados. O líder 7.7+ pode resolver quaisquer conflitos que possam surgir na organização. Isto é possível devido ao ganho de forças centrípetas permanentes que unem todos os funcionários em torno de objetivos e valores comuns.

Os objetivos organizacionais e individuais começam a soar em uníssono, as preocupações com produção e pessoas se fundem num só fluxo e o foco sobre os lucros é realizado em estrita conformidade com a ética organizacional. O líder 7.7+ tem um estilo autêntico, confiante, que acredita sinceramente que os melhores resultados só podem ser alcançados através do envolvimento de todos os recursos disponíveis da organização. Portanto, a troca de informações é amplamente baseada nos conhecimentos e realizações dos outros. O estilo 7.7+ é positivo por princípio, ele quer contribuir e fazer o seu melhor. Esta motivação está associada não apenas com as realizações e o comprometimento do líder, mas também com as realizações e o comprometimento de todos os funcionários.

O líder 7.7+ nunca age de acordo com seu próprio interesse e não incentiva este tipo de abordagem em seus subordinados. Ele sempre age de forma muito cuidadosa e precisa, tentando usar todos os meios disponíveis para melhorar as relações e o desempenho.

A fusão completa dos três vetores é uma característica única do estilo 7.7+. A força do líder 7.7+ está na noção correta, lógica e racional: se há um problema, aborde-o abertamente e o resolva para o bem da organização e das pessoas. O líder 7.7+ é realmente objetivo, ele não tem medo de esforços honestos e abertos para resolver problemas complexos.

O líder 7.7+ age em conformidade com os valores organizacionais. Isso significa que ele toma como prioridade máxima o sucesso e crescimento de toda a organização. Tal forma de agir pode, eventualmente, ser percebida por seus subordinados e colegas como um problema, levando-os a reagir com indiferença, protestos ou superficialidade. Depende do estilo de comportamento e das aspirações específicas deles. No entanto, deve notar-se que, independentemente das diferenças de comportamentos e visões de mundo, o líder 7.7+ pode influenciar todos, capturando-os com suas ideias e fortes convicções.

O líder 7.7+ tem altas exigências éticas em relação a si mesmo e seus colegas. Para ele, os valores humanos fundamentais são justiça, respeito, honestidade, confiança e responsabilidade. Estes são os valores que são compartilhados, apreciados e apoiados por todos. Em resumo, o líder 7.7+ é objetivo e honesto, humilde e muito autocrítico; ele apoia os outros pensando no futuro. Ele não busca mudanças apenas por mudar, mas as considera o motor do progresso. Isto significa que o estilo 7.7+ é um líder eficaz numa cultura corporativa que incentiva o trabalho em equipe e a cooperação organizacional universal.

## 13.2 O estilo 7.7+ em cooperação coletiva

Quando um dos membros da equipe não consegue dar conta de seu trabalho, o líder 7.7+ critica seu colega somente se tiver fatos. Ele não tem medo do conflito e pode ser firme, se necessário. Ele discute o progresso do trabalho para desenvolver uma compreensão mútua do propósito que vislumbram e para chegar a um consenso sobre o aprimoramento da atividade. Se um membro da equipe não quiser trabalhar nesse sentido e não estiver fazendo nada para melhorar seu desempenho, o líder 7.7+ mostra-lhe claramente todas as consequências disso, para ele mesmo e para a organização como um todo.

O estilo 7.7+ ouve atentamente a crítica e faz perguntas para revelar seu real significado. Se a crítica é correta e válida, o líder 7.7+ ajusta imediatamente seu modo de ação, levando em conta o que foi dito. Se as observações não são justificadas, o líder 7.7+ está pronto para revelar as contradições e conseguir uma melhor compreensão mútua.

O estilo 7.7+ está convencido de que bons resultados podem ser alcançados somente quando todos têm as informações realmente necessárias e relevantes, que permitem realizar tarefas da melhor forma possível. A comunicação deve ser não só exata, clara e concisa, mas também expressar o compromisso sincero com a organização e seus valores. Só assim os membros da equipe podem por fim a jogos políticos, favoritismo e intrigas, sendo capazes de expressar ideias de forma aberta e honesta e fazer sugestões.

Equipes com líderes 7.7+ têm entusiasmo, confiança e coesão. Elas são caracterizadas pela melhoria constante da qualidade das interações entre os membros da equipe. Os funcionários podem discutir ideias sem medo de errar ou de sofrer acusações. As pessoas sabem que sempre têm a oportunidade de falar e que suas opiniões serão ouvidas, mesmo que as ideias expressas não sejam aceitas. O líder 7.7+ ajuda todos a superarem as barreiras de comunicação, permitindo que os funcionários se sintam seguros e confiantes, prontos para expressar até mesmo ideias que parecem irrealistas hoje. Tal abordagem, ao envolver ativamente as pessoas na atividade, permite um profundo compromisso com a organização e um alto senso de responsabilidade pessoal. Se a ideia criativa do funcionário se tornar parte da estratégia da empresa, ele vai se sentir ainda mais comprometido com a implementação desta estratégia. As pessoas estão sempre ansiosas para se sentirem parte do projeto em que estão diretamente envolvidas.

As pessoas sentem entusiasmo e compromisso com a equipe do líder 7.7+, pois são mais informadas. A informação não é escondida nem distorcida. A alta participação do estilo 7.7+ na consecução dos objetivos requer um intercâmbio franco e aberto de informações, de modo que é possível considerar todas as alternativas possíveis. Isso significa que os problemas são discutidos de forma aberta e honesta, com crítica construtiva e os membros da equipe apoiam uns aos outros no caminho para a perfeição. Se as pessoas estão bem informadas, os problemas são resolvidos no início e alguns problemas podem nunca surgir. Se os funcionários tem todas as informações é muito menos provável que os fatos saiam do controle por causa de rumores e atividades especulativas. A conscientização ajuda a superar mal-entendidos e remover o ressentimento, pois é possível discutir e resolver conflitos.

O alto envolvimento do líder 7.7+ nas atividades cria uma atmosfera de confiança na equipe. A confiança mútua e o respeito aumentam na medida em que as pessoas se sentem livres para expressar seus sentimentos e opiniões e não têm medo de assumir riscos com soluções extraordinárias e criativas. A contribuição de cada membro da equipe é avaliada de acordo com méritos reais e não de acordo com a 'lábia' ou a capacidade de fazer política. Portanto, os medos que são inerentes a todos os outros estilos são substituídos por um sincero desejo dos funcionários de ajudarem uns aos outros. Se a ideia de alguém levar a consequências desagradáveis, toda a equipe compartilha a responsabilidade por este esforço e tenta corrigir o erro.

Mas, apesar do alto espírito de equipe e apoio mútuo, a abordagem do líder 7.7+ não reduz o senso de responsabilidade e contribuição pessoal à causa comum. O apoio crescente dentro do grupo significa que os funcionários individualmente têm mais oportunidades para expressar ideias criativas sem medo. E uma vez que a contribuição de cada membro da equipe é avaliada de acordo com méritos reais, algumas pessoas ficam ainda mais orgulhosas se suas sugestões pessoais levarem a equipe ao sucesso. Como resultado, a equipe mantém altos padrões, enquanto a competição saudável faz as pessoas constantemente aprenderem e melhorarem sua eficiência.

## 13.3 A ZONA I e o estilo 7.7+

O alto nível de abertura e sinceridade reduz o nível de estresse nos relacionamentos, porque as pessoas se sentem livres e capazes de expressar seus sentimentos. As pessoas confiam umas nas outras e oferecem seu apoio. Os membros da equipe ajudam uns aos outros a superarem as circunstâncias e alcançarem seus objetivos pessoais e os da organização. Relações desse tipo ajudam a superar todos os obstáculos e fracassos, pois os recursos coletivos estão agora sendo utilizados com a máxima eficiência. Mas isso não significa que o comportamento político, o desprendimento, o medo e a rivalidade insalubre desapareçam para sempre. Eles ocasionalmente aparecem como uma parte integrante de qualquer interação em grupo. Mas a diferença é que a probabilidade de impacto destes sintomas sobre a eficiência é reduzida porque as discussões baseiam-se no princípio da equidade, consistência e validade. Se a interação ocorre na equipe de forma aberta e honesta, todas as manifestações de comportamento impróprio são imediatamente detectadas e corrigidas, para que o trabalho possa continuar com a máxima eficiência. A abertura e sinceridade dão à equipe a chance de detectar o problema e rapidamente resolvê-lo, ao invés de negar ou esconder o problema, distorcer as informações "até que a bomba exploda", prejudicando e empurrando o resultado desejado para ainda mais longe.

Relacionamentos baseados em confiança mútua, respeito e sinceridade contribuem para a obtenção de sinergias. É difícil obter sinergias se o clima na equipe não for bom para a livre expressão de opiniões e convicções e criação de novas ideias. Se este ambiente de trabalho realmente aberto puder ser alcançado, a informação que normalmente flutua pela superfície ou fica escondida e encoberta é agora debatida em uma atmosfera de objetividade. Ao atingir sinergias, as informações discutidas possibilitam apresentar completamente novas e grandes ideias, descobrindo oportunidades que cada membro da equipe individualmente nunca poderia alcançar.

O estilo 7.7+ mostra comprometimento nos níveis individual, coletivo e organizacional. Ele quer se certificar de que seus esforços levam a mudanças positivas. O líder 7.7+ trabalha com entusiasmo, compromisso e respeito pelos colegas. Se o líder 7.7+ ainda vê potencial inexplorado, ele e seus colegas começam a trabalhar no desbloqueio deste potencial. Somente no contexto da liderança 7.7+ todos podem ativamente desenvolver e expandir suas habilidades e ganhar experiência – valiosa para a equipe e para a própria pessoa. Se o líder 7.7+ sentir que o resultado desejado irá justificar o risco e o sacrifício no caminho para alcançá-lo, ele será capaz de apresentar exemplos ilustrativos, explicá-lo aos outros e chegar a uma compreensão e um compromisso (Fig. 13.1).

O estilo 7.7+ quer sinceramente contribuir para a causa comum, mas sem sacrificar pessoas ou resultados. Ele não aceita metas pessoais ou coletivas que sejam contrárias aos objetivos da organização, porque entram em conflito com seu foco nos valores da mesma. O mesmo se aplica aos objetivos da empresa quando contrários aos objetivos coletivos ou pessoais. O líder 7.7+ nunca tem medo de identificar construtivamente essas diferenças e trabalhá-las, encontrando uma solução mutuamente benéfica.

A motivação para "O que é certo" permite que o líder 7.7+ e seus subordinados sintam que tentaram de tudo e fizeram o melhor. E isso ajuda a encarar todas as consequências – positivas e negativas – sem nenhum arrependimento.

**Fig 13.1** 7.7+

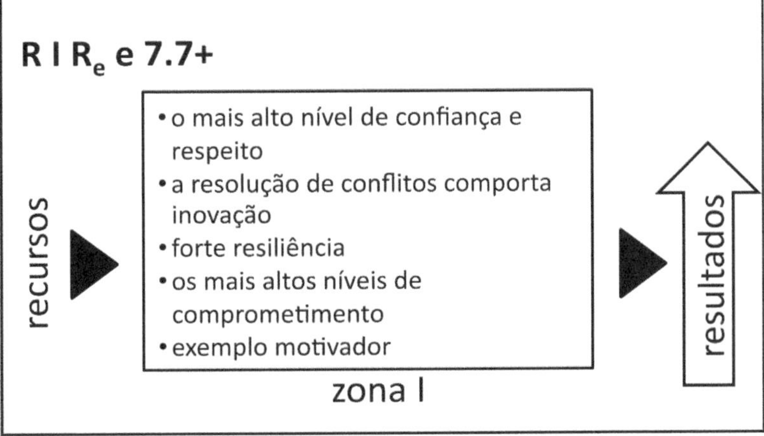

## 13.4 Cultura e valores 7.7+

*Cultura de confiança, justiça, comprometimento, responsabilidade e integridade*

*Confiança.* Para o líder 7.7+ a confiança é a forma natural de interação com outras pessoas. Ele acredita que cada pessoa é dotada de muitos talentos e a natureza concedeu-lhe boas qualidades, embora as circunstâncias nem sempre possam permitir que as pessoas percebam isso. Ao agirem de forma aberta e honesta, confiando umas nas outras, as pessoas ajudam-se a revelarem seus talentos. O estilo 7.7+ opera de forma aberta e honesta e é confiante de que os outros farão o mesmo. O líder 7.7+ é sincero em tudo o que faz e nunca tenta manipular os outros. Ele mostra respeito e atenção com gestores e subordinados, sempre observando as boas maneiras e nunca permitindo humilhações ou insultos ao interlocutor. Ele acredita que todos têm um grande potencial, que por causa de certas circunstâncias ou características pessoais, nem sempre chega a ser revelado. Ao mostrar uma maior confiança nos outros, suas habilidades e pensamentos, as pessoas se ajudam e enriquecem. A atitude do líder 7.7+ gera confiança na organização e o sentido de uma gestão sustentável da situação em que você deseja trabalhar. A confiança permeia o presente e o futuro da organização. As pessoas acreditam no sucesso de sua empresa. A empresa aprecia o sucesso de seus funcionários.

*Justiça.* O estilo 7.7+ está convencido de que seu comportamento prova que promoções e realizações são coisas inter-relacionadas. O líder 7.7+ estabelece todos os critérios de recompensas e punições e os discute em detalhe com a equipe. O estilo 7.7+ acredita que qualquer melhoria no trabalho, habilidades ou motivação deve ser incentivada. As razões para qualquer deterioração no trabalho, habilidades ou motivação devem ser identificadas e analisadas. Esta promoção não é de forma alguma limitada exclusivamente a recompensas financeiras e inclui uma ampla gama de recompensas não materiais: atenção e apoio do chefe, reconhecimento público, recursos adicionais para o desenvolvimento pessoal e profissional e assim por diante. As decisões referentes ao desenvolvimento de carreira, bem como forma e tamanho das recompensas materiais, são compartilhadas com os funcionários com as razões e explicações. Tudo isso cria uma situação em que as pessoas se esforçam para maximizar seu desempenho e sucesso. Esta tendência corresponde à cultura de uma empresa que incentiva a iniciativa e a consecução de resultados excelentes.

*Comprometimento.* O líder 7.7+, em conformidade com seu sistema de valores individual, identifica-se totalmente com a organização. Mesmo ocupando uma posição menor, ele se sente não apenas uma parte da organização, mas um membro da equipe que é responsável pelo destino de toda a empresa. E não é uma questão de ego inflado, mas o resultado de profunda identificação com a empresa. Todas as atividades são realizadas pelo estilo 7.7+ com a maior responsabilidade e respeito para com as pessoas e a empresa. O líder 7.7+ mostra pensamento inovador e disposição para assumir riscos, estando pronto para assumir total responsabilidade. A defesa dos interesses da empresa, de sua propriedade intelectual e física, é percebida como defesa dos seus próprios bens e interesses.

*Responsabilidade.* O estilo 7.7+ acredita que confiabilidade e responsabilidade são os valores mais importantes da organização, que só podem ser assegurados com o respeito constante aos requisitos da mais alta cultura corporativa em todos os aspectos do desempenho organizacional. Ao mesmo tempo, as melhores realizações da ciência, tecnologia e gestão devem ser utilizadas como paradigma. A cultura 7.7+ entrega gestão com confiabilidade e, ao mesmo tempo, cria um espaço onde as pessoas podem trabalhar de forma independente e confiável. O líder 7.7+ se sente responsável não só por seus próprios erros, mas por seu próprio aperfeiçoamento e desenvolvimento. Este ponto de vista permite-lhe partilhar plenamente a política de responsabilidade social corporativa e contribuir com ela de todas as maneiras possíveis. O estilo 7.7+ acredita que a empresa e todos os seus funcionários são e se sentem responsáveis pela vida da sociedade e da humanidade como um todo, pela preservação do meio ambiente para as gerações futuras e pelo futuro da empresa. O estilo 7.7+ apoia mudanças permanentes, ativas e responsáveis, focadas no futuro. O feedback é usado para planejar e organizar o processo de tal forma que seja seguro e possa ser corrigido se algo der errado. Os processos de feedback necessariamente incluem feedback objetivo. O líder 7.7+ usa o feedback como uma importante ferramenta de gestão e desenvolvimento.

*Integridade.* Para o líder 7.7+ a abertura, honestidade e transparência da vida organizacional é a base para a cooperação eficiente e sinergias. Sem abertura e honestidade, parceiros e colegas não conseguem confiar uns nos outros, pois não há nenhuma garantia de que será possível prever suas decisões e ações futuras. Na ausência de abertura, honestidade transparência, o planejamento e a gestão são realizados de forma aleatória, introduzindo uma incerteza significativa ao resto do trabalho. Assim, torna-se impossível usar o feedback para ajustar e otimizar as operações. Isto torna o processo de atingir metas mais elevadas muito difícil e até mesmo irrealista. Apenas em condições de transparência e equidade é possível planejar os processos de forma precisa e exata, organizar o trabalho, mensurar resultados e ajustar as atividades futuras.

## 13.5 Cultura e poder 7.7+

*Foco no poder da informação, de especialista e referência*

*Punição.* O líder 7.7+ acredita na positividade e talento da natureza humana e, portanto, é um forte opositor ao uso da punição como forma de influência. A punição é aplicada apenas em casos excepcionais, quando todos os outros meios de influência se comprovaram inúteis. Ao mesmo tempo, a punição para o líder 7.7+ é uma consequência racional e lógica de ações, que são contrárias às normas estabelecidas de comum acordo e, em certa medida, prejudiciais para a organização. Essa ligação de causalidade e a inevitabilidade da punição são enfatizadas, na medida em que a própria punição é realizada corretamente, de nenhuma forma ofensiva.

*Recompensa.* O líder 7.7+ considera a recompensa como um incentivo pelo trabalho oportuno e bem feito. O encorajamento é sempre especificamente ligado aos critérios formulados com antecedência. Ao contrário de outros estilos, o líder 7.7+ utiliza toda a gama de recompensas, incluindo um grande conjunto de ativos intangíveis. Seu arsenal inclui gratidão pessoal e elogios, reconhecimento público, maiores responsabilidades, mais desafios e maior liberdade de ação. O reconhecimento é sempre associado a resultados concretos, podendo ser de diferentes tamanhos e individualizado com base nas necessidades e características pessoais dos funcionários.

*Posição.* O estilo 7.7+ nunca tenta enfatizar sua autoridade, salientando a importância da parceria na qual o papel principal é desempenhado pelo profissionalismo, dedicação e comprometimento. Mais comumente o líder 7.7+ usa seu status para representar os interesses da organização ou departamento, explicá-los e defendê-los.

*Informação.* O líder 7.7+ usa os recursos de informação num esforço para formar um departamento ou organização com uma cultura corporativa que concentra todos os funcionários nas metas, valores e padrões da organização. Ele constantemente enfatiza esses objetivos e valores comuns que unem a empresa, ajudando a superar quaisquer conflitos e alcançar os melhores resultados. Ele está ativamente envolvido na troca de informações com todos os colaboradores, permitindo-lhes ficar a par de todas as novidades organizacionais. O estilo 7.7+ visa evitar um déficit de informação, o que inevitavelmente encoraja rumores e fofocas na organização. Ele acredita que o acesso a toda informação relevante é uma condição essencial para alcançar os melhores resultados.

*Especialista.* O estilo 7.7+ tem competência profissional muito elevada em seu campo, bem como amplo conhecimento geral. Portanto, colegas e subordinados muitas vezes recorrem a ele procurando a opinião de especialista ou conselhos sobre a maioria das questões institucionais e profissionais. No entanto, o estilo 7.7+ não se considera onisciente, ele aprecia o profissionalismo de cada funcionário e está pronto para envolver especialistas externos na resolução de problemas muito complexos. Percebendo as limitações de qualquer conhecimento no mundo moderno em constante mudança, o líder 7.7+ se esforça continuamente para aprofundar seu conhecimento e melhorar sua experiência.

*Referência.* O líder 7.7+ geralmente tem um poder de referência considerável e forte carisma. O estilo 7.7+ é confiante, persuasivo e consistente em suas ações. Ele é livre de tensões e cheio de propósito, criando uma atmosfera de otimismo e positividade. É genuinamente comprometido com a organização, identificando-se com ela, mas ao mesmo tempo ele tem seu próprio ponto de vista e sua própria visão do trabalho e da vida em geral. Tudo isso involuntariamente atrai os outros e os encoraja a seguir suas ideias, valores e metas.

## 13.6 Habilidades de cooperação do estilo 7.7+

### Resolução de conflitos

O estilo 7.7+ considera as diferenças de opiniões e conflitos como oportunidades de aprimoramento. O estilo 7.7+ expressa sua discordância abertamente para revelar os verdadeiros obstáculos no caminho para a eficiência. Ele analisa cuidadosamente as razões para as diferenças e contradições, tentando ver uma base para cooperação além das diferenças externas. O método de comunicação honesta, respeitosa e confidencial permite que o líder

7.7+ seja aberto e sincero, o que ajuda a superar os conflitos de forma construtiva, usando o poder para melhorar a eficácia e o espírito de cooperação.

O líder 7.7+ considera o conflito como um componente vital do progresso, uma poderosa fonte de energia e expressões criativas. A maioria das pessoas não gosta de participar de conflitos, mas o estilo 7.7+ entende sua importância para o progresso, então ele tenta encontrar as verdadeiras causas do conflito. Ele acredita que a supressão do conflito é muito mais prejudicial para a equipe e pode causar um efeito avalanche que acabará por levar a consequências ainda mais desastrosas. Quando as pessoas discutem e dissipam suas dúvidas, medos e contradições, elas podem superar os problemas e seguir em frente.

A atmosfera de sinceridade, confiança e respeito mútuos que o líder 7.7+ tenta criar ajuda a focar os recursos necessários e as opiniões dos outros. O princípio "O que é certo" é fundamental para a resolução de conflitos ideal. As pessoas têm coragem de defender suas ideias, assumir riscos e discutir contradições uns com os outros se estiverem confiantes de que todas as consequências daí decorrentes serão baseadas numa avaliação da adequação e otimização da organização e dos próprios trabalhadores. O estilo 7.7+ acredita que uma forma ativa e construtiva de resolver conflitos não pode ser implementada num ambiente de negação, suavização, busca de acordos ou imposição de decisões unilaterais. Em tais circunstâncias, as pessoas perdem a confiança de que suas opiniões serão ouvidas e avaliadas de forma objetiva e justa e pensam: "por que fazer alguma coisa? Só vai trazer problemas". Se o conflito for imediatamente articulado, as razões serão analisadas em termos de fatos objetivos e relevantes e, então, todos poderão expressar suas opiniões.

O desejo de evitar conflitos é bastante natural, já que seu aspecto emocional traz desconforto. Normalmente, a defesa ativa da posição de alguém é acompanhada por raiva, gestos, até mesmo gritos e muitos preferem realmente suavizar e extinguir o conflito para não mexer com um funcionário nervoso. Como se sabe, diferentes pessoas têm diferentes níveis de resistência às manifestações de emoção alheias. Uma pessoa que grita ou chora muitas vezes deixa os outros desconfortáveis e provoca imediatamente uma reação de autodefesa. No entanto, evitar emoções durante o conflito pode só piorar a situação. As pessoas devem ser capazes de falar e querem ser ouvidas, especialmente se tiverem preocupações.

A abordagem do líder 7.7+ à percepção de expressões emocionais de conflito implica uma oportunidade para que todos possam falar, mas a atenção deve ser voltada para os fatos e causas do conflito. Para garantir isso, ele pode trazer um ou dois colegas para a discussão no papel de observadores objetivos. Uma abordagem objetiva é particularmente importante se as pessoas envolvidas na discussão perderam sua capacidade de manter a imparcialidade. Em tal situação é útil discutir os fatos específicos e argumentos lógicos. Como consequência, a discussão será focada precisamente sobre a resolução de conflitos que ajudará a evitar novos confrontos.

Se o princípio "O que é certo" na resolução de conflitos for compartilhado por todos os membros da equipe, os funcionários superam as contradições encontrando os fatos, analisando os dados e identificando as causas. Quando uma solução é encontrada, ela reflete de alguma forma a visão compartilhada por todos.

A abordagem do líder 7.7+ garante o confronto entre ideias, não pessoas. Se todas as partes em conflito visam identificar o que é certo, então aquela cuja ideia é rejeitada não se sentirá ofendida. Ela vai dizer aos seus adversários: "Minha ideia não estava completamente correta. Espero que sua ideia seja a mais correta para resolver o nosso problema". Esta abordagem significa que ninguém perderá, pois todos os participantes acabarão por se beneficiar de uma ideia bem sucedida.

Para o líder 7.7+ a resolução de conflitos construtiva é uma das possíveis formas de alcançar sinergia. Ao comparar e discutir diferentes pontos de vista, partes inicialmente conflitantes podem encontrar uma solução que é melhor do que as suas originais. E embora a nova solução possa apresentar alguns elementos das sugestões originais, é uma solução completamente diferente, mais profunda, longe de ser um meio termo. A sinergia é o sonho máximo de qualquer equipe. Ela é alcançada somente quando a equipe está pronta para a resolução de conflitos e não tenta encobri-los ou ocultá-los. O líder 7.7+ tem sempre em mente que o conflito não resolvido rouba energia coletiva e priva a equipe do seu comprometimento, necessário para alcançar os melhores resultados no trabalho.

#### Competência comunicativa

O estilo 7.7+ tem elevada competência comunicativa. Ele tenta assegurar que todo o pessoal esteja plenamente informado para tomar as decisões corretas. Os funcionários estão constantemente conscientes do que está acontecendo. O trabalho em equipe é sempre um resultado dos esforços articulados e determinados de todos os membros da equipe. O líder 7.7+ atrai apenas os funcionários que realmente devem estar envolvidos na solução dos problemas para discuti-los. O estilo 7.7+ pode realizar reuniões muito raramente. Em cada caso, o processo envolve apenas os funcionários que têm os conhecimentos, habilidades e experiência necessárias para alcançar os resultados.

O líder 7.7+ busca organizar um intercâmbio ativo de ideias e envolver todos os recursos disponíveis para alcançar o melhor resultado. Novas ideias são bem-vindas, levadas em conta e promovidas. Métodos de escuta ativa são usados para que as ideias e opiniões dos outros sejam comparadas e ativamente compartilhadas. Isso garante a atividade de cada membro da equipe e um alto grau de responsabilidade pela tarefa. O líder 7.7+ procura as informações necessárias e precisas ativamente. Ele convida os funcionários para o diálogo e ouve suas ideias e opiniões cuidadosamente, mesmo se forem muito diferentes das suas. Ele constantemente verifica a validade de seu raciocínio e decisões comparando-os com as visões dos outros.

O estilo 7.7+ nunca tenta esconder, minimizar ou exagerar nas informações. Ele está disposto a compartilhar qualquer informação para análise objetiva e discussão imparcial. Esta qualidade faz da sinceridade a principal qualidade do estilo 7.7+ ao lidar com a informação. O líder 7.7+ tenta avaliar os recursos da forma mais adequada possível. Mas isso é impossível se você não tem todas as informações completas. Uma vez que o líder 7.7+ procura alcançar os melhores resultados, ele não tem medo de ir mais fundo e fazer muitas perguntas. Se o profissionalismo de alguém estiver em dúvida, em qualquer caso, o 7.7+ imediatamente diz: "Eu aprecio sua iniciativa, mas não tenho certeza de que você tenha os conhecimentos e habilidades suficientes para fazer o trabalho em alto nível. Você acha que talvez seu entusiasmo e energia sejam convenientes para reforçar o profissionalismo dos nossos colegas do departamento de pessoal, que são mais experientes neste assunto?"

Se alguém tem problemas em um projeto, o líder 7.7+ os analisa com a ajuda de um método de coleta direta de informações. Ele tenta não usar perguntas fechadas, que implicam em breves respostas sim/não. Ele faz uso extensivo de perguntas abertas que convidam a uma discussão sem impor um ponto de vista. Isto é especialmente importante se quem faz as perguntas for superior na hierarquia organizacional a quem as responde. As pessoas têm o hábito de se unir àqueles que têm mais autoridade do que elas, independentemente de concordarem ou não com suas opiniões.

**Posicionamento ativo**

O estilo 7.7+ sempre acompanha seu ponto de vista com argumentos de peso. Ele defende sua opinião com convicção e incentiva os outros a fazerem o mesmo. No entanto, ainda que o problema pareça resolvido, ele pede aos outros que expressem suas opiniões, a fim de obter o melhor resultado. O líder 7.7+ está pronto para abrir mão de sua opinião se os argumentos dos seus interlocutores parecerem convincentes. Ele é o iniciador de tais ações, que aumentam a participação e o comprometimento dos outros funcionários.

Ao defender seus pontos de vista, o líder 7.7+ expressa suas opiniões com clareza e confiança. O grande foco nos valores da organização, juntamente com uma orientação pronunciada para pessoas e resultados, encorajam o estilo 7.7+ não só a defender seu ponto de vista para alcançar os melhores resultados, mas também lhe dão a oportunidade de fazê-lo sem atacar os outros. Ter iniciativa poderosa não significa que o líder 7.7+ interrompa os outros no meio da frase nem cale a todos. O líder 7.7+ acredita que não existem ideias que não podem ser melhoradas.

Discussões e defesas constituem muitas vezes um difícil dilema: vitória ou derrota. Se a opinião for aprovada pela equipe, é vitória, se for rejeitada, é derrota. O líder 7.7+ descarta o modelo perde/ganha e convida todos a mudarem para um modelo ganha/ganha, ou seja, sempre olhar para "O que é certo" em vez de procurar os culpados. O estilo 7.7+ sempre se esforça para verificar se sua opinião está correta, discutindo-a com os outros. Tais discussões permitem uma análise aprofundada das ideias de todas as perspectivas. Se a discussão mostrar que o líder 7.7+ estava certo, ele pode começar a trabalhar com energia ainda maior e com o apoio da equipe. Se houver uma ideia melhor, o líder 7.7+ não hesitará em trocar a sua por uma correta e ideal. Se os colegas não concordarem com o líder 7.7+, embora ele esteja correto, ele continuará trabalhando com a confiança de que fez todo o possível e, mais tarde, tentará novamente convencer os outros.

O líder 7.7+ toma iniciativas ativamente, com base em uma avaliação objetiva dos recursos. Ele trabalha mostrando respeito e atenção para com as outras pessoas. Essa abordagem ajuda outros membros da equipe a avaliarem os recursos disponíveis e planejarem suas atividades. O líder 7.7+ está bem informado sobre as possibilidades de sua equipe e pode avaliar o impacto das ações específicas para cada indivíduo. Se a nova iniciativa resultar na necessidade de trabalhar mais por menos dinheiro, o líder 7.7+ irá reconhecer esta contradição e resolvê-la. Se a iniciativa parar a produção, o líder 7.7+ irá considerar o assunto com antecedência.

A fé do líder 7.7+ nas habilidades das pessoas as encoraja a serem mais ativas, uma vez que o foco está na avaliação objetiva dos fatos. O líder 7.7+ imediatamente encontra o melhor curso de ação e seu entusiasmo é contagiante. No entanto, demonstrar entusiasmo não significa agir por impulso ou ignorar as circunstâncias e preocupações. Isso significa que você precisa dar um passo para trás e avaliar o desempenho em termos dos recursos disponíveis, tomada de decisão e estratégia. O ponto de vista ativo do líder 7.7+ lhe permite avançar, buscar, encontrar e analisar informações. A vantagem dessa abordagem é ter uma visão mais ideal e realista das possibilidades de defender seu ponto de vista, que é baseado em numerosos fatos, lógica e senso comum.

O ponto de vista do líder 7.7+ é reforçado pela sinceridade inerente. Ele não tem medo de analisar os fatos. Para concluir as atividades com sucesso, é necessário analisar todas as circunstâncias e adotar as medidas adequadas com antecedência. O estilo 7.7+ mostra iniciativa em todas as etapas da atividade. Ele avalia constantemente a prioridade de um problema, analisa a possibilidade de implementar o plano e da sua aplicação efetiva, de modo que possa fazer as sugestões apropriadas se for necessário. Enquanto a maioria dos membros da equipe prefere já começar a fazer o trabalho, o estilo 7.7+ estabelece critérios e indica os pontos de referência no caminho para os resultados. Quando a ação estiver concluída, o estilo 7.7+ inicia a avaliação da eficácia do trabalho para alcançar as metas e faz as devidas correções necessárias para o trabalho futuro.

### Tomada de decisão

O líder 7.7+ atribui grande importância a tomar as decisões certas, que podem ajudar a organização a atingir objetivos comuns. Ele ouve as opiniões de outras pessoas sobre o assunto e as compara com os critérios estabelecidos. Ele é comprometido com a compreensão total e o consenso. O líder 7.7+ não tem medo de decisões impopulares ou difíceis. No entanto, ele sempre tenta resolver os problemas com base na compreensão mútua e alta motivação.

As decisões do estilo 7.7+ são baseadas na troca aberta de ideias, opiniões e fatos valiosos. Como resultado, as decisões são tomadas em uma atmosfera de compreensão mútua e consenso. Tal abordagem proporciona a melhor oportunidade para o sucesso, pois permite identificar e resolver quaisquer problemas potenciais e latentes. A chave para a eficiência na tomada de decisão 7.7+ é um alto nível de envolvimento. A noção do líder 7.7+ de envolvimento de alta qualidade na solução é a de que as pessoas são livres para expressar suas opiniões, discutir soluções alternativas, expressar ideias interessantes e discutir mal-entendidos e problemas de comunicação. A qualidade das soluções é pesada e avaliada de acordo com sua adequação e otimização. Essa abordagem leva à solução final negociada, que surge como resultado natural de um debate sincero. O alto grau de envolvimento, característico do estilo 7.7+, aumenta o comprometimento das pessoas com as decisões tomadas. As pessoas estão dispostas a apoiar essas decisões, uma vez que participaram da construção delas. Ainda que o consenso total não tenha sido atingido, os membros da equipe foram informados de todos os fatos, opiniões e ações. Eles compartilham um senso de comprometimento, uma vez que todos tiveram a oportunidade de oferecer algo diferente, suas opiniões, dúvidas e preocupações. Um compromisso como este consolida a equipe, porque ainda que apenas uma pessoa tenha expressado uma ideia original, todos tiveram a oportunidade de apoiá-la e serem responsáveis pela implementação.

De acordo com o líder 7.7+, o número de pessoas envolvidas no processo de tomada de decisão depende da real necessidade de participação deste ou daquele membro da equipe. Se um funcionário pode contribuir com sua experiência, habilidades ou responsabilidade, ele deve participar. A tomada de decisão em grupo pode incluir tanto os membros da equipe como terceiros. De qualquer forma, a decisão é mais fácil, pois o status e a influência de cada um dos participantes importam menos do que o peso total de sua contribuição pessoal para o processo. Se o membro mais inexperiente da discussão trouxer a sugestão mais valiosa, ela será aceita como a solução ideal. Se o gerente ou o funcionário mais experiente fornecerem uma solução ruim para o problema, ela será rejeitada como não ideal. Essa abordagem significa que, ao longo do tempo, todos os membros da equipe estarão de alguma forma envolvidos na adoção de uma série de decisões. No entanto, algumas decisões podem ser feitas por um ou dois funcionários, que assumem toda a responsabilidade por elas.

Outra vantagem da tomada de decisões do estilo 7.7+ é a simplicidade do processo, devido ao alto nível de confiança e respeito mútuos. Todos sabem que as decisões são tomadas pelos critérios de precisão e excelência e um membro da equipe em particular não vê a necessidade de participar do processo de tomada de decisão se não tiver nada a oferecer. Quando medos, preocupações e barreiras são eliminados, os membros da equipe podem tomar decisões justas e rápidas, não importa quem está envolvido no processo de tomada de decisão.

### Crítica construtiva

A característica mais importante do estilo 7.7+ é abertura e honestidade nas relações. Esta característica é particularmente evidente nas observações críticas e no feedback. A crítica do estilo 7.7+ envolve o estudo constante da eficácia da equipe e inclui todos os tipos de crítica: preliminar, regular, espontânea e subsequente. Esta sequência na abordagem crítica permite resolver problemas de forma mais rápida e eficiente assim que detectados; e se eles ainda assim não puderem ser evitados, serão identificados e resolvidos rapidamente. Esta crescente consciência dentro da equipe faz com que seja possível lidar com o problema antes que ele danifique irremediavelmente a organização.

Com a ajuda da crítica, que permite identificar todos os problemas e alternativas, o líder 7.7+ move os negócios para frente. Ele sempre tenta usar somente crítica objetiva, especialmente em circunstâncias difíceis ou quando surgem as emoções. O líder 7.7+ recebe bem as críticas oferecidas a ele, pois sempre procura identificar todas as opiniões e corrigir os erros para garantir o progresso contínuo. As pessoas tendem a considerar a crítica como uma etapa final, que ocorre somente após a conclusão do trabalho; muitas vezes, essa crítica é uma celebração por ocasião da conclusão de um trabalho bem sucedido. Em geral, a maioria das equipes não considera que é necessário traçar o caminho para o sucesso. Em vez disso, a crítica se transforma em um evento solene e cheio de elogios, com o objetivo de manter o moral. Este tipo de comemoração pode levar à complacência, que é um dos efeitos secundários mais perigosos do sucesso. As pessoas começam a acreditar em seu sucesso, considerando-se conquistadoras dos picos mais altos. Ao longo do tempo, isso leva a uma perda de padrões de qualidade e redução das expectativas. A história está cheia de exemplos de empresas que primeiro vivenciaram um período de sucesso extraordinário e, em seguida, imergiram por um longo tempo em um período de recessão e reestruturação.

A equipe do líder 7.7+ também aprecia o sucesso e celebra conquistas, mas ao mesmo tempo, analisa tudo que aconteceu no contexto das expectativas iniciais e o resultado que idealmente poderia ser obtido. E não deveríamos estar felizes com o aumento de 20%, uma vez que poderia ter sido 40%. Se o resultado for muito mais elevado do que o esperado, provavelmente as metas eram baixas demais. Naturalmente o sucesso deve trazer alegria, mas a luta para alcançar maior qualidade de trabalho e maior comprometimento nunca deve ser esquecida.

Outra abordagem comum à crítica é sua utilização na busca por culpados para puni-los. Nesta situação, o debate crítico se transforma numa "caça às bruxas". Para aqueles que viveram esse tipo de crítica, a palavra torna-se um golpe constante. Na verdade não é crítica, mas um abuso usado para encontrar culpados entre os subordinados. A crítica de estilo 7.7+ está longe de tal prática indevida e prejudicial. O objetivo da crítica é a criatividade, não a punição e humilhação. O estilo 7.7+ é igualmente aberto a ouvir e aceitar críticas pessoais objetivas, da mesma forma que o faz em relação a outras pessoas.

O líder 7.7+ faz comentários em uma atmosfera de confiança e respeito mútuos. Isto torna mais fácil expressar comentários negativos, bem como ouvi-los, pois ambas as partes têm consciência do objetivo final da crítica, que é encontrar formas de melhorar o desempenho. Esta abordagem apoia os interlocutores e também ajuda a sobreviver ao fracasso, já que nenhum membro da equipe se sente só e abandonado. Apesar das contradições e atritos emergentes, o líder 7.7+ sempre salienta os objetivos comuns dos funcionários: "Somos uma equipe!" Mas isso não significa que o líder 7.7+ não pode ficar bravo ou expressar sua indignação. A diferença é que, mesmo ao expressar comentários negativos, o líder 7.7+ o faz de forma construtiva, com foco em melhorar o desempenho e desenvolvimento, sempre preservando genuíno respeito pelo outro.

O líder 7.7+ tenta se concentrar em exemplos específicos de comportamento e o impacto que este comportamento teve sobre o progresso da equipe para alcançar o objetivo. Ele se recusa a usar a crítica para condenar e, em vez disso, concentra-se em ações específicas e seu impacto sobre a eficácia das atividades do grupo. Um dos principais efeitos da crítica do estilo 7.7+ é que ela ajuda a pessoa a se tornar mais eficiente e crescer. Isso muitas vezes leva ao fato de que a própria pessoa começa a pedir às outras pessoas para expressarem crítica construtiva. Se a crítica ajuda a pessoa a compreender a interligação entre suas ações e os resultados, ela pode entender como alterar comportamentos para melhor, pois tem um desejo natural de obter feedback novamente. Como resultado, a crítica construtiva torna-se um componente natural, motivador e necessário para uma parceria eficaz.

## 13.7 Conclusões

O líder 7.7+ compartilha uma preocupação com produção e pessoas, com elevado enfoque em valores. Este estilo é caracterizado por uma elevada autoexatidão ética e demonstra um alto grau de integração. O 7.7+ se baseia e implementa valores humanos como justiça, honestidade, confiança e responsabilidade. Estes valores são apoiados por todos os funcionários. O líder 7.7+ é objetivo e honesto, avalia-se adequadamente, é modesto e oferece apoio, tenta pensar no futuro e agir olhando para ele. Ele é sólido e resoluto em suas ações e não tenta iniciar mudanças apenas para mudar, mas as trata como elementos obrigatórios do desenvolvimento organizacional. A cultura 7.7+ é um instrumento de gestão eficaz para o desenvolvimento e aprimoramento organizacional.

O líder 7.7+ garante a conquista consistente dos objetivos e o envolvimento de todos os recursos e energia da equipe. O líder 7.7+ incorpora todos os principais princípios da eficácia da equipe, pois só esta abordagem não implica em qualquer domínio, oportunismo, meio termo, evitação, tutela ou abuso. Essa atitude traz uma nova abordagem para a relação, adiciona energia e fornece um forte apoio para a obtenção de resultados. A interação organizada pelo líder 7.7+ permite não só alcançar os objetivos organizacionais, mas também formar um senso de comprometimento organizacional e autorrealização individual nos funcionários.

O líder 7.7+ é bem informado sobre tudo, a fim de facilitar o intercâmbio eficaz de informações. Ele é exemplar ao expressar seus pontos de vista de forma aberta e honesta com base em fatos e identificar os motivos que tornam mais fácil superar eventuais conflitos e contradições. Ele não tem medo de admitir suas fraquezas ou falhas e aprecia que os outros expressem suas melhores ideias. A atmosfera de abertura contribui para o mesmo comportamento em outros membros da equipe que estão dispostos a segui-lo.

As ações do líder 7.7+ são guiadas pelo princípio "O que é certo" e não "quem está certo". Isso minimiza a necessidade de uma atitude baseada em jogos políticos, favoritismo ou controle sobre o comportamento de pessoas, assim como o medo de ser envolvido nas atividades. Este contexto inspira a equipe a trabalhar em conjunto e alcançar os melhores resultados. As realizações individuais são estimadas e reconhecidas, mas apenas no contexto das realizações coletivas.

O líder 7.7+ se envolve no trabalho de todos os afetados pela decisão. Este consenso, uma vez instalado, fornece o comprometimento necessário para a implementação efetiva dos planos. Os resultados da interação coletiva não acontecem sozinhos e exigem muito trabalho. O estilo 7.7+ não será eficaz se os membros da equipe não formarem uma atmosfera de confiança e respeito mútuos; sem confiança, o intercâmbio intensivo de informações e as relações realmente sinceras são impossíveis. Nenhum membro da equipe pode esperar que um dia chegará ao trabalho e começará a demonstrar o estilo 7.7+. Os anos de maus hábitos e decepções amargas tornam isso impossível e a estrada para uma melhor compreensão de si mesmo é muitas vezes espinhosa. A sinceridade leva à critica, que pode parecer um insulto. As atitudes responsáveis por comportamentos ineficientes são baseadas em valores profundamente enraizados (e muitas vezes velados), difíceis de mudar.

Devido a sua maior liberdade e responsabilidade, o líder 7.7+, de fato, é consideravelmente mais exigente, mas ao mesmo tempo ele propicia satisfação e compensação muito maiores para qualquer um que esteja incluído no trabalho. O líder 7.7+ não espera para ser informado e investe muito esforço ao tentar estar sempre muito bem informado. É sempre desafiador provar algo, explicando as razões, buscando argumentos e considerando opiniões dos demais. Muitos gestores estão acostumados a métodos de trabalho autoritários e, assim, não gostam de explicar e justificar suas ações.

O líder 7.7+ usa os conflitos existentes como fonte de energia para o desenvolvimento sustentável e a melhoria da eficiência. Isso é possível principalmente devido ao reforço contínuo das forças centrípetas de cooperação. Os propósitos da organização e os objetivos individuais interagem de forma harmoniosa. Os focos nas realizações e nas pessoas se combinam, enquanto a busca do lucro torna-se baseada em normas éticas, apoiadas pela organização. O estilo 7.7+ nos convence de que é somente através do envolvimento de todos os recursos existentes que se obtém o máximo possível de resultados.

O líder 7.7+ normalmente atrai atenção e é muito respeitado no ambiente organizacional, pois os funcionários apreciam seu líder aberto e confiante. Isso não significa que o estilo 7.7+ seja infalível e nunca cometa erros. Ele também está sujeito a dúvidas e ao impacto de fatores negativos, mas seu pensamento construtivo e agilidade, sempre associados ao respeito mútuo, ética, abertura e franqueza, permitem-lhe superar esses problemas com sucesso.

# 14 Conclusão: Da liderança ideal para a cultura ideal

O Modelo Synercube, juntamente com as habilidades e conhecimentos nos quais se baseia, permite não só converter os recursos ($R$) em resultados ($R_e$) de forma ideal, mas também determinar o propósito das atividades e o significado dos seus objetivos. A dimensão do valor cultural dá aos objetivos elevados padrões de responsabilidade social, justiça e integridade, que os tornam dignos no sentido mais elevado da palavra, uma vez que têm valor e são úteis para muitas pessoas, unindo-as e motivando-as. Podemos chamar esses propósitos de visionários? Sim, mas apenas se o objetivo visionário possuir conteúdo de valor moral. Mesmo sendo visionário, o objetivo é, em primeiro lugar, caracterizado pela alta previsibilidade na obtenção de resultados econômicos. Deste ponto de vista, provocar o colapso de uma moeda, que pode trazer grandes lucros, também pode ser visto como uma realização de metas visionárias: o empresário foi capaz de ver e antecipar o que o outro não conseguiu. Mas este é um objetivo digno? Portanto, preferimos usar o conceito de meta visionária decente, ou apenas objetivo digno.

Não importa quem ou o que está em jogo - um indivíduo ou uma grande corporação: o sucesso não é apenas a obtenção de resultados com base nos recursos disponíveis, mas a obtenção de bons resultados com alta significação social e pessoal.

No presente momento, em que valores humanos elevados são frequentemente desvalorizados e até mesmo submetidos à zombaria, a noção de um objetivo digno muitas vezes parece algo muito sublime. Na verdade, objetivos dignos, bem como comportamentos humanos decentes em geral, podem ser compreendidos mais facilmente do que às vezes pensamos. Se uma pessoa vai fazer algo, primeiro ela tem uma ideia clara do que quer fazer em sua mente, mas também a ideia do porque quer fazer isso. A imagem do resultado futuro torna-se a força motriz que motiva muitas pessoas, mas apenas se este objetivo tiver algum outro significado e for valioso para muitas pessoas.

Assim, se o trabalho tem que ser feito na organização, todos devem entender o que estão fazendo e enxergar claramente o resultado final, seu significado e valor. E quanto mais clara, compreensível e pessoal for a importância desse objetivo, mais comprometido estará


A. Zankovsky, C. von der Heiden, *Liderança com Synercube*
https://doi.org/10.1007/978-3-662-55606-1_14

cada membro da equipe e maior a chance de que as pessoas serão capazes de se unir para atingir este objetivo e usar todos os recursos disponíveis para o fazer.

Uma meta digna afeta a motivação também por outro motivo. Se alguém tem uma ideia clara de um objetivo digno e como alcançá-lo, não o fazer torna-se inaceitável. As pessoas estão dispostas a superar todos os obstáculos e lutar para preservar e aumentar sua dignidade. Quando se trata de negócios, é claro que, se uma empresa tem um objetivo digno, ela faz seus concorrentes não só pensarem em como manter o ritmo, mas também como fazê-lo de forma digna.

Definir um objetivo digno em si pode parecer algo utópico e seu criador geralmente tem medo de possíveis problemas. Quem define um objetivo digno pode parecer ousado demais, arrogante ou, inversamente, excessivamente idealista e distante da realidade. Devido a estes medos começa-se a pensar em outros fatores que podem impedir a realização deste objetivo, a ponderar todos os obstáculos e medos: “E se isso acontecer....” Esses medos muitas vezes se tornam uma barreira poderosa que bloqueia a atividade. No entanto, quanto mais digna for a meta, menor será a razão para medos e dúvidas e maior será o senso de propriedade e compromisso dos funcionários com este objetivo. Os membros da equipe apoiam uns aos outros e expressam ideias criativas que reforçam a confiança na realização de um objetivo digno. Há também a possibilidade de que um objetivo digno e os esforços da equipe no caminho para alcançá-lo serão capazes de envolver aqueles que tomam decisões importantes, que também passam a apoiar a meta. Cada discussão sobre este assunto revela o potencial para novas ações, ideias criativas, oportunidades e, finalmente, cria uma sinergia que nunca teria sido alcançada se o objetivo não representasse significado e valores compartilhados por todos.

Um objetivo digno tem uma ‘dimensão valores’. Hoje em dia, este objetivo tornou-se um aspecto fundamental para atingir o sucesso constante e de longo prazo.

Uma estratégia razoável consiste em três partes principais. Em primeiro lugar, a organização deve estar focada em formar um conjunto de valores dominantes que determinem a ideologia global da empresa. Tal ideologia é uma força orientadora vital, que permanece inalterada, mesmo que acompanhada por outras mudanças, incluindo uma mudança de gestão, gama de produtos ou serviços, escopo das atividades, etc.

Uma base de valores fixa permite a formulação de uma ampla gama de propósitos: desde os simples e prosaicos, projetados para resolver problemas diários (por exemplo, ajudar pessoas que roncam) até o objetivo mais ousado e ambicioso, que atualmente pode ser visto como completa e totalmente desconectado da vida (por exemplo, fazer todos felizes). A principal questão é que o objetivo deve realmente constituir um valor para as pessoas, empresas, sociedade e para a humanidade. E quanto maior o leque de pessoas que partilham essa meta, mais motivadora e pessoalmente relevante ela será para a organização.

Um dos componentes mais importantes de uma estratégia digna é uma descrição detalhada e específica do que se espera alcançar no âmbito de um objetivo digno. O líder pode possuir conhecimentos e habilidades únicos, mas nem mesmo ele pode ser tão eficaz quanto um grupo de dez pessoas comprometidas com um objetivo digno. Inspirar um objetivo digno motiva todas as divisões e departamentos da empresa a criarem suas próprias submetas e objetivos dignos, com base no objetivo digno comum. E não é porque a alta gestão impôs, mas porque todo mundo quer encontrar seu lugar de direito entre as pessoas, seguindo em frente rumo a novos desafios. Portanto, empresas dignas realizam objetivos que outros consideram como completamente irrealistas.

Um pré-requisito para alcançar um objetivo digno em qualquer nível – seja individual, em grupo ou corporativo – é sua constante atualização na consciência dos membros da equipe. A tarefa do líder da organização não é apenas definir essa meta, mas também formalizá-la no papel, discutir formas de alcançá-la com os funcionários, mostrar dignidade em todas as ações e garantir que todos os funcionários adotaram essa meta e se tornaram seus fiéis seguidores.

Deve-se enfatizar que um objetivo digno é um fator motivador para o desenvolvimento das pessoas. Além disso, quanto mais as pessoas estiverem envolvidas na formulação de um objetivo digno, maior seu comprometimento em alcançá-lo, mais desejo elas têm de ver os resultados com seus próprios olhos e menor o medo de falhar.

Se tomarmos pessoas em particular, a liderança em sua definição mais concisa implica em criar e explicar um propósito digno para a equipe. Criando uma base de valores, as pessoas ganham o poder de identificar e, finalmente, alcançar seu objetivo digno. A empresa que não tem um objetivo digno claramente definido e um sistema interno de valores corporativos terá problemas com a adoção dos valores Synercube. Esses valores e habilidades criam as condições para que a equipe deseje unir esforços para a realização de um objetivo digno, mas apenas se este objetivo for apoiado pelo comportamento digno de um líder. Os valores e habilidades Synercube reforçam o comprometimento das pessoas com um objetivo digno, "munindo-os" com habilidades de relacionamento que evocam os valores de abertura, sinceridade e confiança mútua, respeito e sinergia. Os valores Synercube criam uma base sólida para a confiança no caminho para alcançar um objetivo digno.

O modelo darwiniano de seleção natural, que vem influenciando o desenvolvimento dos negócios há muitos anos, implica em esforços para se adaptar às mudanças do mercado e maximizar os lucros. Hoje ele está assumindo uma forma mais civilizada e socialmente orientada: quem vai sobreviver é aquele que será capaz de se adaptar às condições em mudança, fazê-lo de uma forma digna, alcançando objetivos dignos.

O ponto de vista ativo da liderança baseada em valores comuns dos funcionários da empresa pode ter uma forte influência sobre as normas e resultados do grupo. As pessoas tendem a acreditar que seus valores e atitudes são puramente pessoais, individuais e únicos, mas estudos mostram que a maioria dos princípios individuais surge de normas do grupo. Como resultado, as configurações do grupo determinam a qualidade dos esforços individuais num grau maior do que muitos acreditam. As normas do grupo são refletidas nas tradições, lendas, costumes, rituais, regras, regulamentos, políticas, instruções de uso, costumes, tabus e experiências passadas.

Essas normas e padrões começam a se formar em um processo chamado **convergência**, quando as pessoas que trabalham em conjunto, eventualmente, tornam-se mais semelhantes entre si, construindo linguagem, piadas, hábitos e atitudes específicos. A convergência leva ao surgimento espontâneo de regras por meio do ajuste dos comportamentos individuais de acordo com o modelo de grupo comum partilhado por todos os membros do grupo (Turner e Kilian, 1993)

A coesão é um dos fenômenos mais significativos da organização social. As pessoas tendem a se unir àqueles que têm experiências semelhantes às delas, uma vez que isso lhes facilita prever os comportamentos uns dos outros, o que é mais difícil com pessoas de fora do grupo. Eles preferem se comunicar com seus colegas de grupo. Essa coesão pode ser baseada na mesma raça, religião, opiniões políticas comuns, status socioeconômico, educação, etc. Na vida organizacional outros critérios são importantes, por exemplo, tempo no emprego, posição, participação em treinamentos e experiências comuns. Se a coesão é alta, as pessoas vão tratar umas às outras com confiança e mostrar comprometimento com o grupo (Eisenberg 2007; Beal et al. 2003)

A conformidade é um fenômeno que faz com que todos os membros da equipe assumam as normas de comportamento em grupo estabelecidas. A conformidade promove o estabelecimento de códigos de conduta, criando uma certa pressão, geralmente implícita, o que faz a pessoa não só seguir as normas do grupo, mas também promover sua consolidação (Cialdini e Goldstein 2004; Bond e Smith, 1996)

Estas normas não podem ser superadas por uma explicação simples, coerção ou autoridade. No entanto, a compreensão da dinâmica de formação de normas de grupo permite que o chefe da organização faça uma pergunta chave: "As normas e padrões de comportamento em grupo existentes ajudam ou dificultam nosso trabalho?" A conformidade em si não é nem boa nem ruim, é a dinâmica habitual do comportamento em grupo.

A conformidade pode aumentar a eficácia, mas também pode criar barreiras, devido ao fato de que normas e padrões podem ser ineficientes, incorretos ou desatualizados.

As normas derivadas assumem legitimidade somente se forem baseadas em valores compartilhados pelos membros do grupo. Se as normas do grupo baseiam-se em valores errados ou entram em conflito com eles, elas podem se tornar um obstáculo significativo às mudanças organizacionais. Esta contradição é típica de estilos com uma cultura corporativa fraca.

Os líderes do grupo desempenham um papel muito importante na criação de padrões. Ao compreender as dinâmicas de grupo e seus princípios, o líder pode usar essas leis naturais para apoiar as mudanças planejadas em curso. Neste momento, o estilo de liderança pessoal é de suma importância. Assim que a organização tenta mudar a situação existente, surge imediatamente um grande número de respostas caóticas, contraditórias e confusas. Esse caos dá ao líder a oportunidade de criticar a situação e administrar as mudanças, pois nessa confusão residem energia e carga emocional inestimáveis.

É essencial que os líderes apoiem os três tipos de energia mencionados acima – convergência, coesão e conformidade – durante todo o processo de mudanças organizacionais, utilizando-os de forma produtiva.

Uma vez que a norma é formada, o grupo garante o seu apoio, forçando os membros da equipe a seguirem-na. O líder 7.7+ é capaz de iniciar mudanças e administrar a transição das regras que impedem o desenvolvimento e o progresso.

Normas e padrões podem facilmente influenciar comportamentos, mas a liderança orientada para valores é capaz de iniciar o processo no sentido oposto, proporcionando uma poderosa influência sobre as regras e normas do grupo.

Alcançar mudanças sustentáveis e eficazes requer um líder que possa realizar três tarefas principais:

1. Trabalhar os medos dos funcionários de futuras alterações.
2. Criar uma base para mudanças.
3. Definir um exemplo de comportamento eficaz e adequado para si.

Medos surgem inevitavelmente se mudanças iminentes afetam a esfera pessoal de hábitos, atitudes e crenças. O medo é ainda maior se as alterações afetam ou questionam a autoestima e valores pessoais dos indivíduos. Nesta situação, preocupação e medo são reações completamente naturais. Mudanças estão associadas à perda de controle sobre o que está acontecendo e, portanto, são vistas como uma ameaça à independência e tudo que foi alcançado. Outra razão para o medo da mudança é a falta de conhecimento e compreensão do que está acontecendo.

Os medos individuais e a resistência a mudanças numa organização levam as pessoas a se afastarem do problema e fingirem que não estão envolvidas na tomada de decisão, mesmo que a decisão dependa delas. Como resultado, isso leva a normas de grupo ineficazes e conhecidas em que os membros indiferentemente assistem ao desenvolvimento de uma situação catastrófica e não fazem nada para o sucesso de sua resolução.

As pessoas justificam sua falta de atitude com o receio das consequências e também se referem a fatores como a ausência de regras claras e insuficiência de procedimentos eficazes, defeitos de planejamento (quando existente), hábitos, falta de vontade para agir, falta de apoio e falta de tempo. As pessoas tendem a esconder seus medos. Elas não falam sobre seus medos, pois temem parecer fracas e imaturas. Além disso, quanto maior o status do funcionário na organização, mais difícil será confessar seus medos: dúvidas e medos não são dignos de um verdadeiro especialista.

No entanto, tudo pode mudar drasticamente se uma pessoa é capaz de afetar a mudança, se ela entende perfeitamente a situação e tem as informações necessárias. Mas apenas compreensão da necessidade e disponibilidade para mudança não são suficientes para implementá-las, já que também é necessário saber como fazê-lo.

A primeira tarefa no caminho para superar os medos e a resistência interna à mudança é a necessidade de enxergar seu próprio medo, encará-lo como algo natural. Isso permite reconhecer seus medos cada vez que você tenta mudar alguma coisa. Os líderes bem sucedidos, capazes de administrar a mudança, devem incentivar declarações sinceras e estar atentos às preocupações ocultas de seus funcionários, bem como trabalhar seus próprios medos. Apesar do fato de que o medo da mudança não pode ser completamente eliminado, você pode controlá-lo criando uma estrutura que permita que as pessoas ajam de forma objetiva, sistemática e coordenada. A teoria Synercube fornece uma estrutura para a mudança, transformando o medo de mudanças num processo controlado de desenvolvimento de competências, sinceridade e objetividade. Isto também contribui para a tipologia comportamental objetiva dos estilos de liderança.

Os estilos e sua descrição dentro do modelo Synercube permitem que as pessoas usem seu próprio julgamento para chegar a um consenso sobre qual é o comportamento correto, comparando depois seus próprios comportamentos com esse modelo. Essa abordagem em si é atraente, pois permite que as pessoas avaliem os fatos e cheguem às suas próprias conclusões sobre como tomar decisões, resolver conflitos ou tomar iniciativas. Alcançar mudanças reais e duradouras na organização é possível somente quando as pessoas veem que seus comportamentos estão errados e querem mudá-los para melhor. Se os funcionários discutiram e formaram um modelo de comportamento adequado, a mudança torna-se bastante realista e viável. Esses modelos permitem que as pessoas criem seus próprios padrões de relacionamento.

Do ponto de vista organizacional, o modelo Synercube é uma espécie de catalisador para o comprometimento com as mudanças mais profundas. E assim que as pessoas assumem novos valores, mudanças individuais assumem a forma de normas de grupo. No final, as mudanças vão se espalhar por toda a cultura organizacional. Se os medos forem discutidos com antecedência e um modelo de liderança eficaz for aceito e partilhado por todos, a equipe pode se concentrar totalmente na conversão de recursos nos melhores resultados. Definindo e implementando atitudes e valores corporativos, levando em conta a dinâmica da interação em grupo, uma organização pode atingir o nível necessário para criar um profundo comprometimento com as mudanças.

Para obter o comprometimento dos funcionários com futuras mudanças é muito importante a clara compreensão de que as pessoas só aceitam realmente o que desenvolveram, ou pelo menos ajudaram a desenvolver. Um ponto muito importante é a compreensão do fato de que as pessoas estão dispostas a realizar apenas o que elas criaram ou ajudaram a criar. Isso significa que é fundamental envolver no planejamento das próximas mudanças aqueles que atuarão em sua implementação.

A abordagem Synercube às mudanças inclui vários estágios de desenvolvimento organizacional, o que permite a construção de uma relação de mútua confiança, respeito e sinceridade. Esse processo começa com mudanças individuais e, em seguida, afeta a equipe. Então ele se torna o padrão para as relações de grupo e, finalmente, sobe para o nível organizacional estratégico. As ações tomadas no alto nível da hierarquia organizacional impactam todos os níveis da organização e todas as relações dentro dela. Líderes influenciam mudanças com suas próprias ações. É muito difícil convencer as pessoas sobre o sucesso de qualquer mudança, se a própria diretoria não a aceita e inicia. É a energia humana que desencadeia e promove todas as mudanças corporativas. A energia humana torna-se uma poderosa força motivadora e unificadora, se permear toda a organização do topo até a base.

Apesar deste fato óbvio, muitas empresas continuam a olhar para os obstáculos às mudanças somente nos níveis mais operacionais da organização. Intenções estratégicas, colocadas no papel, são apenas uma declaração de intenções que outra pessoa deverá implementar. O esforço dos líderes pela mudança efetiva os obriga a pressionar os funcionários a se comportarem corretamente. Mas por melhor que sejam as intenções da gestão, os funcionários começam a resistir às mudanças e a sentir medo e ansiedade. As pessoas começam a pensar que estão sendo usadas, exploradas. Portanto, elas vão procurar e encontrar muitas formas de resistir à mudança.

Em contraste com este método, a gestão de mudanças baseada no modelo Synercube de fatores psicológicos e comportamentais possibilita oportunidades reais para mudanças organizacionais contínuas e eficazes.

## Lista de referências do capítulo 14

### Literatura

Eisenberg J (2007) Group Cohesiveness. In Baumeister R and Vohs K (Eds) Encyclopaedia of Social Psychology. Thousand Oaks, California, p. 386-388

Turner R, Killian L (1993) Collective behaviour (4th Ed.). Prentice Hall, New York

### Revistas

Beal D, Cohen R, Burke M, McLendon C (2003) Cohesion and performance in groups: A meta-analytic clarification of construct relation. J Applied Psychol, **88**, p. 989-1004

Bond R, Smith P (1996) Culture and conformity: A meta-analysis of studies using Asch's (1952b, 1956) Line Judgement task. Psychol Bulletin, **119**, p. 111-137

Cialdini R, Goldstein N (2004) Social influence: Compliance and conformity. Annual Review of Psychology, **55**, p. 591-621